메타
인지의 힘

메타인지의 힘

인공지능 시대, 대체 불가능한 존재가 되는 법

구본권 지음

THE POWER OF
METACOGNITION

저자의 말:
AI 시대를 헤쳐 나갈 절대반지

인공지능 시대의
문해력 논쟁

사람은 도구를 만들어 쓰는 존재라는 뜻에서 '호모 파베르Homo Faber'로 불립니다. 동화 속 요술램프처럼 다재다능한 스마트폰과 인공지능을 손에 쥔 인간은 그 어느 때보다 강력하고 현명해진 것이 사실입니다.

눈앞에 펼쳐진 대조적인 풍경에 잠시 생각이 머뭅니다. 한편에서는 챗GPT와 같은 첨단 인공지능이 무엇을 물어보든지 즉시 척척 답을 내놓으며 우리를 놀라게 하고 있습니다. 파파고, 구글, 딥엘DeepL 등의 자동번역은 언어 장벽을 없애는 차원을 넘어 앞으로 과연 외국어 공부가 필요할지 근본적인 질문을 던집니다. 디지털 세상에서는 누구나 인공지능과 자동번역 등 뛰어난 도우미를 활용해 지식의 신세계를 항해할 수 있습니다.

그러는 한편 우리 사회에서는 수시로 문해력 논쟁이 벌어지곤 합니다. '명징, 직조'에 이어 '무운을 빈다', '사흘과 4일', '금일 마감', '심심한 사과' 등등 논란을 불러온 단어 목록은 계속 늘어나기만 합니다. 사람이 만든 컴퓨터는 기계학습을 거쳐 나날이 똑똑해지고 언어 장벽도 사라지고 있는데, 사람들은 서로 상대가 쓰는 단어를 몰라서 말이 안 통한다고 난리법석입니다.

그런데 디지털 사회에서 하루가 멀다 하고 벌어지는 문해력 논쟁은 비단 세대 간 어휘 차이 문제만이 아닙니다. 일부 세대나 집단에서는 상식인 표현을 다른 세대가 몰라서 잘못 쓰는 현상 자체만이 아니라 이런 상황 속에 감춰진 보다 근본적인 문제에 주목해야 합니다. 핵심은 한자교육 실패도 아니고, 유행어를 제때 따라잡지 못하는 나이 든 세대의 완고함 탓만도 아닙니다. 마음만 먹으면 얼마든지 그 자리에서 찾아볼 수 있는 환경인데도 모르는 것을 알려고 하지 않는 태도가 문제입니다. 문해력 논쟁의 본질은 "왜 내가 모르는 말을 써서 오해를 유발하느냐"고 상대를 비난하는 상황 자체인 겁니다. 자신이 모른다는 것을 인정하지 않고 알려고도 하지 않는, 배움을 거부하는 반지성적 문화입니다.

졸업 뒤 알게 된
최고의 학습법

　　　　　　　　대학 시절 과외 아르바이트를 했습니다. 수업 첫날 학부모의 요구는 대개 둘 중 하나입니다. "우리 아이가 머리는 좋은데, 공부에 별 관심이 없어요. 공부에 흥미를 가질 수 있게 선생님이 도와주세요." "우리 애는 성실하고 열심히 하는데 도무지 요령이 없는 것 같아요. 무엇보다 공부하는 방법을 좀 알려주세요." 표현은 다르지만 결국 자녀에게 '공부 잘하는 법'을 알려달라는 당부라는 점에서 둘은 같은 말입니다.

　학부모들의 야무지고 원대한 기대를 감히 충족시킬 재주는 없었지만, 제가 수험생 시절 효과를 본 방법을 틈틈이 전달하고자 했습니다. 단어 시험을 보거나 수학 문제를 풀어본 뒤에 "오답 위주로 반복 학습을 하라"는, 지극히 평범한 노하우였습니다. 학교와 학원에서도 학생들에게 '나만의 오답노트'를 만들라고 귀에 못이 박히도록 가르칩니다. 내가 틀린 문제, 즉 내가 모르는 것을 바로바로 정리해서 다시 학습하라는 것이지요.

　대학을 졸업한 후 수십 년째 배우고 가르치는 일을 하면서 뒤늦게 깨달은 가장 효율적인 공부법도 마찬가지입니다. 첫걸음은 내가 무엇을 모르고 있는지, 무엇을 이해하지 못하는지를 확인하는 일입니다. 요즘은 내가 무엇을 모르는지 정확히 알기만 하면 검색이나 인공지능을 통해 즉시 알아낼 수 있는 세상이니 그 효율성은 비길

데가 없습니다. 그래서 가장 효율적인 학습법은 내가 무엇을 모르는지 아는 것, 내가 모르는 지점을 발견하는 것입니다. 이것이 바로 메타인지metacognition입니다.

김연아는 왜 트리플 악셀을 뛰지 않았을까

1990년생 동갑내기이자 피겨스케이팅 역사상 최고의 라이벌로 꼽히는 김연아와 아사다 마오는 10대 초반부터 은퇴할 때까지 10여 년 동안 그야말로 불꽃 튀는 경쟁을 펼쳤습니다. 경기만이 아니라 경기장 밖에서도 두 선수의 일거수일투족에 전 세계 팬들의 관심이 쏟아졌지요.

국제무대에서 먼저 두각을 나타낸 선수는 아사다 마오였습니다. 아사다 마오는 2004년 12월 헬싱키 주니어 그랑프리 파이널 대회에서 주니어 여자 선수로는 최초로 트리플 악셀 점프에 성공했습니다. 아사다 마오는 이 대회에서 여자 싱글 세계 신기록(172.83점)을 세우며 우승했고, 김연아 선수는 점수 차가 크게 벌어진 2위로 은메달(137.75점)을 목에 걸었습니다. '트리플 악셀'은 공중에서 세 바퀴 반을 회전하는 고난도 기술로, 여자 선수 중에는 이토 미도리 등 몇 명밖에 성공하지 못했습니다. 그런 만큼 채점에서도 가장 높은 점수가 주어지는데, 아사다 마오는 열두 살 때 처음 트리플 악셀에 성공한 이후 자신의 주특기로 삼았습니다. 아사다 마오는 2005년 3월

세계주니어 피겨선수권대회에서도 트리플 악셀을 선보이며 높은 점수(179.24점)로 우승했고, 김연아는 2위(158.93점)에 만족해야 했습니다. 주니어 시절 아사다 마오는 트리플 악셀을 무기로 얼음판을 평정했고, 김연아는 2인자의 자리에 머물러야 했습니다. 트리플 악셀이 1위와 2위를 가르는 잣대로 여겨졌고, 아사다 마오는 그야말로 '넘사벽'이었습니다.

김연아는 열두 살 때 트리플 점프(공중 세 바퀴 회전) 여섯 가지 중 다섯 개를 익히며 '교과서 점프'를 완성해갔지만, 트리플 악셀만은 마음대로 되지 않았습니다. 2006년에 '미스터 트리플 악셀'로 불렸던 브라이언 오서 코치를 만나 기술 습득과 훈련에 매진했지만 선수생활 내내 트리플 악셀을 뛰지 않았습니다.[1] 어릴 적부터 트리플 악셀을 연마했던 아사다 마오와 달리 이미 열여섯 살이 된 김연아가 마스터하기에 트리플 악셀은 위험하고 성공률이 낮은 기술이었기 때문입니다. 김연아는 자신의 특성과 한계를 깨닫고 대신 다양한 점프 기술의 완성도를 높이고 각 기술을 매끄럽게 연결시켜 예술성을 극대화하는 데 집중했습니다.

시간이 흐르면서 아사다 마오는 트리플 악셀을 시도하다가 엉덩방아를 찧는 일이 많아졌습니다. 반면 '점프의 교과서'로 불린 김연아의 동작은 더욱 우아하고 완벽해졌습니다. 마침내 김연아 선수는 2010년 밴쿠버 동계올림픽에서 최고의 기술과 연기를 펼쳐 228.56점(세계 신기록)이라는 경이로운 점수로 피겨 역사를 새로 쓰며 '피겨

여왕'의 화려한 대관식을 거행했습니다. 김연아 선수가 금메달을 목에 건 것은 그녀가 자신의 한계와 장점을 명확히 인지한 '메타인지의 여왕'이었기에 가능했던 것입니다.

탁월한 성취를 이룬
사람들의 공통점

저는 30여 년 동안 기자로 일하면서 다양한 사람들을 취재해왔는데, 탁월한 성취를 이룬 사람들에게는 한 가지 공통점이 있다는 것을 알게 되었습니다. 문제에 접근하고 해결하는 방식은 서로 달랐지만 자신을 객관적으로 정확하게 인식하는 사람이라는 점에서는 차이가 없었습니다. 이들은 자신의 특성을 누구보다 잘 알고 있었습니다. 자신이 무엇을 좋아하고 싫어하는지, 어떤 영역에 재능이 있는지를 파악하는 데 뛰어났습니다. 자신이 좋아하고 잘하는 분야를 선택한 뒤에는 곁눈질 없이 오랜 기간 매진했고, 그 결과 탁월한 성취를 이뤄냈습니다. 성취와 행복의 출발점은 자신이 무엇을 좋아하는 사람인지, 어떤 일을 즐겁게 오래 할 수 있는 사람인지를 아는 것입니다. 바로 메타인지 능력입니다.

이는 비단 저만의 경험이 아니라는 것을 미국의 저명 언론인 제임스 팰로스의 말을 통해서도 확인할 수 있습니다. 팰로스는 지미 카터 대통령의 수석 연설비서관을 지내고 여러 매체에서 편집장과 기자로 활동했습니다. 그는 수많은 노벨상 수상자와 후보자들을 비롯해 빌 게이츠, 스티브 잡스, 일론 머스크, 래리 페이지 등 각 분야에서 최고의 업적을 낸 인물들을 인터뷰해왔는데, 한 기사에서 자신이 만났던 매우 똑똑한 사람들의 공통점에 대해 다음과 같이 털어놨습니다.[2] "그들은 자신이 모른다는 사실을 잘 알고 있습니다. 저는 이것이 진정한 지능을 보여주는 일관된 지표라고 생각합니다. 지각하고 평가하는 능력이 예민한 사람일수록 자신의 한계를 인식할 가능성이 더 높습니다. 사람마다 재능이 제각각이라 숫기가 없거나 아니면 음치거나 아예 숫자맹인 경우도 있고 언어감각이 부족한 사람 등 온갖 경우가 다 있습니다. 책을 진지하게 읽으면 내가 아는 범위를 넘어 얼마나 많은 책이 더 있을까 하는 생각에 경악할 수밖에 없습니다. 마치 별이 가득한 밤하늘을 올려다볼 때처럼 말입니다."

펠로스는 자신의 한계와 무지를 깨닫는 능력이 지능과 천재성을 보여주는 가장 분명한 지표라고 결론지었습니다.

인간 고유의 능력, 메타인지

우리는 과거에는 상상할 수 없던 편리하고 풍요로운 정보화 세상을 살아가고 있습니다. 디지털과 인공지능 기술은 계산기나 검색엔진처럼 우리가 그동안 특정 용도로 사용해온 도구와는 차원이 다릅니다. 인간을 위협하는 지적 능력을 지닌 인공지능은 놀라움과 두려움의 대상입니다.

기계가 사람 수준의 인지 능력을 갖게 된 상황은 우리가 강력한 지적 도구를 사용하게 되었음을 뜻하는 동시에 인간의 인지 능력은 기계와 어떻게 다른지에 대한 질문을 던집니다. 인간에게 안다는 것은 무엇이며, 기계의 인지 능력과 구별되는 특징과 한계가 무엇인가라는 질문입니다. 지금까지 '앎이란 무엇인가', '지식이란 무엇인가'라는 질문은 철학적 인식론의 과제였는데, 인공지능 시대에는 우리 모두가 생각해봐야 하는 물음이 됐습니다.

'나는 무엇을 알고 있는가?'라는 질문은 앎에 대한 인지, 메타인지를 뜻합니다. 인공지능이 아무리 똑똑해져도 인간의 지적 능력과는 근본적으로 다른 점이 있습니다. 기계는 메타인지 능력이 없다는 점입니다. 메타인지는 자신의 인지 상태를 자각하는 능력으로, 인간만이 갖고 있는 고도의 인지 능력입니다. 인공지능이 아무리 빠르게 연산하고 추론하고 사람과 비슷한 심리적 반응을 보인다고 하더라도 메타인지 능력을 가질 수는 없습니다. 인공지능의 발달에 우리가 과도한 두려움과 불안을 느끼지 않아도 되는 이유이기도 합니다.

인공지능 정보화 시대에는 지식의 습득과 활용이 새로운 환경을 맞게 됩니다. '정보홍수'라는 표현처럼 무한한 정보가 끝없이 쏟아져 나오고 있으며, 다른 사람의 도움 없이도 스스로 정보에 접근하고 학습할 수 있는 환경입니다. 기술 발달로 인해 우리 사회와 산업은 갈수록 변화 속도가 빨라지고 있으며, 우리는 계속 변하는 환경에 적응하기 위해 끝없이 배워야 하는 평생학습 사회에 살고 있습니다.

무한한 정보 세상에서 학습은 어느 때보다 자율적이 됐으며, 개인이 누리는 권한과 선택권도 함께 커졌습니다. 예전처럼 학교나 직장, 가정에서 특정한 지식이나 역량을 반강제적으로 요구하거나 가르치는 것은 거의 불가능해졌습니다. 대신 누구나 손안에서 자신이 관심 있고 흥미로운 것을 찾아 나서고 거기에 몰입할 수 있습니다. 또한 거대 기술기업들은 우리의 숨은 욕망과 습관을 자세히 들여다보고 거부하기 힘든 서비스를 제공하면서 우리의 시간과 주의력을 빨아들이고 있습니다. 배움은 더없이 편리해지고 자율적이 됐지만, 자발적으로 진정한 배움에 들어서기는 훨씬 어려워졌습니다.

빠르게 변화하는 정보화 사회에서는 새로 생겨난 중요 지식을 배워서 활용하는 역량이 필수적입니다. 이를 위해서는 자신이 무엇을 알고 무엇을 모르고 있는지를 아는 능력, 바로 메타인지가 필요합니다. 나를 아는 능력은 구체적으로 자신의 한계를 아는 것을 말합니다. 자신의 한계를 아는 것은 자기 능력의 종착점이 아니라 새로운 배움과 도전을 위한 출발점입니다. 자신의 지적·감정적 상태를 파악하는 능력, 자신의 생각과 감정에 영향을 미치는 것이 무엇인지 파악하는 지식이 어느 때보다 소중해졌습니다.

이 책은 졸저 《당신을 공유하시겠습니까?》(2014), 《로봇시대, 인간의 일》(2015), 《뉴스, 믿어도 될까?》(2018), 《공부의 미래》(2019)에 이어 필자가 지속해오고 있는 일련의 디지털 리터러시 작업입니다. 디지털 환경에서 기존의 지식과 정보 구조가 달라짐에 따라 과거와 다른 새로운 지적 능력이 요구되는 상황에서 필요한 리터러시를 탐구하는 책입니다.

집필은 개인적 감회가 있는 작업이었습니다. 고교 시절 철학도가 되기로 마음먹고 대학에 진학한 이후 40여 년에 걸쳐 스스로 철학도라고 여기며 탐구한 결과물이기도 합니다. 철학도로서 '나는 누구인가', '내가 알고 있는 것은 무엇이며 모르는 것은 무엇인가', '앎이란 무엇인가', '나를 움직이는 힘은 무엇인가'라는 질문에 대해 줄곧 생각해오던 내용을 정리하는 자리였습니다. "너의 무지함을 알라"라는 소크라테스와 "아는 것을 안다고 하고 모르는 것을 모른다고 하는 게 으뜸가는 앎"이라고 일깨운 공자의 가르침을 좇는 철학도에게 메타인지는 당연하고 각별한 주제로 다가왔던 것이지요.

'메타인지란 무엇인가'를 탐구하는 작업을 하면서 메타인지의 중요성과 힘을 한층 확신하게 되었습니다. 인공지능과 디지털 세상에서 그 어떤 지식이나 기술보다 내가 무엇을 알고 있고 무엇을 모르고 있는가를 알아내는 메타인지 능력만큼 값진 것은 없습니다. 저 자신도 인생 경험이 쌓일수록, 소크라테스와 공자의 가르침이

2500년이 지난 오늘날에도 여전히 유효하고 타당한 '진리'라는 것을 깨닫게 됩니다. 이제 독자들에게 함께 탐구의 여정을 떠나보기를 감히 청해봅니다.

구본권

차례

1장

그들은 왜 실패했나

메타인지의 시작

THE POWER OF
METACOGNITION

메타인지는 자신이 아는 것과 모르는 것을 구별하는 능력으로, 지각의 저울이나 계기판, 나침반 기능을 한다. 특정 사안에 대해 잘못 알고 있거나 모른다는 사실에 직면하는 것은 일종의 인지 실패를 의미한다. 무지와 직면하게 되는 인지적 실패의 순간을 어떻게 받아들이느냐에 따라 메타인지 능력의 방향이 결정된다.

1   예상하지 못한
기념비적 실패의 공통점

"제가 5 대 0 또는 4 대 1로 이길 수 있습니다."

2016년 2월 22일, 서울 성동구 한국기원 대국장. 이세돌 9단은 2주 뒤에 펼쳐질 역사적 대국을 앞두고 자신만만하게 말했다. 이세돌이 구글의 인공지능 바둑 프로그램 알파고의 도전을 받아들이는 자리였다. 2016년 3월 9일부터 15일까지 이세돌과 알파고 사이에 다섯 차례 대국이 펼쳐졌다. 인공지능과 인류 대표의 승부를 가르는 이 '세기의 대결'에 전 세계인의 눈과 귀가 집중되었다. 바둑 한 판에서 가능한 경우의 수는 우주에 존재하는 원자 수보다 많아서, 바둑은 인공지능이 사람을 능가하기 어려운 '인간 최후의 영역'으로 여겨졌다.

이세돌 9단이
승리를 자신한 까닭

알파고는 영국의 인공지능 개발 회사 딥마인드가 만든 AI 바둑 프로그램이다. 2016년 1월 딥마인드가 과학 학술지 〈네이처〉에 관련 논문을 게재하면서 알파고의 존재가 세상에 알려졌다. 논문에는 2015년 가을 알파고가 유럽 바둑 챔피언인 판후이 2단과 벌인 대국 다섯 판의 기보가 함께 실려 있었다. 5대 0. '알파고의 완승'이라는 놀라운 결과였지만 바둑 인구가 적은 유럽에서 비공개로 치러진 승부에 대해 세계 바둑계는 그다지 심각하게 반응하지 않았다. 이후 구글 딥마인드는 세계 바둑 최고수인 이세돌 9단과의 공개적인 대국을 통해, 세계무대에서 알파고의 바둑 실력을 제대로 검증받겠다고 나섰던 것이다.

그러나 이세돌 9단이 근거 없이 알파고를 얕잡아본 것은 아니다. 그는 기보를 통해 알파고의 실력을 충분히 파악하고 있었다. 대국을 앞두고 이세돌은 "지난해 가을 열렸던 판후이 2단과 알파고의 기보를 살펴봤는데, 알파고는 아직 나와 승부를 논할 단계의 실력은 아니었다"라고 말했다. 당시 기자로 현장을 취재하던 필자는 이세돌 9단을 만나, "인공지능 알파고는 사람과 달리 매 순간 진화한다. 다섯 판의 대국을 치를 때마다 사실 이 9단은 매번 더 진화한 알파고와 대국해야 한다는 것을 알고 있는가"라고 물었다.[1] 이세돌은 "알고 있다. 알파고가 판후이와의 대국 이후에도 계속 개선됐겠지만, 4~5개월이라는 기간은 나와 승부를 펼칠 실력을 쌓기엔 절대적으로 부족한 시간이다"라고 말했다. 이세돌의 자신감은 알파고의 과거 기보, 그리고 바둑 실력 향상에 요구되는 소요시간을 바탕으로 계산된 합리적인 예측이었다. 하지만 승부는 1 대 4. 이세돌의 패배, 알파고의 압승이었다.

이세돌은 자신의 경험과 바둑계의 상식을 기반으로 실력 향상에 얼마만큼의 시간과 학습이 필요한지를 판단했지만, 결정적 패착이었다. 사람을 기준으로 한 계산법이 인공지능에는 적용되지 않는다는 것이 대국을 통해 확인됐다. 한편 인간 대표가 1 대 4로 패배했다는 결과 못지않게 충격을 준 사실이 있었다. 이세돌 9단이 알파고의 실력을 제대로 파악하지 못하고 자신의 완승을 확신한 상태로 대국에 임했다는 것이다.

제2차 세계대전 최대의 실패
'마지노 요새'

1940년 5월 10일 독일 나치군이 중립을 선언한 벨기에를 짓밟고 프랑스를 침공했다. 이후 제2차 세계대전은 유럽 서부전선으로 확대됐다. 프랑스군은 독일군의 기습 공격에 저항했지만 패퇴를 거듭했다. 독일군은 한 달 만인 6월 14일 무방비 상태의 파리에 점령군으로 입성했고, 프랑스는 6월 22일 항복을 선언했다.

독일의 침공이 기습적이긴 했지만, 나치 독일이 군비를 증강하며 전쟁 준비를 했다는 것은 세상이 다 아는 사실이었다. 또한 독일이 프랑스를 침공하기 8개월 전인 1939년 9월, 프랑스와 영국은 폴란드를 침공한 독일을 상대로 선전포고를 한 만큼 사실상 두 나라는 이미 전쟁 상태였다. 프랑스는 제1차 세계대전(1914~1918)을 치르면서 엄청난 인명 손실을 경험했다. 한 세대의 40퍼센트에 해당하는 420만 명(사망 140만 명, 부상 280만 명)이 죽거나 다쳤다. 전쟁이 끝나자 프랑스는 독일의 재침공에 대비해 야심차고 치밀한 국방대책을 세워두었다. 당시 프랑스는 전쟁이 일어나더라도 '한 치의 땅도 빼앗겨서는 안 된다'는 국민적 공감대가 형성돼 있었고, 제1차 세계대전 때의 과오를 되풀이하지 않겠다는 각오로 군사력을 강화해 세계 최대의 육군을 보유한 '군사강국'이었다.

프랑스는 독일과 맞닿아 있는 국경 지대에 750킬로미터에 이르는 강력한 요새를 구축했는데, 이는 외부로부터의 공격을 원천봉쇄하기 위한 방어 체계의 일환이었다. 이 프로젝트는 건설을 주도한 당시 육군장관 앙드레 마지노Andre Maginot의 이름을 따서 '마지노선Maginot Line'으로 불렸다. 1927년부터 10년에 걸쳐 건설된 마지노 요새는 천연지형과 두께 수 미터의 콘크리트 방어벽으로 이어진, 그야말로 철옹성이었다. 요새는 수천 명이 들어갈 수 있는 벙커를 비롯해 중무장한 진지, 해자, 대전차 장애물, 연결 터널과 철로 등을 갖췄다. 아무리 강력한 전차부대와 대규모 보병군단의 지상공격에도 버틸 수 있는 난공불락의 요새였다. 프랑스가 마지노 요새 건설에 국방비를 쏟아붓느라 공군력을 제대로 갖추지 못했다는 비판이 나올 정도였다.

이후 마지노선은 절대 뚫려서는 안 되는 최후의 저지선을 뜻하는 대명사가 됐다. 마지노선은 기대했던 대로 1940년 독일군에 의해 뚫리지도, 무너지지도 않았다. 하지만 마지노 요새는 군사적 기능을 전혀 수행하지 못했다. 더욱이 프랑스 육군 수십만 병력이 요새에 묶이는 바람에 치열한 전투가 벌어지는 전선으로 이동하지 못하는 상황이 되었다. 프랑스가 독일에 항복한 뒤에야 그곳에 있던 병력도 요새 밖으로 나올 수 있었다.

독일군은 프랑스를 침공할 때 마지노 요새를 피해 벨기에의 아르덴 고원지대를 통과하는 우회 작전을 선택했다. 아르덴 고원은 산악지형에다 울창한 숲을 이루고 있어, 대규모 보병부대가 이동하기 쉽지 않았다. 이 때문에 아무도 독일의 대규모 전차부대가 아르덴 숲을 통과할 것이라고 예상하지 못했다. 하지만 독일의 전차는 제1차 세계대전 이후 크게 개선됐고, 나치군은 급강하 폭격기 슈투카와 무전기를 적극 활용하는 과감하고 치밀한 전격전Blitzkrieg으로 프랑스군의 허를 찔렀다.*

---

* 당시 아르덴 숲을 침공한 제19기갑사단을 비롯해 나치군은 오늘날 '필로폰'으로 불리는 마약 메스암페타민 성분의 각성제 퍼비틴을 복용한 상태로 며칠 동안 잠도 자지 않고 엄청난 속도와 집중력으로 전장을 돌파했다고 한다.[2]

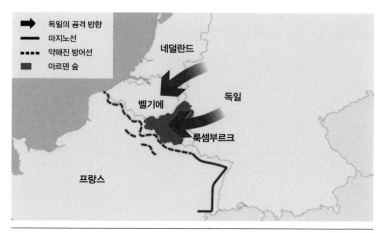

독일의 공격 방향
마지노선
약해진 방어선
아르덴 숲

네덜란드

벨기에   독일

룩셈부르크

프랑스

제2차 세계대전 당시 프랑스-독일 국경 지대에 구축된 마지노선이 표시된 지도. 독일군은 프랑스군이 전혀 예상치 못했던 경로인 아르덴 숲을 통과해 프랑스를 침공했다.

제1차 세계대전은 보병을 중심으로 한 참호전이었지만, 제2차 세계대전 때는 전차와 전투기가 전황을 주도했다. 그사이 무기가 한층 발달하면서 전투 형태와 전략도 완전히 달라졌지만 프랑스군은 과거의 경험과 전략에 기대어 미래 전쟁을 대비했던 것이다. 어쩌면 처참한 패배는 예견된 일이었는지도 모른다.

시장을 제패했던
최고 기술기업들의 추락

노키아는 스마트폰이 등장하기 전 세계 휴대전화 시장의 절대강자였다. 애플이 아이폰을 선보인 2007년에만 해도 세계 시장에서 판매된 휴대전화의 40퍼센트는 노키아

제품이었다. 노키아가 2001년부터 보급한 휴대전화 운영체제인 심비안은 한때 점유율 80퍼센트를 넘나들며 수많은 휴대전화 제조업체들이 공유하는 운영체제의 표준 플랫폼이었다. 당시 노키아는 핀란드 수출 물량의 20퍼센트, GDP(국내총생산)의 25퍼센트를 차지할 정도의 공룡기업이었다. 아이폰이 처음 출시됐을 때 노키아는 아이폰을 경쟁 상대로 여기지 않았다. 노키아의 엔지니어들은 "아이폰이 성능은 고사하고, 50센티미터 높이에서 휴대전화를 떨어뜨리는 노키아의 낙하시험조차 통과하지 못했다"며 아이폰을 비웃었다.

하지만 아이폰이 불붙인 스마트폰 혁명은 들불처럼 빠르게 번져나갔고, 세계 휴대전화 시장의 1인자 노키아는 속절없이 몰락해갔다. 2011년 노키아의 최고경영자(CEO)인 스티븐 엘롭은 "우리의 플랫폼이 불타고 있다"라며 스마트폰 트렌드의 수용과 대대적 변신을 시도했지만 상황을 반전시키기에는 역부족이었다. 노키아는 결국 2013년 시장에서 철수했다.

코닥은 1881년 창업 이래 필름과 사진기술의 대표기업으로, 오늘날의 영상시대를 개척한 첨단 기술기업이었다. 코닥은 필름 카메라가 쇠락하고 디지털 카메라가 대세가 되자 2012년에 적자를 못 이기고 파산 보호 신청을 하기에 이르렀다. 그런데 코닥은 한때 미국 필름 시장의 90퍼센트를 석권했을 뿐 아니라, 누구보다 앞서 사진 산업의 미래를 예견하고 준비해온 기업이었다. 특히 코닥은 1975년에 세계 최초로 디지털 카메라를 개발해 판매했을 뿐 아니라, 디지털 이미지 처리와 관련한 핵심 특허를 다수 보유하고 있었다. 코닥은 디지털 카메라가 실용화되기 오래전인 1981년에 사내 보고서를 통해 디지털 카메라의 미래를 예견하면서 위협에 대비해야 한다고 강조했다. 그럼에도 불구하고 주력제품인 필름 부문에서 발생하는 안정적인 수익 구조에 안주하느라 미래 기술을 앞당겨 상업화할 시도를 하지 못했다. 그러다 결국 과감한 경쟁사들에 밀려 나락으로 떨어지고 말았다.

과학기술과 산업의 역사에서는 한때 최고의 기술력과 제품 경쟁력, 막대한 자산을 앞세워 세계 시장을 지배하던 첨단 기술기업이 짧은 기간에 몰락한 사례가 수두룩하다. 아이폰이 등장하기 이전에 세계 스마트폰 시장을 지배했던 블랙베리를 제조·판매한 리서치인모션이 그렇고, 구글 이전에 전 세계 검색시장을 제패했던 야후도 비슷한 사례다.

가장 뛰어난 기술력과 막대한 자산을 보유했던 기업들이 왜 보잘것없어 보이던 도전자에게 무너지고 말았을까? 모두 착각 때문이다. 거대한 실패의 공통점은 하나같이 현실을 제대로 파악하지 못한 결과라는 점이다.

실패한 이들이
간과한 두 가지

이들이 실패한 이유를 일반화하기는 어렵다. 그럼에도 두 가지 공통된 원인을 찾아볼 수 있다. 하나는 객관적 상황을 파악하는 데 실패했다는 것이다. 외부 현실에 대한 잘못된 인지와 판단, 곧 대상 인지의 실패다. 다른 하나는 자신이 알고 있는 지식과 판단이 틀릴 리 없다고 확신하는 것이다. 인식 주체에 대한 인지 실패다. 자신이 무엇을 알고 무엇을 모르는지를 깨닫지 못하고, 해당 사안에 대해서 잘 알고 있다고 착각하는 것이다. 실패한 이들이 간과했던 두 가지, 대상 인지와 인식 주체에 대한 인지가 바로 이 책에서 다루고자 하는 메타인지다.

일찍이 메타인지의 중요성을 간명하게 파악한 책은 병법서의 고전인《손자병법》이다. 중국 춘추시대 제나라 출신의 군사전략가 손무가《손자병법》에서 전쟁에서 이기는 최고의 방법으로 제시한 전략은 '지피지기 백전불태知彼知己 百戰不殆'다. "적을 알고 나를 알면 백 번 싸워도 위태롭지 않다"는 뜻이다. 이 구절은 인식해야 하는 대상을 적군(외부의 인식 대상)과 아군(인식 주체)으로 구분한다. 둘에 대한 지식이 각각 다른 것임을 알려준다.

그런데 널리 인용되는 이 구절 바로 뒤에 이어지는 문장은 메타인지의 중요성을 좀 더 상세하게 설명한다. "적을 알지 못해도 나를 알고 있으면 한 번 이기고 한 번 진다. 그러나 상대를 알지 못하고 자신도 알고 있지 못하면 싸울 때마다 항상 위태롭다不知彼而知己 一勝一負, 不知彼不知己 每戰必殆.ᵃ [3] 적에 대해 잘 알지 못해도 아군의 전력을 제대로 알고 있으면 절반의 경우에서 승리할 수 있다는 이 구절은 전쟁에서 메타인지가 얼마나 중요한 도구인지를 일깨워준다. 《손자병법》은 전체 분량이 한자 6200자에 불과한 간결한 책이지만, 지피지기로 대변되는 '지知'라는 글자가 무려 일흔아홉 번이나 나올 정도로 객관적 상황 파악, 즉 메타인지의 중요성을 강조하고 있다.[4]

전쟁을 적군과 아군의 대결이라고 할 때, 적군은 고정된 대상이 아니다. 상황이나 시기에 따라 대적해야 하는 상대는 유동적이다. 가능한 경우의 수를 압축해 대비한다고 해도 한계가 있다. 국방에서 가상 적국이나 특정한 공격 상황에 대비한 맞춤형 전략이 항상 최선의 전략이 될 수 없는 이유다. 국가와 국민의 안위를 지키기 위한 최선의 전략은 다양한 상황에서 알 수 없는 적에 대해 방비하는 것이다.

예측할 수 없는 수많은 상대를 일일이 파악하고 대비하는 것은 결코 쉬운 일이 아니다. 그에 비하면 적어도 절반의 성공을 담보해주는 자신에 대한 지각은 한결 쉬운 일이다. '지피지기'를 인지적 관점에서 바라보면 하나(상대)는 유동적이고 다른 하나(자신)는 고정되어 있다. 파악해야 할 상대는 특정하기 어려운 '변수'로서의 유동적 대상이지만, 그를 상대해야 하는 자신은 항상 고정된 '상수'로서의 주체다. 끊임없이 변화하는 상대에 대한 지각은 기본적으로 불확정적이고 가변적이지만, 그와 맞서 싸워야 하는 자신에 대한 지각은 안정적이다. 상황에 따라 상대는 계속 달라져도 그에 맞서야 하는 나는 기본적으로 동일한 존재다. 그래서 모르는 상대에 대비하기 전에 먼저 한정된 인지적 자원을 투입해 파악해야 할 대상은 나 자신이어야 한다. 변수와 상수가 함께 있는 경우에는 상수부터 해결하는 것이 효율적이다. 즉 변수는 이동 표적이고, 상수는 고정 표적인 셈이다.

전쟁 같은 극한 상황에서만 지피지기가 중요한 것은 아니다. 집단을 이루고 살면서 구성원들과 관계 맺고 소통하고 경쟁하는 모든 사회적 활동이 상대와의 관계에 다름 아니다. 사회 안에서 관계는 상대와 나 두 사람으로 이루어지는 경우도 있지만, 나의 맞은편이 무수히 많은 방사형인 경우가 대부분이다. 수많은 사회적 관계에서 항상 방사형의 꼭짓점이자 변하지 않는 상수인 나 자신에 대한 인지가 무엇보다 중요하고 가치 있는 까닭이다.

인지하려는 대상에 대한 지각과 인식 주체에 대한 지각은 밀접하게 연관되어 있고 뇌에서 동시에 일어나는 현상이기 때문에 둘을 분리해 생각하는 것은 쉽지 않다. 메타인지가 그토록 어려운 과제일 수밖에 없는 이유다. 하지만 이 둘은 엄연히 다른 것이다.

2 성공은
왜 지속되기 어려운가

클레이턴 크리스텐슨 하버드대학 경영대학원 교수는 최고의 기술을 바탕으로 시장을 지배하던 거대 기술기업들이 나중에 등장한 새로운 기술의 희생자가 되어 맥없이 몰락한 사례들을 연구했다.[5] 이들 사례를 크리스텐슨 교수는 '혁신기업의 딜레마'라고 불렀다. 혁신 기술을 통해 시장을 제패한 기업들이 성공을 가져다준 기존의 기술과 전략에 지나치게 의존하고 안주한 나머지 새로 등장한 혁신 기술의 희생양이 되어 몰락하는 과정을 보여준다. 코닥은 디지털 미래를 예견하고 디지털 카메라를 생산하는 신기술까지 갖추고 있었지만 기존 제품의 시장점유율을 포기하지 못해 혁신기업의 딜레마에 빠지고 말았다.

파괴적인 혁신 기술은 초기에는 완성도가 낮고 고객층이 불안정해서, 높은 품질과 수익성을 추구하는 선도기업들은 채택을 꺼리는 경향이 있다. 현재의 매출과 수익 대부분이 기존 기술과 제품에 의존하고 있기 때문에 비록 혁신 기술의 미래가 밝아 보여도 기업 내부에서 추진할 동력을 확보하기 힘들다. 하지만 시간이 지나면서 신기술의 품질이 높아짐에 따라 고객이 이동하게 되고 결국 신기술이 기존 기술을 대체하고 시장 구조를 뒤엎어버린다. 성공의 경험과 그에 대한 확신이 새로운 기술과 정보를 외면하게 해 몰락으로 이끌었다는 점에서 '승자의 저주'인 셈이다.

최고의 기업이
승자의 저주에 빠지는 까닭

리서치인모션의 블랙베리는 높은 기술력과 보안성 등으로 아이폰이 등장하기 이전에 업무용 스마트폰 시장을 지배했다. 쿼티 키보드를 장착하고 보안메일 기능이 뛰어난 스마트폰으로, 마약 같은 중독성을 지녔다고 해서 이용자들 사이에서 '크랙베리CrackBerry'라는 별명으로 불렸을 정도다.* 리서치인모션을 설립한 마이크 라자리디스는 캐나다의 과학영재 출신 기업가로, 쌍방향 기능의 무선호출기로 큰 성공을 거두었다. 라자리디스는 이를 다시 블랙베리폰 개발로 발전시켜 한때 세계 스마트폰 시장을 선도한 전문경영인이다. 그는 2007년 등장한 아이폰이 이용자들을

---

* Crack은 마약 코카인을 뜻한다.

매혹시키던 2011년에도 "휴대전화에 컴퓨터를 집어넣었다"는 말에 대해 "도대체 어떤 사람이 그런 제품을 원하겠느냐"고 비웃었다.

한때 성공을 만들어낸 요소와 조건이 시간이 지난 뒤 고스란히 실패와 몰락의 원인으로 바뀌는 경우는 흔하다. 성공과 확신이 새로운 정보와 변화를 무시하거나 보지 못하게 하는 걸림돌이 되기 때문이다. 성공을 이끈 요소들과 전략은 과거에는 유용했지만, 착각과 오만에 빠지게 하는 요인이 되기도 한다. 몰락으로 가는 길인 착각과 오만에서 벗어나는 것은 확신이 아니라 의심과 겸손이다. 아무리 큰 성공을 가져다준 비결이라고 해도 지나친 애착과 확신에 빠지지 말고 반대편에 있는 의심과 무지를 받아들여야 한다. '혁신 기업의 딜레마'는 성공 사례와 노하우를 갖춘 기업이라도 늘 의심하면서 겸허하고 열린 태도를 지닐 때 비로소 새로운 정보를 받아들여 지속 가능한 경쟁력을 확보할 수 있다는 것을 알려준다.

같은 강물에 두 번 들어갈 수 없다, '판타 레이'

중국 초나라 사람이 배를 타고 강을 건너다가 보검을 깊은 강물에 빠뜨렸다. 그는 급히 작은 칼을 꺼내 뱃머리에 금을 그어 표시한 뒤 이렇게 말했다. "여기가 바로 내가 보검을 떨어뜨린 곳이다." 배가 나루에 닿자 그는 표시해놓은 곳을 따라 칼을 찾으러 물속으로 들어갔다.

《여씨춘추呂氏春秋》 '찰금察今' 편에 나오는 각주구검刻舟求劍의 고사다. 현실에서 있을 법하지 않은 어리석은 옛사람의 이야기다. 하지만 오늘날에도 상황이 변한 것을 고려하지 않고 기존의 정보와 방법에 의존하다가 낭패를 보는 경우가 드물지 않다. 앞서 언급한 이세돌-알파고 대국, 마지노 요새, 노키아 몰락 사례 등의 공통점은 변화한 상황을 인지하지 못하고 과거의 지식에 의존해 판단하고 행동했다는 것이다.

고대 그리스의 철학자 헤라클레이토스는 "우리는 같은 강물에 두 번 들어갈 수 없다"라는 말로, 변화하는 세상의 본질을 간파했다. 강물에 들어갔다 나온 뒤에도 강물은 쉼 없이 흐르고 있으며, 우리 자신은 강물에 들어갔을 때보다 조금 더 나이를 먹은 사람이 되어 있다. 플라톤은 헤라클레이토스의 이러한 견해를 '판타 레이panta rhei', 모든 것은 끊임없이 변화한다는 '만물유전萬物流轉'의 철학으로 기술했다. 2500년 전에 헤라클레이토스가 알려준 대로, 모든 것이 끊임없이 변화하는 세상에서 유일하게 변하지 않는 것은 "모든 것이 끊임없이 변화한다"는 만물유전의 철칙뿐이다.

마지노 요새의 효용을 믿은 프랑스군이나 각주구검 고사의 주인공은 변화한 상황을 알아차리지 못하고 과거에 기반해 판단했다는 점에서 실패의 원인이 동일하다. 쉬지 않고 변화하는 세상에 적응하는 방법은 무엇일까? 이동 표적을 겨냥할 때는 표적이 고정돼 있지 않고 계속 움직이고 있다는 것을 인지해야 한다. 과녁을 정확히 겨냥해 화살을 쏘아도 표적이 이동하면 제아무리 신궁이라 해도 맞힐 수 없다. 고정 표적을 대상으로 효용이 검증된 기존의 전략과 접근방식이 이동 표적에는 통하지 않는다. 계속해서 움직이는 표적의 궤적을 추적하고 새로운 방법을 동원해야 한다.

쉼 없이 움직이는 대상을 겨냥하고 무엇인가를 실행하는 것은 기계장치의 피드백 제어와 유사하다. 냉장고나 에어컨, 전열기 등의 자동 온도 조절 장치를 비롯해 각종 모터나 자동차의 속도 조절 장치 기능은 기본적으로 피드백을 통한 제어로 작동한다. 에어컨의 희망 온도를 20도로 설정해놓으면 온도 감지센서가 실내 온도 변화값을 계속 점검해 실내 온도가 20도를 유지하도록 조절한다. 직전 상태에 대한 정보를 확보하지 못하면 온도를 원하는 수준으로 제어할 수 없다.

기계만이 아니다. 사람을 포함한 모든 유기체도 다양하고 지속적인 피드백을 통해서 생명 활동에 지장이 없는 적정 상태에 머무르고자 하는 항상성을 갖고 있다. 병원에서는 입원 환자에게 매일 아침 체온과 혈압, 맥박, 호흡 같은 활력 징후(바이털 사인)를 확인한다. 바이털 사인은 수시로 변화하는 신체의 활력 수준을 수치화해서 알려주는 신뢰도 높은 피드백 신호다. 이를 통해 현재 몸 상태에 대한 기본 정보를 파악한 뒤에야 정확한 진단과 처치가 가능하다.

바이털 사인이라는 피드백 신호를 통해 몸 상태를 파악하듯, 자신의 인지 상태를 파악하기 위해서도 지각의 피드백이 필요하다.

인지와 사고의 주체인 자신이 알고 있는 상태에 대한 지각의 피드 백이 바로 메타인지다. 그런데 '판타 레이'라는 말에서 알 수 있듯 이, 인지 대상과 인지 주체는 쉬지 않고 변화하기 때문에 그 상태가 계속 달라진다. 메타인지의 출발점은 이처럼 인지 대상과 주체가 끊임없이 변화하는 속성을 지녔다는 것을 깨닫고 현재의 상태를 좀 더 정확하게 파악하는 능력이다.

'판타 레이' 세상에서 앎은 항상 잠정적일 수밖에 없다. 지금 당장 은 진리나 철칙으로 보이더라도 일시적인 유효성을 지닐 뿐이다. '판타 레이' 모토의 의미와 중요성은 2500년이 지난 21세기 지식정 보 사회에서 더욱 주목받고 있다. 디지털 정보 사회에서는 쉴 새 없 이 쏟아지는 방대한 정보가 기존의 지식과 노하우를 금세 부정확 하고 낡은 것으로 만들어버린다. 지식정보 사회는 아무리 확실하고 유용한 정보라고 해도 새로운 정보에 의해 계속 대체되는 사회다. 부정확하고 낡은 지식이 되어버린 정보를 새로운 정보로 대체하지 않으면, 모르는 것과 다르지 않다.

하지만 여전히 우리 사회에서는 학습을 학창 시절에만 하는 활동 으로 여긴다. 이제는 시험문제가 아닌 진짜 현실의 문제를 해결해 야 하고, 이를 위해서는 항상 새로운 정보를 학습해야 하는 상황인 데도 말이다. 더욱이 끊임없는 변화로 인해 필요한 정보도 계속 달 라지고 있음에도 불구하고 많은 사람이 한때 학교에서 배운 지식을 기반으로 자신이 해당 문제에 대해 잘 알고 있다고 착각한다. 미래학의 개척자인 앨빈 토플러는 1970년에 쓴 책《미래 쇼크》에서 "21세기의 문맹은 읽고 쓸 줄 모르는 사람이 아니라 배울 줄 모르고, 과거에 배운 것을 지우고 새로운 것을 배울 줄 모르는 사람이다"라고 말했다.[6]

변화를 거부하는
인간의 본능

앞서 말했듯, 유기체는 다양한 환경에서 생체 신호를 이용하는 피드백을 통해 항상성을 유지하며 생명 활동을 이어가려는 본능이 있다. 유기체가 생리적 피드백을 통해 생명 활동을 이어가려는 것은 무의식적인 생존 본능이지만, 인지적 활동은 본능이 아니다. 어떤 사람이 사회로부터 고립되어 야생에서 자라난다면, 생존을 이어갈 수는 있어도 지적 존재로 성장할 수는 없다. 인간의 인지 능력은 오랜 시간에 걸쳐 집단생활과 소통을 통해 획득한 후천적 능력이다. 철저하게 사회화와 학습, 훈련의 산물이고 본능이 아닌 의도적 활동의 결과물이다. 인간의 인지 활동의 주요한 특징은 '인지적 구두쇠cognitive miser' 성향이다. 인간의 뇌는 인지적 자원을 소모하기를 꺼리기 때문에 한번 습득한 정보나 방법을 다른 비슷한 상황에서 그대로 써먹으려는 경향이 있다(이에 대해서는 3장에서 자세히 알아본다).

인간의 인지적 능력은 본능이 아닌 데다 뇌는 일단 아는 내용이라고 판단하면 안주하거나 계속 활용하려는 성향이 있다. 그래서 해당 지식을 업그레이드하거나 새로운 내용으로 대체하려고 하지 않는다. 인지적 구두쇠 성향 덕분에 인류는 야생 환경에서 살아남을 수 있었다. 뇌 안에 항상 인지적 여유 공간이 있어야 맹수의 습격 같은 위험한 상황에서 재빨리 판단을 내릴 수 있기 때문이다. 하지만 디지털 세상에서는 사정이 달라졌다. 맹수의 공격이나 천재지변 같은 긴급 상황이 생존을 위협하던 시대에 요긴했던 지적 능력이 현대 지식정보 사회에서는 거의 쓸모가 없다. 지식정보 사회에서 우리에게 요구되는 생존 능력은 쉼 없이 상황이 변화함을 자각하고 그에 맞게 정보를 끊임없이 업그레이드하는 것이다.

만물은 계속 변화하는데 우리가 변화를 감지하기 어려운 것은 편안함을 추구하는 본능 때문이다. 변화를 감지한다는 것은 곧 변화의 내용이 나의 생존 환경에 얼마나 영향을 주는 것인지 알아야 한다는 인지적 부담으로 이어진다. 변화의 내용을 파악하게 되면 거기에 적응해야 하므로 심리적 부담이 생긴다. 스마트폰과 운영체제의 경우 최신 제품일수록 훨씬 좋다는 것을 알기 때문에 새로 나온 제품을 적극적으로 구매한다. 디지털 기기처럼 우리의 지식과 사고방식 또한 최신 버전으로 업그레이드하고 대체해야 하지만, 이는 매우 어려운 일이다. 펜실베이니아대학의 심리학자 애덤 그랜트는 "대상이 물건일 때 사람들은 열정을 다해 업데이트한다. 그러나 대상이 지식이나 견해일 때는 기존의 것을 고집하는 경향이 있다"라고 말했다.[7] 토플러가 일깨운 것처럼, 지속적으로 변화하는 21세기에는 기존에 알고 있던 것을 의도적으로 망각하고unlearn 새로이 학습하는relearn 방식으로 적응해야 하지만 이는 인지적·심리적 부담이 큰 일이다. 많은 사람들이 변화하는 지식과 사회 환경을 외면하고 과거의 지식에 머물러 있는 배경이다. 하지만 지식정보 사회에서 변화의 폭과 속도는 인간 본능과 인지적 구두쇠 성향에 아랑곳하지 않고 점점 커져갈 따름이다. 지식정보 사회에서는 새로운 상황에 적응하는 태도와 능력을 지녔는지에 따라 개인 간, 집단 간 격차가 크게 벌어질 수밖에 없다.

3   실패와 메타인지의
연결고리

거대한 실패들은 하나같이 정확하지 않은 인식과 변화한 상황에 대한 무지와 착각에서 시작되었다. 그중에서도 가장 큰 요인은 인식 주체가 자신이 착각하고 있다는 사실을 모른 채 한때는 유용하고 믿을 만했던 정보에 과도하게 의존했기 때문이다. 달리 표현하자면, 메타인지 능력이 부족해서였다. 그렇지만 많은 경우 실패는 진정한 인식과 깨달음으로 우리를 안내하는 길잡이가 되기도 한다. 메타인지의 부족이 착각을 낳고 우리를 실패로 이끌지만, 역설적으로 실패는 그때까지 간과했던 무지의 중요성을 일깨우고 메타인지를 작동하게 하는 동력이 된다.

소크라테스가
가장 지혜로운 사람인 까닭

앎을 추구하는 인간의 능력은 나의 무지를 깨닫는 데서 출발하지만, 내가 모른다는 것을 아는 게 저절로 되는 일은 아니다. 2500년 전 인류에게 메타인지를 알려준 소크라테스가 그 지혜를 발견한 경로만 보아도 알 수 있는 사실이다. 흔히 소크라테스의 명언으로 알려진 "너 자신을 알라"는 델포이 신전에 새겨져 있던 고대 그리스의 격언이다. 소크라테스가 후대에 전해준 가르침은 "너의 무지함을 알라"는 것이다. 소크라테스는 자신의 무지를 깨닫게 함으로써 진정한 앎을 추구하는 지적 전통을 확립하고 전파한 공로로, 인류의 위대한 스승으로 추앙받는다. 소크라테스도 처음부터 지혜로운 사람은 아니었다. 그가 위대한 깨달음을 얻게 된 여정을 따라가보자.

고대 아테네의 델포이 신전에서 소크라테스의 친구 카이레폰은 "세상에서 가장 지혜로운 사람이 누구입니까?"라고 물었다. "소크라테스보다 더 지혜로운 사람은 없다"는 게 델포이 신전의 답이었다. 신탁은 거짓말일 수 없다고 믿은 소크라테스는 스스로 검증에 나섰다. 자신이 세상에서 가장 지혜로운 사람일 리가 없다고 생각했기 때문이다. 소크라테스는 당대에 가장 지혜롭다고 알려진 사람들을 찾아 나섰다. 그들의 지혜가 자신보다 월등히 뛰어나다는 것을 보여주어, 신탁이 잘못되었음을 입증하려 했던 것이다. 그 방법은 오늘날 '소크라테스 문답법'으로 알려진, 끝없이 이어지는 질문과 답변의 연속이다.

소크라테스의 검증 작업은 뜻밖의 결과로 이어졌다. 거듭된 문답을 통해 소크라테스는 이른바 지혜롭다는 이들도 자신과 마찬가지로 해당 문제에 대해 잘 알지 못한다는 것을 발견했다. 그런데 중요한 차이가 있었다. 소크라테스는 그 문제에 대해 자신이 모른다는 것을 알고 있지만, 그들은 자신이 알고 있다고 착각한다는 점이었다. 자기 지식의 한계와 무지를 알고 있다는 점에서 소크라테스는 세상 누구와도 달랐다. 소크라테스는 "나는 내가 아무것도 모른다는 것을 안다는 점에서는 그 누구보다 현명하다"라는 위대한 깨달음에 이르렀다. 델포이 신탁의 진실이 입증된 것이다. 소크라테스가 무지의 발견이 지혜의 핵심이라는 가르침을 후대에 전하게 된 것은 직접 문제에 부딪쳐 스스로 모른다는 것을 깨달은 결과다. 달리 말하면, 인지의 실패가 메타인지의 핵심인 무지를 깨닫게 한 실질적인 계기다.

메타인지는 자신이 아는 것과 모르는 것을 구별하는 능력으로, 지각의 저울이나 계기판, 나침반 기능을 한다. 그중에서도 핵심은 자신의 무지를 깨닫는 것인데, 특정 사안에 대해 잘못 알고 있거나 모른다는 사실에 직면하는 것은 일종의 인지 실패를 의미한다. 무지와 직면하게 되는 인지적 실패의 순간을 어떻게 받아들이느냐에 따라 메타인지 능력의 방향이 결정된다.

실패가 주는 선물

독일의 과학 저술가 크리스티아네 취른트는 모든 실패의 공통점에 대해 이렇게 말한다. "실패의 결과는 내가 누구인가, 내가 무엇을 할 수 있는가, 내가 무엇을 가지고 있는가에 대한 지금까지의 생각을 바꿔버린다."[8] 취른트는 '실패'가 모든 사람에게 의미를 갖게 된 것은 근대 이후 시민권이 확립되면서부터라고 말한다. 그리스 비극에서는 오로지 영웅만이 '실패의 특권'을 지녔다. 관객은 영웅인 주인공이 몰락하며 실패하는 것을 지켜볼 따름이었다. '내가 누구인가', '내가 할 수 있는 것은 무엇인가'와 같은 메타인지, 자아성찰과 직결되는 질문은 그러한 결정권과 책임을 지닌 영웅에게만 허용되는 영역이기 때문이다. 《에세》를 통해 자신을 향한 성찰과 글쓰기를 개척하며 근대적 인간상을 만들어낸 16세기 프랑스의 사상가 몽테뉴 또한 실패를 자기인식의 수단으로 파악했다.

실패는 인간에게만 허용된 세계이기도 하다. 본능대로 행동하는 동물은 실패할 일도 없고, 후회하거나 실패에서 배움을 얻을 수도 없다.[9] 자유와 책임을 지닌 인간만이 선택을 하고 실패할 수 있다. 실패와 좌절을 통해 사람은 후회와 깨달음을 경험하고, 깊은 내면을 돌아보게 된다. 난관과 실패가 불러온 내면으로의 침잠과 성찰은 메타인지로 이어지는 경로가 된다.

《해리 포터》의 작가 조앤 롤링은 2008년 하버드대학 졸업식 축사에서 '실패가 주는 이점'에 대해 말했다. 작가로 이름을 알리기 전에 롤링은 이혼한 뒤 실업수당으로 겨우 생계를 꾸려가던 싱글맘이었다. 당시 그녀는 자신이 아는 '가장 큰 실패자'였다고 고백했다. 출판사 열두 곳에 원고를 보냈지만 모두 거절당한 상태였다. 롤링은 하버드대학 졸업생들에게 자신이 맛본 실패의 비밀을 들려줬다.

"실패의 이점은 실패가 비본질적인 것을 모조리 벗겨내는 걸 의미하기 때문입니다. 더 이상 자신에게 있는 그대로의 내가 아닌 다른 존재인 척하지 않았고 나에게 중요한 일에 모든 에너지를 쏟기 시작했습니다. 나는 자유로워졌습니다. 내가 품었던 가장 큰 두려움이 이미 현실이 되어버린 뒤였으니까요. 실패는 내가 시험들을 성공적으로 통과했을 때는 한 번도 얻지 못했던 내적 안정감을 주었습니다. 고통스럽게 얻긴 했지만, 그런 깨달음은 진정한 선물입니다."[10]

제17대 미국 연방대법원장을 지낸 존 로버츠 대법관은 2017년 6월 뉴햄프셔의 한 중학교 졸업식 축사에서 실패와 불운이 가져오는 것들에 대해 이야기했다.[11] 이 학교는 주로 부유층 자녀들이 다니는 명문 사립학교로 로버츠 대법원장의 아들도 재학 중이었다.

"나는 때때로 여러분이 부당하게 대우받기를 바랍니다. 그래서 정의의 가치를 알기 바랍니다. 나는 여러분이 배신으로 고통받기를 바랍니다. 신의의 중요성을 배울 수 있기 때문입니다. 미안하지만 나는 여러분이 가끔 외로워지길 바랍니다. 그래야 친구가 당연한 것이 아니라는 걸 알 수 있을 겁니다. 여러분에게 이따금 불행이 찾아오기 바랍니다. 그래야 인생에서 기회의 역할을 알게 되고 여러분의 성공이 당연한 것이 아니며 다른 사람의 실패 역시 당연한 것이 아니라는 것을 이해하게 될 것입니다."

실패는 자유를 지닌 인간이면 누구도 피할 수 없는 삶의 과제다. 실패를 어떻게 다루고 대응하느냐에 따라 운명의 방향이 달라진다. 실패는 메타인지를 불붙이는 불씨다.

2장

나의 좌표를 파악한다는 것

메타인지의 핵심

THE POWER OF
METACOGNITION

데카르트는 눈에 보이지 않는 X축과 Y축을 그려냈고, 그 덕분에
그 이전까지 존재하지 않던 좌표 평면이라는 공간을 만들어냈다.
자신을 좌표 공간 안에 위치시키고 객관적으로 파악할 수 있게 해
주는 메타인지는 개인의 지적·사회적 역량을 획기적으로 끌어올
리는 도구다.

1 영국은 어떻게
바다를 제패했을까

    섬나라 영국은 어떻게 열강과의 경쟁에서 승리하고 대영제국을 건설할 수 있었을까? 일찍부터 과학과 지식을 숭상하고 이를 토대로 산업혁명을 꽃피웠다는 것도 한 가지 배경이다. 하지만 산업혁명이 본격적으로 피어나기 전에 그 토양을 마련하고 '해가 지지 않는 나라' 대영제국이 탄생할 수 있었던 중요한 사건이 있었다. 18세기 초 영국 해군 함대가 침몰한 대참사가 그것이다.

    1707년 10월 22일 클로디슬리 쇼벨Cloudesley Shovell 제독이 이끄는 영국 해군 병사 1647명이 항해 도중 몰사하는 일이 벌어졌다. 1700년 스페인 국왕 카를로스 2세가 후계자 없이 사망하자 유럽 강대국들은 스페인 왕위계승전쟁(1701~1714)에 뛰어들었다. 열강들은 자국의 이해관계에 따라 스페인의 왕위 계승자로 카를 공 지지 세력과 펠리페 공 지지 세력으로 나뉘었고, 영국은 카를 공을 지지했다.

1707년 영국 해군 함대는 지브롤터해협에서 프랑스를 상대로 승리한 뒤 영국 남부의 포츠머스로 귀환하던 중이었다. 바다는 며칠째 짙은 안개에 싸여 있었다. 자욱한 안개 속에서 항로를 잘못 판단한 함대가 영국 서남단의 실리제도로 접근했다. 실리제도는 암초 지대로 악명 높은 곳이라, 진입해서는 절대 안 되는 해역이었다. 스물한 척의 함대 중 앞서가던 전함 네 척이 암초를 들이받고 몇 분 간격으로 침몰했다. 쇼벨 제독을 포함해 배에 타고 있던 장병 전원이 사망했다. 참사의 원인은 경도 계산에 실패해 배의 위치를 제대로 파악하지 못한 것이었다.[1]

대양을 항해하는 선박의 위치는 위도 값과 경도 값을 통해 알아낸다. 오늘날에는 GPS(위성항법장치)를 통해 지구상의 어느 곳에 있든 자동으로 현재 위치를 파악할 수 있다. 하지만 당시 상황은 천지차이였다. 유럽에서는 크리스토퍼 콜럼버스가 '신대륙'을 발견(1492)하고 페르디난드 마젤란이 이끄는 빅토리아호가 세계일주 항해에 성공(1522)하면서 대항해시대가 본격적으로 열렸다. 그런데 18세기 초까지도 망망대해에서 자신의 현재 위치를 파악하는 것은 여전히 불가능했다. 위도 값은 태양의 고도 관찰이나 북극성과의 각도를 이용해 비교적 쉽게 알 수 있었다. 하지만 아무리 노련한 항해사나 과학자라도 바다에서 경도를 정확하게 측정하는 방법은 당시에 존재하지 않았다.[*]

위치 측정에 주어진
사상 최대의 현상금

　　　　　　　　　대항해와 탐험의 시대였던 16~18세기에 바다에서 경도를 측정하는 것은 유럽 해양강국들과 과학자들의 최대 과제였다. 1598년 스페인 국왕 펠리페 3세(1578~1621)는 해상 경도 측정에 성공하는 사람에게 막대한 종신연금을 약속하는 포상안을 발표했다. 비슷한 시기 포르투갈을 비롯해 네덜란드와 이탈리아 토스카나 정부도 경도 측정에 거액의 상금을 내걸었다. 이탈리아의 수학자 갈릴레오 갈릴레이(1564~1642), 이탈리아 태생의 프랑스 천문학자 장 도미니크 카시니(1625~1712), 영국의 물리학자 아이작 뉴턴(1642~1727), 혜성을 발견한 영국의 천문학자 에드먼드 핼리(1656~1742) 등 당대 최고의 수학자, 물리학자, 천문학자 들도 앞다퉈 도전했다. 하지만 이 중 누구도 의미 있는 성과를 내지 못했다.

　특히 갈릴레이는 경도 측정 연구에 누구보다 적극적이었다. 스페인 국왕 펠리페 3세에게 편지를 보내 자신이 발견한 목성의 위성을 활용한 측정 방법을 설명하고, 네덜란드와 토스카나 정부의 현상

---

* 경도는 지구의 표면을 세로 방향 360도로 나눈 값이다. 24시간 단위로 자전하는 지구에서는 시간의 기준선이다. 1시간은 360도의 24분의 1인 경도 15도에 해당하고, 경도 1도는 4분이다. 지구 어디에서나 동일하다. 하지만 경도 1도에 해당하는 거리는 위도상의 위치에 따라 달라진다. 서울의 위도 값인 북위 37.56도를 기준으로 할 때 경도 1도에 해당하는 거리는 88.9킬로미터다. 하지만 지구의 둘레가 가장 긴 적도에서는 경도 1도에 해당하는 거리가 111킬로미터. 북극(북위 90도)이나 남극(남위 90도) 같은 극지방으로 가면 경도 1도에 해당하는 거리가 사실상 0미터에 수렴된다.

금에도 도전했다. 하지만 목성의 위성을 활용하는 방법은 당시로서는 구하기 어려운 고성능 천체 망원경이 필요했고 낮 시간대나 흐린 날에는 사용할 수 없는 문제가 있어서 실용성을 인정받지 못했다. 다만 네덜란드 정부는 경도 문제 해결을 위해 갈릴레이가 기울인 천문학적 노력을 일부 인정해주었다. 그나마 공로로 금목걸이를 지급받은 게 전부였다.[2]

영국 의회는 실리제도 참사를 계기로 해상 경도 측정에 본격적으로 나섰다. 1714년 5월에는 상인들과 항해사들이 경도 문제 해결을 요청하는 탄원서를 영국 왕실에 제출했다. 앤 여왕이 재위하던 1714년 7월 8일에 영국 의회는 '경도법Longitude Act'을 공표했다. 이 법에 따라 경도위원회가 설립되어 심사 기준과 방식을 정하고, 경도상Longitude Prize을 제정했다. 해상 경도를 정확하게 측정하는 방법을 개발한 사람에게는 경도상과 함께 2만 파운드의 상금을 주겠다는 약속을 내놓았다.[3] 300여 년 전 영국이 경도상에 건 상금은 임금 상승률을 고려해 오늘날의 가치로 환산하면 500억 원이 넘는다. 노벨상 상금(약 13억 원)의 40배에 가까운 금액으로, 과학과 기술 분야에 기록된 사상 최대의 현상금이다.

저명한 과학자들과 전문가들이 목성의 위성을 활용하는 법, 달과의 거리로 측정하는 월거법 등 다양한 방법을 시도했지만 성공하지 못했다. 모두의 예상을 깨고 상금은 이름 없는 시계 기술자 존 해리슨에게 돌아갔다.

해리슨은 독학으로 40년간 연구와 실험을 거듭한 끝에 1759년 '크로노미터 H4'라는 정교한 해상 시계를 이용한 경도 측정에 성공했다. 경도가 시간의 경계인 만큼, 항해에서 경도를 측정하려면 두 지점의 정확한 시각을 알아내고 그 차이를 지리적 거리로 환산하면 된다. 현재 배가 위치한 곳의 시각과 출항한 항구(모항)의 시각을 파악해 비교하는 방법이다. 이를 위해서는 배가 바다 어느 곳에 있더라도, 그리고 선상의 조건이 어떠하더라도 정확한 시각을 표시해주는 시계가 필요했다. 이는 곧 거센 파도와 침수, 급변하는 온도, 높은 습도와 염분, 흔들림이 끝없이 이어지는 장기간 항해 속에서도 오차가 거의 없는 정밀시계를 개발하는 작업이었다. 당시 시계는 시계추가 왕복운동을 하며 톱니바퀴를 회전시키는 방식이었는데, 이런 시계추 달린 시계는 바다에서 아무 쓸모가 없었다. 해리슨은 출렁이는 파도 위에서 정확성을 높이기 위해 시계추를 없애고 정밀한 태엽을 이용한 혁신적 구조의 시계를 제작했다. '크로노미터 H4'는 경도위원회의 까다로운 심사를 통과했고, 마침내 해리슨은 경도상 수상자로 선정되었다. 더불어 영국은 해상 경도 측정법을 최초로 손에 넣은 국가가 됐다.

대영제국 제해권의
출발점

영국 경도위원회는 오랜 기간이 걸린 '크로노미터 H4' 심사 과정에서 실제로 해상에서 정확한 경도를 측정할 수 있는지를 실험하기 위해 똑같은 복제품(K1)을 만들었다. 그러고는 태평양 항로를 개척한 탐험가 제임스 쿡 선장에게 크로노미터 H4(K1)를 비롯한 경도 측정 장치들의 성능을 검증하는 임무를 맡겼다. 1772년 쿡 선장의 레졸루션호는 '테라 아우스트랄리스 인코그니타'('미지의 남방 대륙'이라는 뜻의 라틴어)의 존재를 확인하는 동시에 경도 시계 검증이라는 특별한 임무를 띠고 출항했다. 레졸루션호는 3년 17일 동안 지구 둘레의 세 바퀴 반에 이르는 11만 킬로미터를 항해하고 1775년 7월 30일에 무사히 포츠머스항으로 돌아왔다. 이 제2차 항해에서 쿡 선장은 남극 대륙과 태평양의 수많은 섬들을 발견한 것을 비롯해 정교한 해도 작성과 신규 항로 개척이라는 과업을 달성하며 영국의 영토 확장에 크게 이바지했다.

세계 항해사에 기록된 쿡 선장의 제2차 항해 성공에는 두 가지가 중요한 역할을 했다. 하나는 비타민 C를 공급해 선원들의 괴혈병을 예방해준 양배추 절임이었고, 다른 하나는 정확한 경도 시계 K1이었다. 쿡 선장은 "배에 네 개의 경도 측정용 장치를 실었지만, K1만이 유일하게 잘 작동해 항해의 충실한 안내자 역할을 하고 있다"라고 항해일지에 기록했다. 쿡 선장은 K1에 대해 '믿음직스러운 친구'

런던 그리니치 천문대에 전시
된 크로노미터 H4.
©구한별

이자 '실수를 모르는 길잡이'라고 말했다.

영국 해군이 경도 측정법을 가장 먼저 손에 넣었다는 것은 바다를 지배하는 힘을 갖게 됐다는 것을 뜻한다. 경도 측정을 통해 자국 함선의 정확한 위치를 알 수 있게 된 덕분에 영국 해군은 해상 전투에서 절대적 우위에 섰다. 영국이 세계 최강의 해군력을 보유하고 제해권을 갖게 된 배경에는 실리제도 참사를 통한 뼈아픈 자각이 있었다. "우리는 바다에서 정확한 현재 위치를 알지 못한다"는 사실을 깨닫고 경도 측정에 국가적 노력을 기울인 것이 대영제국 건설의 출발점이었다. 1860년 당시 영국 해군은 200여 척의 전함을 보유하고 있었는데 경도 측정용 크로노미터의 수는 800개에 육박할 정도였다. 한 예로, 찰스 다윈이 탑승했던 영국 해군의 측량선 비글호에는 22개의 크로노미터가 실려 있었다.[4] 비글호는 낯선 땅과 바다의 지리와 생태를 탐험하고 기록하기 위해 5년(1831~1836) 동안 세계일주 항해를 했다.

적도와 남극 및 북극을 기준으로 자연적으로 만들어지는 위도와 달리, 경도는 이해관계가 충돌하는 국가들이 동의하거나 수용하는 기준을 통해 합의되는 인위적인 구분선이다. 세계 시각의 기준선인 본초자오선Prime Meridian은 경도 값 0인 런던의 그리니치 천문대를 지나는 선이다. 1884년 10월 미국 워싱턴 D. C.에서 열린 국제자오선회의는 그리니치를 본초자오선으로 삼는다는 결정을 내렸다. 세계 표준시의 탄생이다. 프랑스는 '파리 자오선'을 주장하며 반발했지만, 세계 대부분의 선박과 지도는 이미 그리니치를 경도의 기준으로 활용하고 있었다.

영국이 경도법과 천문학 연구를 통해 경도 파악에 쏟은 노력과 기여는 대항해시대와 식민제국주의 시대가 지나고 기기마다 GPS가 내장된 오늘날에도 선명하게 아로새겨져 있다. '그리니치 표준시Greenwich Mean Time(GMT) + 9시간'이 한국의 표준 시각이듯, 경도의 발견을 계기로 전 세계의 모든 시계가 런던을 기준점으로 삼게 되었다. 해상 경도 측정의 시대를 연 존 해리슨의 경도 시계 크로노미터 H4는 오늘날 기념관으로 바뀐 런던 교외의 그리니치 천문대에 전시돼 있다.

2 북극점 탐험의 성공과 실패를 가른 결정적 차이

북극점에 최초로 도달한 사람의 이름은 여러 차례 바뀌었다. 1909년 미국의 탐험가 로버트 피어리 제독이 북극점 최초 도달자로 공식 기록되었지만, 얼마 뒤 그린란드 탐험대의 군의관이었던 미국인 탐험가 프레더릭 쿡으로 수정됐다. 오래지 않아 북극점 첫 도달자의 이름은 쿡에서 다시 피어리로 뒤집히고, 피어리는 또다시 노르웨이 탐험가 로알 아문센으로 대체된다. 상당한 시간이 지난 뒤 북극점에 최초로 발을 디딘 사람은 스노모빌을 이용한 미국인 랠프 플레이스테드로 기록되었다. 하지만 현재 공인 기록에는 북극점에 최초로 걸어서 도달한 사람으로 영국인 월터 허버트의 이름이 올라 있다. 챔피언 쟁탈전도 아닌 극점 최초 도달자의 기록이 이토록 여러 차례 번복되는 일은 왜 생겨났을까?

번복을 거듭한
북극점 정복의 기록

　　　　　　북극은 모든 나침반 바늘이 떨면서 가리키는 궁극의 지점이자 뱃사람들의 길잡이였던 방향 찾기의 절대기준이다. 오랫동안 북극은 인간의 접근을 허용하지 않는 신화와 미지의 세계였고, 바로 그런 이유로 도전과 모험의 대상이었다. 20세기 초까지 700명 넘는 탐험가들이 북극점에 도전했지만 모두 목숨을 잃었다. 그 정도로 북극 탐험은 치열한 경쟁 목표였다.

　1909년 4월 6일 로버트 피어리(1856~1920)가 동상으로 여덟 개의 발가락을 잃어가며 일곱 번이나 도전한 끝에 북극점에 성조기를 꽂았다. 미국지리학회(내셔널 지오그래픽 소사이어티)의 후원을 받은 피어리가 마침내 북극점을 정복했다는 뉴스가 보도되자 피어리는 단숨에 세계적 영웅으로 떠올랐다. 당시 로알 아문센(1872~1928)은 북극점에 깃발을 꽂아 스웨덴으로부터 독립한 신생국가 노르웨이의 이름과 저력을 전 세계에 알리겠다는 목표를 안고 출발한 상태였다. 아문센은 북극점을 향해 항해 중이던 1910년, 피어리의 '북극점 정복' 소식을 듣고는, 목적지를 남극점으로 급변경해 많은 사람들에게 충격을 안겼다. 로버트 팰컨 스콧(1868~1912) 대령이 이끄는 영국 탐험대가 이미 남극점 정복을 위해 떠난 상황이었기에 아문센 일행이 남극으로 뱃머리를 돌리자 영국인들은 그를 맹비난했다.

　피어리의 북극점 정복 소식이 전해진 직후, 2년여가 걸린 북극 탐험에서 돌아온 프레더릭 쿡(1865~1940)은 자신이 북극점 최초 정복자라고 주장했다. 자신이 피어리보다 1년 앞선 1908년 4월에 북극점에 도달했지만, 기상 악화와 추위로 인해 다시 세상과 연락이 닿는 데 1년 넘게 걸렸다는 것이다.

이 주장이 받아들여져 쿡은 피어리를 밀어내고 북극점 최초 정복자로 한동안 인정받았다. 그러나 1911년에 지리학계가 쿡의 자료와 주장을 검증한 결과, 쿡의 주장은 사실이 아닌 것으로 드러나 피어리가 북극점 최초 도달자의 지위를 되찾게 됐다. 하지만 피어리에 대해서도 의문이 제기되었다. 당시 그는 정확한 위치 측정 도구를 지니지 않았으며, 북극점 도달 속도가 너무 빠르다는 것이었다. 의문이 해소되지 않자 피어리를 후원했던 미국지리학회는 그의 탐사일지를 면밀히 조사했다. 그 결과 피어리가 북극점(북위 90도)에 도달하지 못했지만, 북극점에 가장 가까운 북위 89도 57분 지점까지 도달한 최초의 사람이라는 애매한 결론을 내리고 피어리가 북극 최초 정복자라는 기록을 유지했다. 피어리가 도달한 지점은 실제 북극점에서 40킬로미터 떨어진 곳이다.

피어리는 자신이 도착한 지점이 북극점이라고 믿었기 때문에 거짓말을 한 것은 아니지만 북극점에 도달하지 못했다는 사실이 상당한 세월이 지난 뒤에 과학적 조사를 통해 드러났다. 피어리의 북극점 탐험 성공을 대대적으로 보도했던 〈뉴욕타임스〉는 79년 만인 1988년에 이를 바로잡는 기사를 실었다. "사실 오늘날 탐험가들도 국과 피어리의 루트를 재현하거나 확인하는 데 실패했다. 쿡은 문서로 된 증거를 제출하지 못했으며 나중에는 우편물 사기로 유죄를 선고받고 감옥에서 숨졌다. 〈내셔널 지오그래픽〉이 분석한 자료는 피어리의 기록을 신뢰할 수 없으며 그가 탐험 막바지에 하루 평균 71마일(114.2킬로미터)씩 전진했다는 것은 믿을 수 없다는 회의론자들의 주장을 뒷받침한다."[5]

그 결과 오늘날 공인 기록에서는 피어리가 최초의 북극점 도달자라는 내용이 삭제됐다. 북극점에 최초로 도달한 사람은 1926년 비행선 노르게에 탑승해 북극점 상공을 지나간 로알 아문센과 그 일행으로 기록되어 있다. 육상으로 북극에 첫발을 디딘 사람은 1968년 4월 19일 스노모빌을 이용해 북극점에 닿은 미국인 랠프 플레이스테드(1927~2008) 일행이다. 플레이스테드가 북극점에 꽂은 미국 성조기와 캐나다 국기는 미국 공군기에 의해 확인됐다.[6]

하지만 아문센도, 플레이스테드도 걸어서 북극에 도달하지 않았다. 공인 기록상 무동력으로 처음 북극점에 도달한 사람은 영국의 북극 횡단 탐험대를 이끈 월터 윌리엄 허버트(1934~2007)다.[7] 허버트는 1967년 12월에 동료 세 명, 40마리의 개와 썰매 넉 대로 알래스카를 출발해 16개월 만인 1969년 4월 6일에 인류 최초로 북극점에 걸어서 도달했다. 알래스카의 최북단 마을 배로에서 출발해 북극해를 가로질러 북극점을 지나고 노르웨이 스발바르제도의 최북단 베슬레타블레야섬에 이르는 6115킬로미터를 두 발로 걸어서 이동하

는 극지 횡단 대장정이었다.[8]

북극점 도달이 남극보다
58년 더 걸린 까닭

허버트의 기록은 아문센이 남극점에
도달한 시점과 비교하면 장비와 기술 발달에도 불구하고 58년이나
더 걸렸다. 북극점 정복 기록 자체도 여러 차례 진위 논쟁을 거치며
취소와 번복을 거듭했다. 북반구 국가들에서는 북극이 남극보다 훨
씬 가깝다. 그런데도 왜 북극점 도달은 그토록 오래 걸렸으며, 여러
차례 공식 기록이 뒤집혀야 했을까?

극지 탐험은 남극과 북극 간의 차이를 무의미하게 만들 정도로
목숨을 걸어야 하는 극한의 도전이다. 남극의 평균 기온은 영하 55
도이고, 북극은 영하 35~40도다. 극지의 눈폭풍이 몰아치는 두 곳
모두 인간의 생존이 불가능하다는 점도 마찬가지다. 차이는 남극점
은 남극대륙의 고정된 지점인 데 반해, 북극점은 북극해의 중심 해
역에 위치한 빙하 위의 한 지점이라는 것이다. 남극에서는 시야를
덮어버리는 폭풍설이 닥쳐도 며칠 뒤 날씨가 좋아지면 산맥과 봉우
리로 지형을 육안으로 확인하고 위치를 파악할 수 있다. 4892미터
의 빈슨매시프는 남극대륙의 최고봉으로, 고산 등반가들의 주요한
목표다.

북극 탐험은 사정이 다르다. 북극점은 평균 두께 2~3미터에 이르

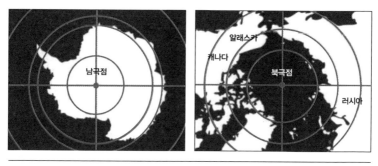

남극점과 북극점의 지형적 차이를 나타낸 그림. 남극점은 육지 위에 있는 반면, 북극점은 바다에 뜬 채 계속 이동하는 빙하 위에 위치해 도달하기가 매우 어렵다.

는 북극 빙하 위의 한 지점이라서 걸어서 도달할 수 있다. 하지만 북극해에 떠 있는 북극 빙하는 기온과 기후, 해류로 인해 수시로 새로 만들어졌다가 붕괴하고 갈라지며 그 형태와 두께 또한 계속 달라지고 있다. 남극점이 북극보다 평균 온도가 더 낮지만, 남극대륙에는 한국의 장보고 과학기지를 비롯해 여러 나라의 과학기지들이 들어서 있다. 하지만 북극의 다산 과학기지는 북극해에 떠 있는 해빙 위에 지을 수 없어, 북극에 인접한 노르웨이령 스발바르제도의 스피츠베르겐섬에 위치한다.

　북극점은 지상에 고정된 형태와 위치가 아니다. 바다 위에 뜬 채로 계속 이동하고 있는 빙하 위의 한 점일 뿐이다. 북극의 빙산과 빙원, 빙하의 형태는 계속 변하기 때문에 앞선 탐험대의 여정과 기록을 다음 탐험대가 활용할 수 없다. 북위 90도 북극점에 누군가 먼저 깃발을 꽂았다고 해도, 나중에 다른 사람이 앞선 탐험가의 도달 여부를 확인하고 검증할 수 없다. 이는 운명이 엇갈린 아문센과 스콧의 남극점 도달 경쟁과 비교된다. 영국의 스콧 탐험대는 힘겨운 탐험 끝에 아문센 일행보다 한 달 늦은 1912년 1월 18일에 남극점에 도달했지만, 이미 노르웨이 깃발이 꽂혀 있는 상태였고 텐트 안엔 스콧 일행을 절망하게 만든 아문센의 안부 편지가 기다리고 있었다. 유사한 일이 북극점 탐험에선 아예 불가능하다.

북극점 도달이 어려운 또 다른 이유는 나침반이 북극점 탐험에서는 쓸모없다는 점이다.[*] 나침반은 유용한 방향 지시 도구이지만, 북극 탐험에서는 오히려 잘못된 목적지로 안내하는 믿을 수 없는 도구가 되어버린다. 진북眞北과 자북磁北의 차이 때문이다.

진북점은 지구의 자전축을 이루는 방향이자 탐험가들의 도전 대상인 '진짜 북극점'이다. 자북점은 나침반 자석의 N극이 가리키는 지점으로, 지구의 자성물질을 끌어당기는 특정한 지점이다. 문제는 진북점과 자북점이 비슷하게 북쪽에 있지만, 일치하지는 않는다는 것이다. 나침반 바늘이 가리키는 지점(자북점)은 북극점으로부터 약 1000킬로미터 떨어진 캐나다 북서부에 위치한다. 자북점은 지금도 해마다 40킬로미터가량 북서쪽으로 이동하고 있으며 이에 따라 지구의 자기장 지도는 계속 변화하고 있다. 지구 자체는 거대한 자석

---

[*] 물론 남극점 탐험에서도 나침반에만 의존할 경우 비슷한 상황을 피할 수 없다. 하지만 남극대륙에서는 나침반 말고도 해안선과 산맥 등의 지형지물이 방향과 위치를 알려줄 수 있다.

인데, 지표면 아래 강력한 천연 자성물질의 위치가 맨틀 등 지구 내부 물질의 움직임에 따라 계속 이동하는 데 따른 현상이다. 탐험의 역사에서는 최초의 자북점 발견과 도달 또한 북극점 정복과 별개로 기록돼 있다.

북극점이라는 목표 자체가 바다 위에서 계속 이동하는 유동 지점이라는 것과 GPS가 존재하지 않던 시절 나침반에 의존해야 하는 상황에서 자북점의 존재는 북극점 도달을 더욱 어려운 과제로 만들었다. 북극점에 도달하기 위한 숱한 난관의 역사는 목표 지점이 계속 움직이고 있으며 정확한 측정과 검증 도구가 없는 상황에서 탐험의 어려움을 생생하게 보여준다. 이는 자신의 현재 위치를 정확하게 파악하기 위한 조건도 일깨운다. 먼저 목표가 고정돼 있는지 유동하는지를 알아야 하며, 자신의 현재 위치와 이동 중인 경로를 파악하기 위한 측정 도구의 특성과 한계를 제대로 알아야 한다는 사실이다. 그것을 알지 못하면 아무리 고생스럽고 목숨을 건 용기 있는 도전도 잘못된 목표에 다가갈 따름이다.

3 나의 위치를 객관적으로 파악하는 방법

오늘날에는 GPS를 장착한 스마트폰과 웨어러블 기기 덕분에 길 찾기의 중요성과 가치를 알기 어렵다. 하지만 길 찾기 능력은 근대 지리적 발견의 시기와 탐험가들만이 아니라 인류 역사 내내 모든 사람에게 필요한 생존 수단이었다. 인간은 야생 환경에서 홀로 살아갈 수 없고 보금자리와 무리에 의존해야 하는 사회적 존재이기에 길을 잃어버리면 목숨이 위태로워진다.

동물의 귀소본능과
인간 길 찾기의 차이

길 찾기 능력은 개인으로서의 생존은 물론, 인류라는 종이 살아남고 번성하는 데 필수적이었다. 인류학자들은 현생인류의 탁월한 길 찾기 능력이 호모 사피엔스를 지구 생태계의 지배종이 되도록 만든 요인이라고 설명하기도 한다. 선사시대 호모 사피엔스는 멀리 떨어진 곳까지 가는 길을 찾아내는 능력 덕분에 대륙과 대양을 넘어 지구 곳곳으로 진출해 낯선 곳을 탐험하고 주거지를 마련하며 생존을 이어갈 수 있었다. 먼 거리를 이동하지 않았던 네안데르탈인이나 데니소바인 등 멸종한 다른 호모속들과 호모 사피엔스가 구별되는 지점이다.

현생인류는 먼 곳에 사는 다양한 집단과 접촉하는 과정에서 복잡한 사회를 이루고 관계를 유지하는 데 필요한 소통 능력과 인지 능력을 발달시켰다.[9] 길 찾기는 다른 사람의 지식과 도움을 필요로 한다는 점에서 본질적으로 사회적 활동이다. 인류는 먼 곳까지 길을 찾아가는 과정을 통해 인간 고유의 탁월한 지적 능력과 사회성을 계발한 것이다. "빨리 가려면 혼자 가고, 멀리 가려면 함께 가라"는 아프리카 속담처럼, 위험하고 낯선 환경에서 친구와 동료는 인류에게 가장 유용한 생존자원이었다.

동물에게도 길 찾기는 생존을 좌우하는 능력이다. 연어, 도요새, 두루미, 제비, 고니, 바다거북, 고래 등 나그네 동물들은 뛰어난 방향감각과 길 찾기 능력을 이용해 대륙과 대양을 건너 수만 킬로미터를 이동하며 번식하고 생존을 이어간다. 몸에 생물학적 나침반을 장착한 덕분이다. 철새들은 나침반처럼 지구의 자기장을 감지할 수 있어 방향을 잃지 않고 수천, 수만 킬로미터를 날아간다. 먼 곳으로 이동하지 않고 들과 산에 사는 동물들과 텃새, 벌과 곤충들도 때가 되면 정확하게 제 보금자리를 찾아간다. 불가사의할 정도로 뛰어난 동물들의 길 찾기 능력은 지구 자기장을 감지하는 능력에다 동물별로 후각, 시각, 청각 등 복합적인 감각 기능을 활용한 결과다.

'귀소본능歸巢本能'이라는 말에서 드러나듯 동물들의 길 찾기 능력은 선천적이다. 하지만 인간의 길 찾기 능력은 타고난 본능이 아니다. 사람이면 누구나 지니는 능력도 아니다. 인간에게 길 찾기는 경험과 학습을 통해 획득하는 후천적 역량이자 기술이다. 고대부터 항해사와 길잡이 역할을 하는 사람이 따로 있었다는 사실에서도 알 수 있듯이, 바다에서건 육지에서건 길을 찾아낼 줄 아는 사람은 소수에 불과했다. 이들은 무리의 리더와 길잡이가 되어 집단을 통치하고 미지의 세계로 안내하는 역할을 했다. 인류가 멀리 떨어진 곳까지 탐험하고 미지의 땅과 세계를 거주와 생존의 공간으로 개척할 수 있었던 것은 위험과 두려움을 무릅쓰고 길을 찾아내고 이를 집단의 지식으로 만든 탐험가들의 역할이 결정적이었다.

탐험가들이 가장
중요하게 여기는 것

남다른 시력과 청력을 지녔다고 해서 뛰어난 길잡이가 되는 것은 아니다. 인류가 탁월한 길 찾기 능력을 보유하게 된 방식은 동물이 몸에 생물학적 나침반을 탑재하는 방식과 근본적으로 다르다. 항해사라면 지도와 해류를 읽어내고 별자리와 태양의 고도를 관측해 바닷길을 찾아내야 한다. 개인의 탐구와 경험을 통해 획득한 정보를 축적하고 그것을 전달 가능한 형태로 만들어 학습하고 교육하는 배움의 방식을 거쳐야 한다.

항해사는 태어나는 게 아니라 교육과 훈련을 통해 만들어진다. 탐험가들의 길 찾기 능력 또한 본능과 타고난 감각이 아니라 인지 기능과 판단력을 키우는 훈련을 통해 후천적으로 획득된 것이다. 탐험가들은 처음 가보는 목적지에 도착하기까지 길을 잃는 게 다반사이고 수시로 극한 상황에 부닥치게 된다. 탐험 전문가는 극한 상황에서 살아남으려면 침착하게 자신의 상태와 주위를 객관적으로 파악하는 게 무엇보다 중요하다고 말한다.[10]

낯선 곳에서 길을 잃었을 때 또는 인생에서 예기치 못한 곤경에 빠졌을 때 가장 필요한 것은 침착하게 자신이 처한 상황을 파악하는 능력이다. 자신의 상황에 대한 객관적 파악은 마치 의사가 정확한 진단을 내리는 것과 같다. 오진 이후 내리는 처방과 시술은 오히려 병을 악화시킬 따름이다. 미국의 산림 구조대원은 아이들이 어른보다 길을 잃었을 때 더 현명하게 행동한다고 말한다. "길을 잃었을 때 생존의 열쇠는 자신이 길을 잃었다는 사실을 깨닫는 것이기 때문이다. 아이들은 좀처럼 멀리 벗어나지 않고 밤에는 몸을 숨길 수 있는 장소에 웅크려 앉아 있고 자신에게 도움이 필요하다는 사실을 알고 있다."[11]

내가 처한 상황과 나의 상태를 제대로 파악하는 것이 곤경을 벗어나는 데 가장 필요한 지식이라면 이를 알아내는 방법은 무엇일까? 출발점은 자신이 지금까지 알고 있던 지식과 의존하던 방법에 문제가 생겼음을 인정하는 것이다. 길을 잃었을 때 엄습하는 불안과 두려움, 무기력은 자신이 그때까지 의존해온 지식과 길 찾기 방법에 대해 돌아보게 한다. 기존의 지식과 방법이 현재 잘못된 길로 들어서게 한 원인이기 때문이다. 기존의 지식과 방법이 더 이상 쓸모없다는 것을 깨달은 후에는 어디에서 문제가 생겼는지를 알아내야 한다. 지금까지 지나온 경로 반대편으로 즉시 방향을 바꾸는 게 해답은 아니다. 침착하게 주의를 기울여 무엇이 잘못되었는지를 찾아내야 한다.

영국왕립협회 수석연구원을 지낸 과학 저술가 마이클 본드는 탐험가들의 길 찾기에서 가장 중요한 것은 언제나 주의를 잃지 않는 태도라고 말한다.[12] 탐험가라고 해서 물소리를 더 잘 듣거나 별빛을 더 또렷하게 보는 것은 아니다. 주의를 기울일 때 비로소 랜드마크와 발자국을 식별할 수 있고 물소리를 들을 수 있게 된다. 햇빛과 물이 흐르는 방향도 감지할 수 있다. 탐험가들은 주의를 기울여 남들이 지나치는 신호를 읽어내고 이를 종합해 새로운 정보를 이해하는 법을 익힌 사람들이다. 자신이 알고 있는 지식과 다른 사람에게 들은 정보를 맹신하는 대신 새로운 신호와 정보를 적극적으로 받아들이고 주의를 기울여 그 차이와 변화를 읽어내는 이가 탁월한 탐험가이자 길잡이다.

길을 잃고 만나는 질문
'나는 어디에 있는가'

길 찾기 능력은 길을 잃어버린 경험으로부터 출발한다. 미국의 사회비평가 리베카 솔닛은《길 잃기 안내서》에서 "절대 길을 잃지 않는 것은 사는 것이 아니고 길을 잃는 방법을 알지 못하면 파멸의 길로 가게 된다"라며 길을 잃는 경험이 자신을 발견하는 출발 지점이라고 말한다.[13] 19세기 미국의 사상가 헨리 데이비드 소로는 산업화로 급속하게 팽창하는 도시를 떠나 월든 호숫가에 작은 오두막을 짓고 2년여 동안 자립 생활을 했다. "삶을 자신의 뜻대로 살아보기 위해서, 삶의 본질적인 문제들만을 마주하면서 삶이 가르쳐주는 것들을 배우기 위해서"였다. 삶의 본질적인 모습을 만나게 해준 소로의 오두막살이에는 '숲에서 길 잃기'도 포함되어 있다. 그는 고전이 된 에세이《월든》에서 길 잃기의 중요성에 대해 다음과 같이 언급했다. "우리는 길을 잃고 세상을 잃은 뒤에야 비로소 자신을 찾기 시작한다." 그는 또 이렇게 말했다. "삶에서 길을 찾는 일과 자연에서 길을 찾는 일과 의미에서 길을 찾는 일이 다 같은 일이었다."[14]

사회적 존재인 인간이 낯선 곳에서 길을 잃고 보금자리와 무리로부터 떨어져 있는 상황은 그때까지 깊이 생각하거나 걱정해본 적이 없던 생존의 문제에 직면하게 만드는 실존적 경험이다. '나는 어떻게 해야 이곳을 빠져나갈 수 있을까?' '내가 있는 여기는 도대체 어디일까?' '끝내 길을 찾지 못하고 산속에서 밤을 맞게 될 경우, 나는 어떻게 해야 살아남을 수 있을까?' '내 몸은 낯선 숲속에서 추위와 굶주림을 얼마나 견딜 수 있을까?'

생존에 대한 두려움은 구체적인 질문으로 이어진다. '내가 어쩌다 여기까지 오게 된 것일까?' '나는 어디에서부터 길을 벗어난 것일까?' 모두 자신을 향한 물음이자 메타인지를 요구하는 질문이다. 길을 잃고 나서 스스로 이런 질문들을 던지는 동안 우리는 비로소 소로와 솔닛이 길 잃기가 자신을 발견하기 위한 출발점이라고 말한 까닭을 알게 된다.

그런데 디지털 환경에서 길 잃기는 좀처럼 쉽지 않은 일이고 그 가치도 간과되고 있다. 스마트폰과 인터넷의 편리함 때문이다. 현대인의 필수품이 된 GPS 기술은 길 찾기의 필요성과 이유를 없애버렸다. 스마트폰에 탑재된 내비게이션과 전자지도는 GPS를 활용해 현재 위치와 주변 지역, 목적지와 이동 경로를 통합해 한눈에 보여준다. GPS가 없던 시대에는 길을 찾는 데 여러 가지 도구와 지식이 필요했다. 지도와 나침반이 필수 도구였고, 목적지와 현재 위치를 파악하고 지도를 볼 줄 알아야 했다. 지도와 나침반이 없으면 태양과 별, 산과 강 같은 천체와 지형지물을 이용했다.

하지만 길 찾기에서 무엇으로도 대체할 수 없는 필수요소가 있다. 바로 길을 찾고 있는 사람의 현재 위치다. 지도 위의 목표물이나 멀리 보이는 랜드마크는 모두 고정된 위치이지만 길을 찾고 있는 나는 계속 움직이는 존재이기 때문에 내가 있는 위치도 달라진다.

그래서 모든 길 찾기의 출발점은 자신이 현재 있는 곳을 아는 것이다. 자신의 위치를 파악한 뒤라야 별자리로 방향을 찾는 방법이나 독도법도 비로소 쓰임새가 있게 된다. 영국 해군이 실리제도 참사를 계기로 망망대해에서 자신의 위치를 정확하게 파악하는 일의 가치와 의미를 절감하게 된 까닭이다. 내비게이션은 목적지를 입력하면 경로를 정확하게 안내해주는 편리한 도구이지만, 이용자의 현재 위치를 모르면 길을 안내할 수 없다. GPS가 자동으로 이용자의 현재 위치를 파악하는 기능을 갖춘 덕에 우리는 그 사실을 잊고 있을 뿐이다. GPS와 전자지도는 길 잃기의 두려움과 길 찾기의 수고를 없애준 편리하고 고마운 도구이지만, 길 잃기와 길 찾기 과정에서 자신을 향해 질문하고 성찰하는 기회도 없애버렸다.

메타인지, 나 자신을
좌표로 파악하는 과정

길을 잃고 구조대에게 도움을 요청하는 상황을 떠올려보자. 이 경우에도 내가 있는 곳을 알려야 도움을 받을 수 있다. 나의 위치 정보는 항상 외부에 있는 대상들과의 관계로 표현된다. '왼쪽에 작은 시냇물이 흐르고 오른쪽으로 멀리 높은 봉우리가 보인다'는 식이다. 하지만 이 정도의 정보만으로는 충분하지 않다. 나의 위치를 알리기 위해서는 외부의 관점과 정보가 필요하다. 내가 있는 곳을 남들이 알 수 있도록 위치 정보를 객관화해서 정확하게 전달해야 한다. '크다-작다, 멀다-가깝다, 높다-낮다, 오른쪽-왼쪽'과 같은 일상적 표현은 말하는 사람이나 바라보는 방향에 따라 달라진다. 근대 과학은 관찰하는 사람과 말하는 사람에 따라 달라지지 않는 객관적이고 정확한 표현 방식을 도입한 덕분에 비약적으로 발전할 수 있었다.

오늘날 우리가 공간 정보를 객관적으로 표현할 수 있게 된 것은 17세기 프랑스의 철학자이자 수학자인 르네 데카르트가 개발한 좌표 덕분이다. 병약했던 데카르트는 군 복무 시절 침대에 누워 있는 시간이 많았다. 그는 침대에서 천장에 앉은 파리를 관찰하던 도중 파리의 위치를 정확하게 표시할 방법을 고민하다가 좌표 평면의 개념을 고안했다. 그전까지는 보는 사람, 말하는 사람에 따라 공간상의 지점이 제각각이었다. 데카르트에 의해 X축과 Y축으로 이뤄진 좌표 평면이 만들어지면서 위치 정보에 대해 명확한 기준이 생겨났고 객관적 표현이 가능해졌다. 덕분에 토론과 검증의 효율성이 크게 높아졌다. 이후 상인과 과학자마다 제각각이던 측정, 도량형 도구에도 미터법과 같은 객관적 기준이 도입됐다.[*] 좌표와 미터법의 등장 이후 수학과 과학기술은 급속도로 발달했다.

---

[*] 18세기 말 프랑스에서는 약 800개의 명칭으로 25만 개의 도량 단위가 쓰이고 있었다. 프랑스 혁명 이후 계몽사상가들에 의해 미터법 등 도량형을 통일하기 위한 움직임이 본격화했다.

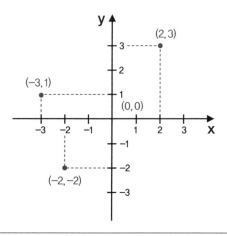

데카르트 좌표. 데카르트가 X축과 Y축으로 이루어진 좌표 평면의 개념을 도입하면서 객관적인 위치 측정이 가능해졌다.

좌표상에 위치를 표기한다는 것은 어느 위치이건 누구나 쉽게 파악하고 전달할 수 있도록 객관적 지표를 적용한다는 의미다. 좌표와 같은 객관적 인식 수단의 유용성은 기하학과 과학기술 분야에 국한되지 않는다. 경영학과 마케팅 분야에서 널리 활용되는 SWOT 분석도 2차원 좌표 평면 위에 평가 대상을 표시해 객관적 접근을 가능하게 한다. 분석 대상인 조직과 개인, 현상을 강점strength과 약점weakness의 축, 기회opportunity와 위기threat의 축으로 이뤄진 좌표 공간 위에 위치시켜보면, 그 대상을 훨씬 더 객관적으로 평가할 수 있다.

그런데 이처럼 편리하고 유용한 좌표 개념이 왜 17세기 데카르트에 이르러서야 비로소 도입되었을까? 좌표 개념을 구상해 모든 위치 정보를 그 위에 표시하는 것이 왜 그토록 어려웠을까?

좌표 평면을 구성하는 가로 선(x축), 세로 선(y축)은 무한한 선이지만, 눈에 보이지 않는다. 시각에 크게 의존하는 인간에게 보이지 않는 것은 존재하지 않는 것이나 마찬가지다. 누군가 만들어내기 전까지는 말이다. 데카르트는 눈에 보이지 않는 X축과 Y축을 그려냈고, 그 덕분에 그 이전까지 존재하지 않던 좌표 평면이라는 공간을 만들어냈다. 이후 모든 위치는 데카르트가 구상한 좌표상의 한 점으로 표시할 수 있게 됐다. 지금은 당연한 도구이지만 누군가 그 개념을 만들어내기 전까지는 아무도 상상하지 못한 것들은 셀 수 없이 많다.

자신이 무엇을 알고 무엇을 모르는지를 파악하는 메타인지 또한 각자가 처한 상황에서 벗어나 다른 사람들에게 객관적으로 받아들여질 수 있는 형태의 인식을 적용하는 것이다. 이는 좌표 평면처럼 눈에 보이지 않는 기준선을 만들어내고 자신을 객관적인 공간에 위치시키는 일이다. 좌표와 미터법이 과학기술 발달에 기여한 것처럼, 자신을 좌표 공간 안에 위치시키고 객관적으로 파악할 수 있게 해주는 메타인지는 개인의 지적·사회적 역량을 획기적으로 끌어올리는 도구다.

좌표 값처럼 우리가 일상에서 활용하고 있는 메타정보는 다양하다. 위도와 경도 값을 비롯해, 디지털 사진의 촬영 정보(EXIF: 이미지 파일 메타데이터 포맷)나 도서관에서 모든 책에 붙이는 서지정보와 국제표준도서번호(ISBN) 등도 메타정보의 사례다. 메타정보metadata(상위 정보)는 '~에 관하여'를 의미하는 단어 '메타meta'와 '정보data'의 합성어다. 촬영 정보를 확인하지 않아도 사진을 찍고 감상할 수 있으며, 서지정보를 알지 못해도 책을 읽는 데 전혀 지장이 없다. 메타정보는 인지 대상에 관해 알고자 하는 내용과 직접적인 관련이 없는 정보다. 형태가 겉으로 드러나지 않고 즉각적 효용성이 명확하지 않다.

하지만 메타정보는 그것을 읽어내고 활용할 줄 아는 사람에게는 매우 유용한 정보다. 동일한 사진이지만, 인화된 필름 사진 한 장과 촬영 정보가 있는 디지털 이미지 파일은 정보의 양과 형태에서 큰 차이가 난다. 디지털 사진의 촬영 정보를 열어보면, 촬영 날짜와 시간, 촬영 기기와 렌즈에 관한 정보, 픽셀 크기와 해상도, 조리개 값과 셔터 속도, ISO 감도, GPS 위치 정보 등 다양한 내용이 들어 있다.

디지털 환경에서 메타정보의 가치와 쓸모는 더욱 중요해졌다. 이용자의 눈에는 텍스트와 이미지만 보이지만, 알고리즘과 컴퓨터는 사람이 보지 못하는 다양한 형태의 메타정보를 이용해 정보를 인덱싱하고 분류하고 가공해 새로운 부가가치를 만들어낸다. 데카르트가 가상의 X축과 Y축이라는 지평을 설정해 모든 것을 좌표 공간 위의 한 점으로 바꿔낸 것처럼 메타정보는 비구조적인 정보들에 구조와 분류체계를 부여하는 일이다.

메타인지는 우리가 무심히 지나치고 자연스러운 현상으로 간주해오던 내면의 인지와 감정 영역에 좌표 체계를 부여하고 메타정보를 읽어내는 능력이다. 그 이전까지 제대로 파악하지 못하던 자신의 위치를 마치 좌표 위의 한 점처럼 객관적으로 파악할 수 있는 능력이 메타인지다.

3장

이성적이라는 착각은 어떻게 만들어지는가

메타인지의 어려움

THE POWER OF
METACOGNITION

느끼고 생각하고 행동하는 대부분의 순간 우리는 본능과 직관의
지배를 받고 있는데, 스스로를 이성적 존재라고 과신하는 데서 거
대한 착각이 생겨난다. 한발 물러나 객관적으로 자신을 바라볼 때
비로소 자신이 무엇의 영향을 받는지 발견할 수 있다. 우리 또한
물속에 살면서도 물을 알지 못하는 물고기와 비슷한 존재라는 것
을 깨닫고 인정하는 게 출발점이다.

1   <u>물고기는 물을 모른다</u>

어린 물고기 두 마리가 헤엄치고 놀다가 나이 든 물고기 한 마리와 마주쳤다. 그는 어린 물고기들에게 인사를 건넸다. "안녕, 얘들아? 물은 어때?" 어린 물고기들은 말없이 한참을 헤엄치다 결국 한 마리가 옆의 물고기에게 물었다. "그런데 도대체 물이라는 게 뭐야?"

미국 작가 데이비드 포스터 월리스가 2005년 오하이오주의 케니언대학 졸업식 연설에서 든 예화다.[1] 월리스는 지극히 당연하고 어디에서나 볼 수 있는 중요한 현실이 사실은 가장 보기 힘들고 다루기 어렵다는 점을 물고기 예화로 설명했다. 그는 이 자리에서 또 다른 예화를 소개했다.

알래스카 외딴 곳에 있는 술집에서 두 남자가 술을 먹고 있었다. 각기 유신론자, 무신론자인 두 친구는 술기운이 오르자 신의 존재에 대해 논쟁을 벌였다. 무신론자가 말했다. "친구, 나라고 신에게 기도를 안 해본 게 아니네. 지난달 폭설이 내려 한 치 앞을 볼 수 없는 영하 50도 추위 속에서 길을 잃었지. 결국 난 기도를 했네. '만약 하느님이 계신다면 이 폭설에 길 잃은 저를 살려주세요. 도와주시지 않으면 저는 죽을 수밖에 없어요'라고." 유신론자가 무신론자 친구를 바라보며 말했다. "그럼 이제 신을 믿겠구면, 이렇게 살아 있으니." 그러자 무신론자는 유신론자 친구를 한심하다는 듯 바라보며 대답했다. "그게 아니라고, 이 친구야. 때마침 근처를 지나가던 에스키모 몇 명이 우연히 나를 본 덕분이야. 그들이 길을 알려준 걸세."

보이지 않는 고릴라

월리스가 소개한 두 예화는 특별한 사례가 아니다. 구로사와 아키라 감독은 1950년에 만든 영화 〈라쇼몽羅生門〉에서 세 인물이 동일한 사건을 각자 다르게 기억하고 진술하는 현상을 다뤘다. 여기에서 '라쇼몽 효과'라는 말이 생겨났는데, 이는 영화 속에서만 일어나는 일이 아니다. 같은 경험을 했어도 그것을 바라보는 사람의 생각에 따라 완전히 다른 의미로 받아들여지는 것은 예외적이라기보다 오히려 일반적인 상황이다. 어느 정당을 지지하고 어떤 스포츠 팀을 응원하느냐에 따라, 사람들은 동일한 사건을 다르게 받아들인다. 누군가에게는 선명하게 보이는 것이 누군가에게는 아예 보이지 않는 현상도 흔하다.

1999년 하버드대학의 심리학자 대니얼 사이먼스와 크리스토퍼 차브리스가 학술지 〈퍼셉션〉에 발표한 '보이지 않는 고릴라' 실험 연구가 유명하다. 이 논문은 2004년에 기발한 연구에 주어지는 이그노벨상을 받았으며, 인간 지각의 불완전성과 그에 대한 무지를 보여주는 사례로 여러 심리학 교재에도 실려 있다.[2]

연구진은 각각 검은 티셔츠와 흰 티셔츠를 입은 선수 여섯 명이 길거리 농구를 하는 장면을 촬영한 뒤 학생들에게 보여주었다. 학생들은 "검은 티셔츠를 입은 선수들이 주고받는 패스 횟수를 세라"는 요청을 받았다. 50초 분량의 동영상 중간에 고릴라 의상과 탈을 쓴 사람이 코트 중앙으로 걸어와 선수들 사이에 멈춰 서서 카메라를 향해 몇 차례 가슴에 주먹질을 한 뒤 유유히 걸어 나갔다. 고릴라가 등장하는 장면은 9초였다.

그런데 실험 참가자의 약 절반이 "고릴라를 보지 못했다"고 답했다. 이후 다양한 집단을 대상으로 유사한 실험이 진행되었는데, 여전히 절반에 가까운 사람들이 "고릴라를 보지 못했다"고 응답했다.[3] 실험 뒤 참가자들에게 중간에 고릴라가 등장했다고 알려주고 다시 동영상을 보여주면 일부 참가자들은 동영상이 조작된 것이라고 의심하며 자신이 두 눈으로 본 내용에 대해 지나치게 확신하는 태도를 보였다. 두 연구자는 "사람들은 자신의 생각이 어떻게 작동하는

지, 그리고 자신이 왜 그런 식으로 행동하는지 잘 알고 있다고 여긴다. 하지만 놀랍게도 그런 믿음에는 근거가 없다"라고 설명했다.[4]

월리스의 예화와 '보이지 않는 고릴라' 실험은 사람의 생각이 어떻게 작동하는지 잘 보여준다. 합리적으로 생각하고 이성적으로 판단하는 능력, 즉 사고능력은 인간만이 지닌 고차원적이고 경이로운 특징이다. 인간을 지구상의 탁월한 생명체로 만든 힘이 바로 이성적 능력이다. 우리가 일상생활에서 복잡한 대화와 결정을 문제없이 처리하고 가정, 학교, 직장에서 고난도의 임무를 다룰 수 있는 능력의 원천이다.

하지만 인간의 이성적 능력은 완벽하지 않다. 부분적으로 일그러진 정도가 아니라 빈틈투성이다. 대부분의 사람들이 눈앞에 빤히 지나가는 고릴라를 보지 못하고, 물과 공기처럼 우리 주위를 둘러싼 확실하고 분명한 존재를 인지하지 못한다. 대상에 주의를 집중하고 있는 사람들이 이러한 인지적 결함을 자각하는 것은 매우 어려운 일이다.

왜 익숙한 것일수록 눈에 보이지 않을까? 사람들 눈에 지구는 평평한 세상이었고 해와 달, 별은 동쪽에서 떠서 서쪽으로 기울었다. 갈릴레이가 이런 현상을 과학적으로 설명하는 지동설을 발표했을 때 당시 사람들은 인정하지 않았다. 그가 지동설 때문에 고초를 겪었다는 사실은 사람들이 스스로 잘 알고 있다고 여기는 것을 의심하거나 이와 충돌하는 새 지식을 받아들이는 일이 얼마나 어려운 과제인지를 보여준다.

이성적으로 판단하지 못하는
인간의 뇌

기존의 지식이나 신념과 어긋나는 새로운 지식을 받아들이는 것은 왜 그토록 어려운 일일까? 이를 이해하기 위해서는 구석기시대부터 오랜 세월에 걸쳐 진행되어온 인간의 진화 과정과 환경 적응 과정을 들여다봐야 한다.

16세기 영국의 사상가 프랜시스 베이컨은 경험론을 주창하며 이성에 기반한 근대 철학의 문을 열었다. "아는 것이 힘이다"라는 그의 말은 이성의 힘을 강조한다. 그는 이성의 힘을 일깨우기 위해 자연 상태의 인간이 얼마나 어리석은지 증명에 나섰다. 그는 인간이 이성적 능력을 지닌 만물의 영장이라고 자부하지만 실제로는 편견과 무지로 가득 차 있음을 '네 가지 우상론'을 통해 역설했다. 종족의 우상, 동굴의 우상, 시장의 우상, 극장의 우상이다. 이성적 판단을 가로막는 우상들의 공통점은 각자가 경험한 고유한 상황을 절대시하고 당연한 것으로 여기는 습성이다.

베이컨이 400년 전에 '네 가지 우상론' 예화와 논증을 통해 인간 사고능력의 취약성을 강조했다면, 현대 진화생물학과 행동경제학, 인지심리학 분야에서는 실험 연구와 진화적 증거를 통해 이성적이고 합리적인 사고가 왜 그토록 어려운지를 과학적으로 설명하고 있

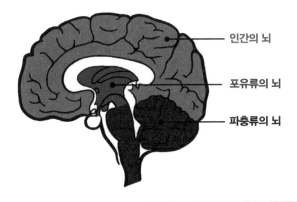

인간의 뇌

포유류의 뇌

파충류의 뇌

흔히 인간의 뇌는 기능과 역할에 따라 '파충류의 뇌', '포유류의 뇌', '인간의 뇌'로 구분된다. 대뇌의 가장 바깥 영역에 있는 인간의 뇌는 이성적 사고와 판단, 메타인지와 같은 고등한 사고를 담당한다.

다. 인간의 뇌는 합리적 사고와 이성적 판단을 하도록 만들어지지 않았다는 것이다.

진화생물학과 뇌과학에 따르면, 인간의 뇌는 처음부터 지금의 형태와 구조를 갖춘 게 아니었다. 과학자들은 현생인류가 25만 년 전에 출현했으며 언어는 10만 년 전에 생겨났다고 추정한다. 인간이 현재 수준의 사회적 행동패턴을 두루 갖추게 된 시점은 약 5만 년 전으로 보는 게 정설이다. 인간의 뇌는 약 25만 년에 걸쳐 서서히 진화해온 셈이다. 우리의 뇌는 기능과 역할에 따라 '파충류의 뇌', '포유류의 뇌', '인간의 뇌' 세 부분으로 구분된다.

이 중 가장 먼저 만들어진 부분은 뇌의 가장 중심에 있어 뇌줄기라고도 불리는 '파충류의 뇌' 영역이다. 호흡, 심장 박동, 혈압 조절

등과 같은 생명 유지에 필수적인 기능과 자기 세력권 방어 등 본능을 담당하고 있어 '생명의 뇌'라고도 불린다. '파충류의 뇌'로 불리는 이유는 파충류의 뇌가 생명 유지와 운동 기능 같은 본능만을 처리하기 때문이다. 파충류는 본능에 따라 움직일 뿐 으르렁대거나 친밀감, 공포감을 드러내는 것과 같은 감정적 표현은 하지 못한다.

개나 고양이 같은 포유류의 뇌는 짖거나 꼬리를 흔드는 등 감정적 기능을 보유한다. 그래서 감정을 담당하는 영역을 '포유류의 뇌'라고 부른다. 대뇌 변연계에 해당한다.

인간의 뇌가 다른 동물에 비해 특히 발달한 부분은 대뇌의 가장 바깥 영역에 있는 신피질의 전두엽이다. 진화 과정에서 가장 최근에 발달한 부위로, 이성적 판단과 통제를 담당한다. 특히 언어 기능, 수리적 판단, 논리적 사고를 비롯해 단기기억·메타인지와 같은 고등한 사고를 담당함으로써 인간 고유의 특징을 구현하는 신체기관이다.

우리도 물고기와
비슷한 존재다

인간의 뇌는 생존에 절대적인 기능이 먼저 만들어지고 그보다 덜 중요한 기능은 오랜 기간에 걸쳐 서서히 추가되었다. 그 결과 생명 유지와 운동 기능을 담당하는, 생존에 가장 중요한 부위는 뇌의 중심부와 밑바닥에 자리 잡았고 그다음에 감정적 기능을 담당하는 부위와 이성적 판단을 담당하는 부위는 뇌의 바깥 영역과 윗부분(전두엽)에 자리 잡게 됐다.

인간의 뇌가 오랜 기간에 걸쳐서 조금씩 진화해왔다는 사실은 우리 뇌가 작동하는 방식을 지배한다. 인간의 뇌는 고등한 생명체를 만들려는 의도에서 체계적이고 종합적인 청사진에 따라 계획적으로 창조된 게 아니다. 직립보행과 두 손의 사용, 도구와 불의 이용, 언어생활과 사회 형성 등의 진화 과정을 거치며 뇌와 본능이 형성됐다. 우연과 환경 변화에 적응한 결과다.

토론토대학의 철학 교수 조지프 히스는 "인간의 이성이라는 역량은 다른 목적을 위해 이뤄지던 진화 과정에서 우연히 생겨난 부산물이다. 인간의 뇌는 합리적 사고를 할 목적으로 고안된 게 아니다"라고 말했다.[5] 진화의 우연한 부산물 덕분에 우리는 뛰어난 뇌를 갖게 되었고, 이성과 합리적 사고를 바탕으로 과학기술과 문명을 건설했다. 그렇다고 해서 인간이 만물의 영장이라며 스스로를 합리적이고 이성적 존재라고 여겨서는 안 된다. 여전히 인간에게 가장 큰 영향을 끼치는 것은 이성이 아니라 본능과 직관이기 때문이다. 우리 뇌가 초당 처리하는 정보량은 4000억 비트에 이른다. 24권짜리 브리태니커 사전이 담긴 DVD가 4.7기가바이트임을 고려하면, 백과사전 약 20질에 해당하는 정보량이다. 하지만 인간이 사고하는 지각 행위인 의식은 1초에 120비트의 데이터(열 개 안팎의 단어로 이뤄진 한 문장 분량)를 처리하는 게 한계이기 때문에 대부분의 정보 처리는 무의식적으로 일어난다. 뇌에서 일어나는 대부분의 일은 의식 너머에서 처리되며 우리 삶의 95~99퍼센트는 본능이라는 무의식의 지배를 받는다.[6]

우리는 풍요로운 초연결 시대를 살고 있지만, 우리의 사고와 감정, 행동을 결정하는 뇌는 식량과 정보가 부족했던 수만 년 전 구석기 환경에 알맞게 설계되어 있다. 하버드대학의 사회생물학자 에드워드 윌슨은 "인류의 진짜 문제는 인간 정서는 구석기시대에, 제도는 중세에 머물러 있는데 기술은 신의 경지에 이르렀다는 사실이다. 그 기술은 황홀할 정도로 위험하고 현재 전면적 위기의 문턱에 다가가고 있다"라고 경고했다.[7]

느끼고 생각하고 행동하는 대부분의 순간 우리는 본능과 직관의 지배를 받는데, 스스로를 이성적 존재라고 과신하는 데서 거대한 착각이 생겨난다. 한발 물러나 객관적으로 자신을 바라볼 때 비로소 자신이 무엇의 영향을 받는지 발견할 수 있다. 바로 메타인지 능력이다. 메타인지는 저절로 갖게 되는 게 아니다. 그래서 우리 또한 월리스가 예로 든 이야기처럼 물속에 살면서도 물을 알지 못하는 물고기와 비슷한 존재라는 것을 깨닫고 인정하는 게 출발점이다.

2 생각을 움직이는 두 개의 시스템

선택과 결정을 할 때 사람들은 합리적으로 판단하기보다는 본능과 직관을 따른다고 하지만, 이를 밝혀내는 일이 쉽지는 않다. 행동경제학은 다양한 실험과 발견을 바탕으로 인간의 심리와 행동을 설명하고자 하는 학문이다.

주류 경제학은 효용 극대화를 추구하는 이기적 인간을 전제로 한다. 경제적 인간Homo Economicus은 각자 이해를 좇아 행동하며 부조리한 선택은 하지 않는 합리적 인간이다. 저마다 주어진 여건에서 자신의 효용이나 기대이익을 최대화하려고 노력하는 가운데 시장은 보이지 않는 손에 의해 균형을 이룬다고 본다. 하지만 행동경제학은 주류 경제학이 전제하는 인간의 합리성과 자제력에 대해 회의를 제기한다. 인간은 이성보다 본능과 직관에 따라 행동하는 존재라는 주장이다.

심리학자인 대니얼 카너먼은 행동경제학을 개척한 공로로 2002년에 노벨경제학상을 받았다. 비경제학 분야에서는 최초였다. 카너먼에게 노벨경제학상을 안겨준 연구 결과를 담은 책《생각에 관한 생각》에는 행동경제학의 핵심 내용이 잘 설명돼 있다.[8]

사람의 마음속에서는 늘 여러 가지 감정과 생각이 충돌한다. 달콤한 디저트를 보면 맛있게 먹고 싶은 마음과 다이어트를 위해 참으려는 마음이 갈등한다. 길을 걷다가 걸인을 만나면 지갑을 열어 도와주고 싶은 마음과 모른 척 지나치고 싶은 마음이 동시에 든다. 정도의 차이가 있을 뿐 누구나 마음속에서 지킬 박사와 하이드처럼 상반되는 자아 사이의 갈등을 경험한다. 그야말로 오만가지 생각이 드는 순간이다. 인간의 행동은 기계에 입력한 대로 예상값이 출력되는 게 아니라 여러 생각들의 줄다리기 끝에 만들어진 결과다.

카너먼은 이 책에서 왜 갈등이 일어나는지, 의사결정을 할 때 우리 내면에서는 어떠한 일이 진행되는지를 보여준다. 그는 사람의 생각은 기본적으로 빠른 직관(시스템1)과 느린 이성(시스템2)이라는 두 종류의 사고체계가 작동하는 복잡계라고 보았다. 시스템1과 시스템2는 각각 역할과 작동 방식이 다르지만, 인류의 생존과 번영에 기여한 인간 사고체계의 양 날개다.

생존을 돕던 시스템1,
오류와 편향에 빠지다

시스템1과 시스템2는 우리 마음속에서 수시로 갈등하고 충돌하지만 배타적이기보다 상호작용을 통해 선택과 결정의 형태로 나타난다. 시스템1은 인류가 수십만 년 동안 수시로 마주친 상황에서 생존을 위해 본능화한 사고체계다. 생각하고 판단했다는 자각이 들지 않을 정도로 본능화해서 거의 반사적으로 행동하는, 일종의 자동화 시스템이다. 생존과 관련된 중요한 순간에 나타나는 행동이다. 풀숲에서 뱀을 만나면 소스라치게 놀라 저절로 뒷걸음질하거나, 지저분한 오물과 토사물을 만나면 인상을 찡그리고 피해가는 것도 시스템1이 작용한 결과다.

우리는 사나운 짐승을 만났을 때 그 상황을 차분히 관찰하면서 짐승이 나를 해칠 가능성과 그렇지 않을 가능성을 따진 다음 적절한 대응 방법을 결정하지 않는다. 의심스러운 물체를 만났을 때 '저게 뭐지?' 하고 심사숙고하기보다 일단 피하고 본다. 잠재적 위험 상황에서 기민하게 대응하지 못한 인간은 후대에 유전자를 물려줄 확률이 현저히 낮았을 것이다. 독사에게 물리면 치명적이기 때문에 뱀처럼 보이는 물체를 만나면 따지고 생각할 겨를 없이 무조건 도망가는 식으로 과잉 대응하는 인간이 그렇지 않은 사람보다 살아남을 확률이 훨씬 높다. 그런데 독사를 만날 가능성이 거의 없는 도시의 현대인에게도 구석기 조상들의 생존 본능이 남아 있다. 시스템1

은 그 소유자인 개인을 위해서가 아니라, 인간이라는 종의 유전자를 위해서 작동하기 때문이다.

시스템1은 일상적인 사건을 빠르고 능숙하게 처리하며, 단기적인 예측을 하는 데도 유용하다. 시스템1은 단순한 동물적 본능과 충동 이상을 의미한다. 직관과 '휴리스틱heuristic' 또한 시스템1을 구성한다. '어림짐작', '눈대중'이라는 의미의 휴리스틱은 '인지적 지름길'이라 불린다. 복잡한 사고나 판단 과정을 건너뛰고 단편적인 정보나 관행, 짐작 등에 기대어 신속하게 결정하기 때문이다.

인간의 제한된 인지 능력은 모든 정보를 수집해서 심사숙고하는 데 적당하지 않다. 뇌는 항상 이성적 사고를 수행할 수 있는 시간적 여유도, 정신적 여유도 없다. 눈앞의 존재가 맹수인지 의심스러운 상황에서는 심사숙고하는 습관 자체가 위험하다. 낯선 이성을 만나자마자 매력을 느끼는 경우도 그렇다. 상대의 어떤 점에 끌렸는지 정확하게 설명할 수 없지만 본능과 직관이 작용한 결과라는 것은 분명하다. 시스템1에 관해서 우리는 그 작동 과정을 인지할 수 없고 오직 결과만 알 수 있다.

시스템1은 비슷한 상황에서 매번 선택과 결정을 위해 고민할 필요가 없도록 자동화한 사고 절차를 의미한다. 이러한 자동화한 사고가 유지, 전승, 강화되는 조건은 효율성이 있을 때다. 독일 막스플랑크연구소의 심리학자 게르트 기거렌처는 직관의 유용성을 강조한다. 우리는 일반적으로 이성적 대응을 높이 평가하지만 반대로 직관적이고 편향적인 사고체계가 유용한 경우가 많다는 것이다. 기거렌처는 "어떤 상황에서는 너무 긴 성찰이나 철저한 분석이 선택을 가로막는 걸림돌이 된다. 정보나 옵션이 많을수록 선택하기는 더 어려워진다"라고 말했다.[9] 그는 휴리스틱 또는 직관은 빠른 의사결정뿐 아니라 때로는 논리적 사고보다 미래를 정확하게 예측하게 한다고 주장했다. 미래를 예측할 때 너무 많은 정보를 분석하고 조사하다가는 오히려 잘못된 결론에 이를 수 있다. 어느 정도 편향이 있더라도 한정된 정보와 직관에 의지하는 게 미래 예측과 의사결정에 도움이 된다는 것이다.

시스템1에서 제안된 느낌이나 직관 등은 시스템2의 승인을 거쳐 믿음과 지각으로 바뀐다. 이 과정을 거치고 나면 충동과 본능도 주체의 자발적인 행위로 여겨진다. 시스템1은 본능, 충동, 느낌, 직관의 형태로 작동하지만 항상 생존에 도움이 되는 것은 아니다. 더욱이 생활환경이 복잡해진 현대에 시스템1이 지닌 본능적 성향은 오류와 편향, 비효율, 맹목성 등으로 인해 생존에 부정적 영향을 끼치기도 한다.

자동차보다 비행기를
위험하게 여기는 까닭

시스템1은 자동적인 사고체계이므로 빠르게 작동하지만 대신 부정확하고 비효율적이다. 맹수인 줄 알고 겁에 질렸는데 알고 보니 낙엽 소리였고, 독사라고 생각해 황급히 뒷걸음질 쳤는데 누가 버린 밧줄일 수 있다. 과거에는 생존에 도움이 된 빠른 대응이지만 갈수록 사물에 대한 부정확하고 그릇된 인식을 만들어내는 요인이 됐다. 그릇된 인식을 기반으로 이뤄진 선택과 결정은 결국 실패와 손실을 야기한다. 사회생활에서 시스템1의 본능대로 행동하다가는 오히려 위험해진다. 행인과 어깨를 부딪쳤을 때 기분이 나쁘다고 시비가 붙으면 폭행사건에 휘말릴 수 있다.

직관과 휴리스틱은 복잡한 상황에서는 잘 작동하지 않는다. 항공사고에 대한 인식이 시스템1의 오류를 잘 보여준다. 비행기는 교통수단 중에서 사고율과 사망률이 가장 낮다. 이동거리 10억 킬로미터당 교통사고 사망률의 경우 비행기는 0.05명이고, 승용차는 3.1명으로 비행기보다 60배 높다. 하지만 항공기 사고는 피해와 충격이 크기 때문에 오래 기억된다. 항공기 사고는 드물지만 일단 발생하면 사망률이 높고 대대적으로 보도되므로 비행기 탑승을 위험하다고 인식하는 경우가 많다. 휴리스틱의 사례다. 2001년 9·11 테러 이후 미국에서는 항공 여행을 꺼리는 문화가 확산돼 장거리를 이동할 때 승용차를 이용하는 사람이 크게 늘었다. 이로 인해 교통량이 급증하면서 도로 교통사고 사망자 수도 예년 평균보다 1600명 증가했다.[10]

시스템1의 부정확함과 비효율을 경험하면서 인간은 대상에 즉각 반응하기보다 거리를 두거나 시간을 두고 천천히 생각하는 기능을 발달시켜나갔다. 인간이 합리적·이성적 존재가 되고 과학기술과 문명을 만들어낸 것은 시스템2 덕분이다.

카너먼은 "시스템1은 변화하지 않는다. 인식을 바로잡을 수 있는 방법은 오로지 시스템2를 훈련시켜 시스템1을 신뢰할 수 없는 상황에서 시스템2를 활용하는 길이다"라고 말했다. 지혜로운 의사결정의 핵심은 시스템1의 직관을 따라야 할 때와, 직관과 감정을 경계하면서 시스템2의 분석과 성찰 능력을 활용해야 할 때를 구분하는 능력이다. 필요한 순간에 직관과 이성을 적절하게 사용하는 능력인데, 이는 인간 사고의 구조를 이해하고 통제할 수 있어야 비로소 가능하다.

그러나 인간 사고의 두 가지 시스템을 이해하는 것은 쉽지 않은 과제다. 이러한 시스템을 통제하기는 더욱 어렵다. 시스템2, 즉 이성과 합리적 사고를 가동하기 위해서는 현재 상황을 객관적으로 파악하고 내면의 상태를 자각할 수 있어야 한다. 바로 메타인지의 핵심이고, 이는 상당한 인지적 노력과 통제력을 요구한다. 본능과 충동, 감정이 이성적 사고를 방해하지 못하게 해야 하는데 이런 노력에는 높은 수준의 자기 통제력이 요구된다. 본능을 누르고 의도적으로 학습하고 자신의 내면을 통제할 수 있을 때 이성적 사고가 제대로 작동한다.

의식을 통제한다는 것은 쉬운 일이 아니다. 1863년 도스토옙스키는 한 에세이에서 "북극곰을 생각하지 않으려 해보라. 생각을 떨치려고 애쓸수록 북극곰이 지긋지긋하게 떠오를 것이다"라고 말했다.[11] 1987년 하버드대학의 심리학 교수 대니얼 웨그너는 도스토옙스키의 말이 맞는지 실험해보았다.[12] 학생들을 두 집단으로 나누어 A집단에게는 "흰곰을 생각하라"고 지시했고, B집단에게는 "흰곰을 생각하지 말라"고 요청했다. 결과는 어땠을까? B집단이 흰곰을 더 많이 생각한 것으로 나타났다. '흰곰 효과'로 불리는 이 연구는 우리의 의식과 사고를 통제하는 것이 얼마나 어려운 일인지 보여준다.

3 뇌는 합리적이지 않다, 합리화할 뿐

　인간의 사고체계를 시스템1과 시스템2로 나누어 설명한 카너먼의 연구는 노벨경제학상에 빛나는 기념비적인 업적이다. 하지만 인간의 사고와 행동에 본능과 이성이 모두 영향을 미친다는 점, 그리고 본능을 억제하고 숙고한 뒤 결정하는 태도가 지혜롭다는 것은 새로운 발견이 아니다. 거의 모든 문화권과 종교에서 한목소리로 전승해온 오래된 지혜이고, 가정과 학교에서 가르쳐온 인생의 성공 지침이다. 대부분의 사회는 본능을 이성으로 통제하는 것이 최고의 성공 법칙이자 행복의 길이라고 오래전부터 가르쳐왔다. 이처럼 누구나 다 아는 사실인데, 노벨상까지 받은 이유는 무엇일까? 좀 더 근본적인 의문도 제기된다. 본능을 이성으로 통제해야 한다는 것을 잘 알면서도 왜 그토록 실천하기가 어려울까?

　인간 본능과 기본 설정default setting의 영향 탓이다. 이성적·합리적 사고는 느리고 어려울 뿐만 아니라 많은 인지적 자원을 요구한다. 우리 뇌는 꼭 필요한 상황이 아니면 합리적 사고를 피하려 한다. 인간의 뇌는 인지적 자원을 최대한 아끼려고 하는 '인지적 구두쇠' 성향이 있기 때문이다.[13]

1978년에 노벨경제학상을 받은 허버트 사이먼은 사고를 담당하는 인간의 인지적 자원이 제한되어 있음을 강조하고 '제한된 합리성bounded rationality' 개념을 통해 행동경제학의 씨앗을 뿌린 미국의 인지과학자다. 그에 따르면, 인지적 능력의 한계 때문에 인간은 항상 합리적 판단과 선택을 하는 존재가 아니다. 특히 관심 기울이기, 집중하기, 사고하고 판단하기 등 주의력을 쏟아야 하는 인지 활동은 많은 에너지를 필요로 한다. 이 때문에 인간은 인지적 자원을 가능한 한 아끼려는 성향을 띠게 됐다.

뇌의 생물학적 특성도 인지적 구두쇠 현상을 설명한다. 우리 뇌는 몸무게의 50분의 1에 불과하지만, 산소 소비량의 5분의 1을 차지하는 에너지 과소비 기관이다. 뇌는 생명 유지를 담당하는 종합 통제센터로 산소 공급이 단 몇 분만 중단되어도 회복 불가능한 치명적 손상을 입는다. 그래서 뇌는 안정적인 에너지 공급과 함께 항상 여유 자원을 확보하고 있어야 한다. 예를 들면, 갑자기 지진이 일어나거나 천장이 무너지는 등 생존을 위협하는 긴급 상황에 즉시 대처하려면 뇌에 인지적 여유 자원이 있어야 한다. 항상 예비 전력을 확보하고 있어야 하는 것과 비슷하다. 따라서 우회로가 있거나 자동화할 방법이 있으면 그 경로를 이용해서 뇌에 주어지는 부하를 최대한 줄이고 여유 자원을 확보하려고 한다. 뇌가 에너지를 줄이는 방법에 의존한 결과 매번 새로 생각하거나 비판적으로 숙고하는 대신 고정관념이나 기존의 경험, 각종 비과학적인 인지적 편향과 휴리스틱에 빠지게 된다.

뇌를 속여 편안함을
추구하는 인간

뇌의 '인지적 구두쇠' 성향 못지않게 합리적 판단을 방해하는 요인이 또 있다. 우리의 뇌는 인지적으로 불편함을 싫어한다는 점이다. 새로운 정보나 사실이 기존의 신념이나 가치와 충돌해서 긴장과 불편이 생길 것으로 예상되면 뇌는 아예 해당 정보를 외면하거나 스스로를 속이려고 한다. '인지부조화 회피' 심리다. 인지부조화cognitive dissonance는 알면서도 안다는 것을 의도적으로 회피하고자 할 때 느끼는 불편함이다. 사람들은 새로운 정보로 인해 불편한 상황이 되면 이성을 동원해 객관적이고 합리적인 사실을 수용하는 것이 아니라 뇌를 속여 기존 신념과 일치하는 방식으로 정보를 왜곡해 받아들인다. 신념과 행동이 충돌할 때 우리는 타임머신을 타고 시간을 거슬러가서 이미 저지른 행동을 취소할 수 없으므로, 행동과 일치하는 쪽으로 생각을 바꾸게 된다.

프랑스의 인지신경학자 알베르 무케베르는 인지부조화 현상을 생명체의 항상성 유지 노력으로 설명한다. 모든 생명체는 최상의 운동 기능과 뇌 기능을 유지하기 위해 항상성이라고 불리는 내부 균형 상태를 이루려고 하는데, 인간도 예외는 아니라는 것이다. 달리기나 더위로 체온이 높아지면 땀을 흘리고 추우면 몸을 떨어 체온을 유지하는 것도 신체 항상성의 기능이다. 뇌에서도 비슷한 일이 일어난다. 무케베르는 "만약 어떤 정보가 당신의 기호, 신념, 믿음, 행동과 일치하지 않을 경우 당신은 '항상성이 깨진 긴장 상태'를 느끼게 된다"라며, 이 상태를 인지부조화로 설명했다.[14]

인지부조화는 미네소타대학의 사회심리학자 레온 페스팅거의 실험과 연구를 통해 알려진 심리학의 주요 개념이다. 페스팅거는 1950년대 시한부 종말론을 신봉하는 집단을 참여관찰하는 흥미로운 실험을 진행했다. 종말론 신자들이 철석같이 믿었던 지구 종말의 순간이 왔을 때 예언과 달리 아무 일도 일어나지 않는다면 과연 어떤 태도를 보일지 알아보기 위한 연구였다.[15]

시카고에 살던 가정주부 도러시 마틴은 "1954년 12월 21일에 대홍수가 나서 지구의 종말이 닥칠 것"이라는 외계인의 메시지를 전파하며 '구도자들The Seekers'이라는 종교집단을 이끌었다.[16] 그녀는 대홍수가 일어나 북극에서 칠레에 이르는 서부 해안을 집어삼킬 것이며, 종말의 순간 직전에 외계인이 UFO를 보내 예언을 믿는 소수의 사람들만을 구할 것이라고 주장했다. 언론 보도를 통해 그들의 이야기를 접한 페스팅거와 조교들은 신자로 위장해 그 집단에 잠입

했다. 오늘날과 같은 연구 윤리가 확립되기 이전이라 가능한 방법이었다. 종말론을 신봉하는 수십 명의 사람이 직장을 그만두고 집을 파는 등 신변을 정리한 뒤 종말론을 전파하는 활동에 적극 나섰다. 신자들은 '최후의 날'에 한자리에 모여서 외계인이 보낸 UFO를 기다렸지만, 홍수도 UFO도 아무런 일도 일어나지 않았다. 강한 믿음과 실제 세계가 충돌하는 상황이 벌어졌을 때 그들은 어떻게 행동했을까?

종말은 오지 않았지만, 신도들의 믿음은 조금도 흔들리지 않았다. 신도들은 예정된 시각에 아무 일도 일어나지 않자 잠시 심한 인지부조화를 겪었다. 하지만 그들은 "너희 작은 집단이 기도를 통해 많은 빛을 퍼뜨렸기 때문에 신은 홍수를 연기했다. 너희들의 믿음이 세상을 파괴에서 구했다"라는 도러시 마틴의 새로운 메시지를 열광적으로 받아들였다. 예언이 틀렸다는 사실이 명확하게 드러났지만 사람들은 기존의 믿음과 태도를 바꾸지 않았다. 거꾸로 달라진 현실에 맞춰 자신의 생각과 행동을 조정했다. 종말론 신자들은 오히려 언론 인터뷰에 응하는 등 더욱 적극적으로 포교 활동을 이어갔다.

페스팅거는 이후에도 인지부조화 실험을 계속했다. 1959년 대학생들을 대상으로 다이얼 손잡이를 계속 바꾸게 하는 지루한 작업을 지시한 뒤 과제를 마치면 대기실에서 차례를 기다리는 여학생에게 "그 과제가 재미있는 일"이라고 말하게 했다. 그런 다음 과제에 관한 느낌을 묻는 설문에 솔직하게 응답해달라고 요청했다. 대학생들을 둘로 나눠 한 집단에게는 1달러씩을, 다른 집단에게는 20달러씩을 수고비로 지급했다.

설문 결과 20달러를 받은 집단은 "지루했다"고 응답한 반면, 1달러를 받은 집단은 "과제가 정말로 재미있었다"라고 응답했다. 똑같이 지루한 일을 수행했지만 두 집단의 반응은 확연히 달랐다. 20달러라는 큰 보상을 받은 이들은 솔직하게 말했지만, 1달러를 받은 사람들은 대기실 여학생에게 설명한 대로 "정말로 과제가 재미있었다"라고 응답했다. '고작 1달러를 받기 위해 그런 지루한 일을 했다'는 것을 인정하기 싫어서 아예 그 일이 재미있었다고 생각을 바꿔버렸다는 게 페스팅거의 해석이다. 즉 자신의 행동을 합리화하기 위해 행동과 조화시키는 쪽으로 인지를 왜곡한 것이다.

'신 포도'와
인지부조화 회피

인간은 합리적 사고를 하는 존재가 아니라 '합리화'하는 존재다. 인지부조화 이론은 인지부조화를 회피하기 위한 합리화에 논리와 이성이 동원된다는 사실을 보여준다. 인지 왜곡에 의한 합리화는 때로는 의식적으로, 때로는 무의식적으로 일어난다. 인지적 조화 혹은 마음의 평화를 위해 사람들은 상황을 자신에게 유리한 방향으로 해석하고자 한다. 이솝우화 중 하나인 '여우와 신 포도' 이야기도 불편한 현실 앞에서 자신의 행동을 합리화하기 위해 생각을 바꾸는 얘기다. 하버드대학의 심리학자 대니얼 길버트는 "우리는 사실을 조작할 때는 무의식적으로 하고 그 결과를 즐길 때는 의식적으로 한다"라고 말했다.[17] 이렇게 무의식적으로 사실을 조작하는 행위는 우리 뇌에 잘 작용한다는 특징이 있다. 그러나 이러한 과정으로 인해 우리는 자신에 대해 더욱 모르게 된다. 이처럼 머릿속에서 인지적 불편함을 피하기 위해 일어나는 인식의 조작을 알아차리려면 메타인지 능력이 필요하다.

4   계몽주의자들이 농친 진실

합리적 사고가 어려운 이유 중 하나는 이성이 일종의 임시 가설물 성격을 지니기 때문이다. 이성은 사고와 행동체계를 통제하기 위해 치밀하게 설계된 것이 아니라 진화 과정에서 우연히 생겨난 행운의 부산물에 가깝다. 생명체의 진화는 체계적이고 종합적인 설계도에 따라 차근차근 진행되지 않는다. 변화하는 환경에 끊임없이 적응하고 새로운 기능을 추가하는 방식으로 이뤄진다. 생명체의 진화는 기계 설계나 작동 방식과 기본적으로 다르다.

인체는 직립보행을 하도록 설계되지 않았다. 진화 과정에서 양손을 자유롭게 쓰기 위해 직립보행을 하면서 척추가 전체 몸무게를 지탱하게 됐는데 이후 인류는 허리 통증에 시달리고 있다. 생명체는 쓸모없어진 옛 구조를 폐기하고 새 기능과 구조를 만들어 넣는 방식으로 진화하지 않는다. 그래서 우리 몸에는 꼬리뼈, 피부의 솜털, 사랑니, 맹장 충수처럼 진화 과정에서 용도를 잃어버린 흔적기관들도 여럿 남아 있다. 인간은 기존 구조에 새로운 구조와 기능을 덕지덕지 붙이고 새 구조에 옛 구조를 제압할 수 있는 역량을 어느 정도 부여하는 방식으로 진화했다.[18] 진화의 산물이 완벽하거나 세련되지 않더라도 작동하기만 하면 자연에서 살아남아 전승된다. 이러한 진화의 불완전한 과정은 인간의 뇌와 사고체계에서도 비슷한 방식으로 진행된다.

인간의 이성은
결점투성이다

뉴욕대학의 심리학자 개리 마커스는 인간의 이성이 오랜 진화 과정에서 생존을 위해 그때그때 문제를 해결해온 임시변통의 성격을 띤다고 말했다.[19] 진화 과정에서 최적화를 위해 만들어진 시스템은 기존의 구조를 유지하면서 그 위에 덧붙이는 식으로 추가되었다. 특정한 상황에서 효과가 있지만 그다지 효율적이지도 아름답지도 않다. 마커스는 이를 클루지kluge라고 불렀다.

클루지는 프로그래머와 기계공학자들이 주로 써오던 '임시 해결책'을 일컫는 용어다. 본질적인 문제를 대대적으로 수정하거나 재설계해서 바로잡는 게 아니라 문제가 노출되지 않고 그럭저럭 피해가도록 하는 대책을 의미한다. 임시변통, 땜질, 응급조치, '이가 없으면 잇몸으로'와 같은 대응 방법이다.

1970년 4월 미국의 우주선 아폴로13호가 달 착륙을 목표로 발사되었다. 그런데 비행 사흘째 산소탱크가 폭발하는 사고가 발생했다. 이 때문에 세 명의 우주 비행사는 이산화탄소에 중독될 절체절명의 위기에 처했다. 이산화탄소 제거 필터를 가동시켜야 하는데 문제는 사령선에 있는 사각형 필터가 달 착륙선의 원통형 기기에 맞지 않는다는 것이었다. 미국항공우주국(NASA)은 우주선 안에서 사용 가능한 모든 물품을 갖고 밤새 실험해 양말, 테이프, 비닐봉지, 마분지 상자 등을 이용해 임시 여과장치를 만들었다. 투박하지만 임시방편을 찾아낸 덕에 세 명의 우주비행사는 지구로 무사히 귀환할 수 있었다. 위대한 클루지의 사례다.

컴퓨터 프로그램이 특정한 형식의 데이터 입력을 처리하지 못해 에러가 발생할 경우, 프로그래머들은 종종 '땜질'을 통한 임시조치를 한다. 예를 들어 입력 데이터가 572일 때 에러가 나는 경우라면, 프로그램은 "입력값이 572가 아닐 때는 A수식으로 처리하고 입력값이 572일 경우엔 B수식으로 처리하라"는 땜질 수정 방식이다. A수식은 입력값에 관계없이 제대로 작동하는 프로그램이고, B수식은 입력값이 572일 경우에만 수동 처리 결과값을 지정해 별도 처리하도록 하는 방식이다. 이러한 땜질 처방이 바로 클루지의 작동 구조다.

조지프 히스는 이러한 클루지 사용에는 세 가지 특징이 있다고 말한다.[20] 첫째, 효과가 있다는 점이다. 프로그램으로는 고장 난 상태이지만 땜질을 통해 전체 시스템은 문제없이 잘 작동한다. 둘째, 문제 해결 방법이 비전문적이고 투박하다. 코드를 읽을 줄 아는 사람이 보면 뭔가 엉성하다는 것을 금세 알아챌 것이다. 셋째, 문제를 근본적으로 해결한 게 아니기 때문에 상황이 조금만 달라져도 다시 버그가 발생할 수 있다는 점이다.

  인간의 뇌는 위의 프로그램 수정 사례처럼 문제의 근본적인 원인을 해결하는 방법이 아니라 특정한 상황에서 효과가 있는 클루지 방식으로 진화해왔다. 이런 까닭에 나중에 생긴 능력인 이성(시스템 2)이 뇌의 기본적 구조인 본능과 직관(시스템1)을 강력하게 제어하지 못하는 것이다. 근대 계몽주의 사상가들은 이성의 힘을 믿고 편견과 미신을 추방하면 자연스럽게 이성이 그 자리를 차지할 것이라고 생각했다. 하지만 이들은 인간 이성의 특징을 잘못 이해하는 정도가 아니라 과신하는 오류를 범했다. 이성은 본능과 감정을 통제할 수 있을 만큼 그 힘이 충분히 강하지 않다는 것을 깨닫는 게 진정한 과제이자, 메타인지의 출발점이다.

4장

왜 배울수록 모르는 게 많아질까

메타인지와 학습

THE POWER OF
METACOGNITION

가장 효과적인 배움은 무지의 자각에서 출발한다. 벤저민 프랭클린은 "모른다는 사실이 아니라 배우려 하지 않는 게 부끄러운 일이다"라고 말했다. 무지가 아니라 무지한 상태를 인정하지 않는 인지적 게으름과 오만이 문제다. 오만은 무지와 확신의 결합이다. 그래서 메타인지 능력을 높이려면 지적 오만에서 벗어나 겸허하고 개방적인 마음가짐을 갖추는 게 필수적이다.

1 더닝-크루거 실험이 알려주는 것

    2010년 EBS에서 방영된 10부작 프로그램 〈학교란 무엇인가〉의 '0.1퍼센트의 비밀' 편에서는 공부 잘하는 학생들의 비결을 탐구했다.[1] 수능 모의고사 전국 상위 0.1퍼센트에 들어가는 800명의 학생과 평범한 학생 700명을 비교해, 두 집단 간의 어떤 차이가 성적 격차로 이어지는지를 들여다봤다. 여러 측면의 조사를 해봤지만 예상했던 것과 달리, 0.1퍼센트에 속하는 최상위 학생들은 다른 학생들에 비해 지능지수가 특별히 높지 않았다. 생활습관이 특별하지도 않았고, 부모의 경제력이나 학력도 별반 차이가 없었다. 그렇다면 성적이 우수한 학생들과 평범한 학생들의 차이는 무엇일까?

    제작진은 차별 요인을 찾지 못해 고심하던 끝에 인지심리학자인 김경일 아주대학 교수의 도움을 받아 실험을 진행했다. 학생들에게 서로 연관성이 없는 단어 25개를 3초씩, 총 75초간 보여준 뒤 그중 몇 개나 기억하는지 물어보았다. 학생들은 먼저 자신의 예상 점수를 말한 다음 실제 기억하는 단어를 답했다. 0.1퍼센트 집단의 학생들은 예상 점수와 실제 기억한 단어 수가 거의 일치했다. 일반 학생들은 실제 결과가 기대치와는 영 딴판이었다. 열 개를 맞힐 것이라고 예상했는데 네 개를, 다섯 개를 맞힐 거라고 생각했는데 여덟 개를 맞히는 식이었다. 기억력 자체는 두 집단 사이에 유의미한 차이가 없었다. 차이점은 자신이 무엇을 알고 있는지, 또는 모르고 있는지에 대한 자각이었다. 0.1퍼센트의 학생들은 자신의 실력을 정확하게 알고 있었고, 일반 학생들은 그렇지 못했다.

이 실험은 '더닝-크루거 효과'를 재현한 것이다. 1999년 코넬대학의 사회심리학자 데이비드 더닝과 저스틴 크루거가 재학생들을 대상으로 독해력, 자동차 운전, 체스, 테니스 등 20여 개 분야의 능력에 대해서 실시한 실험이 널리 알려져, '더닝-크루거 효과'라는 이름이 붙었다. 이 연구는 "능력이 없는 사람은 자신의 실력을 실제보다 높게 평가해 자신감 넘치고, 능력이 있는 사람은 오히려 자신의 실력을 과소평가하는 경향이 있다"는 인지편향을 보여준다.

모른다는 사실을
모르는 사람들

더닝과 크루거의 연구는 "무식하면 용감하다"는 속설을 과학적으로 입증한 실험으로, 2000년 이그노벨상을 받기도 했다. 이른바 '근자감'(근거 없는 자신감)에 대한 실험이다. 일찍이 찰스 다윈은 "무지는 지식보다 더 확신을 갖게 한다"라고 말했으며, 버트런드 러셀도 "이 시대가 당면한 문제는 무지한 사람은 자신만만하고 지성을 갖춘 사람은 의심으로 가득 차 있다는 사실에서 비롯한다"라고 한탄했다. 펜실베이니아대학의 심리학자 애덤 그랜트는 근자감이 충만한 사람들을 더닝-크루거 클럽이라고 칭하며 이렇게 말했다. "더닝-크루거 클럽의 첫 번째 규칙은 자신이 그 클럽의 회원이라는 것을 전혀 모르는 것이다."[2]

우리는 왜 모른다는 사실을 깨닫지 못하고 모르면서 안다고 착각할까? 자신이 아는 것과 모르는 것을 구분하는 것은 결코 쉬운 문제가 아니다. 메타인지는 본능적인 생존 능력이 아니라 나중에 발달한 고등 인지 능력이다. 앞서의 실험들이 보여주듯, 메타인지 능력이 부족해도 일상생활을 하는 데는 별 지장이 없기 때문이다.

지각과 사고는 머릿속에서 일어나는 과정이다. 보이지 않는 것의 존재를 감지하는 것은 쉬운 일이 아니다. 보이지 않는 사고의 작동과 그로 인한 영향을 파악하는 것은 더욱 어려운 일이다.

모른다는 사실을 인정할 때 우리는 그것을 배워야 한다는 인지적 부담을 느낀다. 또한 특정한 사안에 대해 모른다는 자각은 잠재적 위험에 노출되는 것인 동시에 자신의 무능력을 인정하는 것이므로 심리적 불안과 무기력을 야기할 수 있다. 모른다는 것을 인정하기를 본능적으로 기피하게 되는 이유다. 무지로 인한 불안에서 벗어나기 위해서 인류는 다양한 설명 체계와 세계관을 만들어내고 거기에 의존해왔다. 오랫동안 공동체에서 전승되어온 신화와 설화, 그리고 관습과 종교가 그 기능을 했고, 오늘날에는 사회제도와 과학 그리고 인터넷이 그 역할을 맡고 있다.

앞서 살펴본 것처럼 항상성을 유지하려는 것은 생명체의 기본 속성으로, 인체도 신체적·정신적 항상성을 추구한다. 뇌가 불안을 회피하고 안정과 낙관을 유지하려는 것도 항상성 유지 활동이다. 무지 상태가 주는 불안을 피하기 위해 뇌는 속임수도 동원한다. 무지를 인정하지 않고, 안다고 스스로를 속이는 것이다. 생명체의 항상성 유지 차원에서 보면 자신을 속이는 행위는 심리적 불안을 없애주는 이점이 있다. 자기합리화, 즉 '정신 승리'에 능한 사람은 사실 인식으로 인한 긴장과 불안 상태를 지나치게 두려워하고 무엇보다 심리적 평온을 우선시하는 사람이다.

레오나르도 다빈치가 "인간은 자기 의견에 가장 잘 속는 존재"라고 말했듯이, 자신은 가장 속이기 쉬운 대상이다. 다른 사람을 속이려면 미리 스토리와 논리를 만들고 눈빛과 목소리에 유의하며 정성스러운 수고를 기울여야 한다. 보이스피싱과 금융사기범은 상대를 속이기 위해 치밀한 계획을 세운다. 하지만 자신을 속이는 데는 이런 노력이 필요하지 않다. 머릿속에서 어떤 생각에 스스로 동의하고, 자신의 신념과 맞지 않는 불편한 증거에는 눈을 감아버리면 그만이다. 앞 장에서 살펴본 것처럼 인류는 진화 과정에서 자신을 합리화하는 능력을 고도로 발달시켰다. 자기합리화는 본능적이어서 특별히 의도하지 않아도 머릿속에서 자연스럽게 작동한다.

더닝-크루거 클럽에
빠지지 않는 방법

더닝-크루거 클럽을 탈출하는 경로는 크게 두 갈래다. 하나는 지식과 정보에 의존하는 길이고, 다른 하나는 마음가짐을 통한 길이다.

언뜻 보기에 지식에 의존하는 방법이 쉬울 것 같다. 앞에서 소개한 '0.1퍼센트의 비밀'이나 더닝-크루거 실험에서 만약 머릿속에 질문의 정답지를 갖고 있다면 자신이 아는지 모르는지를 쉽게 판별할 수 있다. 정답지를 대조해보면 된다. 컴퓨터와 검색이 작동하는 방식이다. 컴퓨터는 질문이 입력되면 데이터베이스를 검색해 답을 제시하거나, 적절한 정보를 찾지 못했다는 결과를 출력한다. 지난 시절엔 백과사전처럼 방대한 지식과 정확한 기억력을 가진 사람이 인재로 여겨졌다. 학습 능력과 기억력은 서로 깊이 의존하며 발달하는 공생관계로 여겨졌다. 많이 기억하자면 열심히 배워야 했고, 열심히 학습한 사람이 더 많은 것을 기억하고 알 수 있었다. 의식 활동의 정수인 앎은 이러한 배움과 기억을 기반으로 작동한다.

그런데 기억과 연산 도구인 컴퓨터의 등장으로 사정이 달라졌다. 컴퓨터는 인공지능과 기계학습을 장착하고 인간 고유의 학습 능력까지 모방하고 있다. 컴퓨터와 달리 인간의 인지 역량은 제한적이고 기억도 완벽하지 않다. 아무리 많은 지식을 학습해 뇌에 저장해도 컴퓨터를 따라잡을 수 없다.

우리가 무엇인가를 안다는 것은 컴퓨터의 정보 검색 및 호출 기능과 구별된다. 인간의 앎은 자각이 동반되는 의식 활동이고, 다른 정보와의 관계 속에서 이뤄지는 행위다. 지난 시절 섬마을에서 자란 아이가 세상을 바라보는 방식을 상상해보자. 처음엔 바다와 마을이 세상에 대한 지식의 거의 전부이지만, 뭍으로 나가 대도시와 인파를 보게 되면 세상에 대한 인식의 수준이 달라진다. 자연스럽게 세계 안에서 자신의 삶에 대한 인지와 자각도 변화한다. 지도를 보면 자신이 살던 섬의 크기가 어느 정도이고 어디에 위치해 있는지, 다른 지역들과는 얼마나 떨어져 있는지도 파악할 수 있다. 한 지점의 위치적 특성은 전체 지도에서 다른 곳들과의 관계 속에서 좀 더 구체적으로 알 수 있다. 지식과 정보도 마찬가지다. 전체적인 정보체계와 관계 속에서 제대로 파악될 수 있다.

정보 사회에서는 인간이 아무리 열심히 학습해 더 방대한 정답지를 갖춘다고 해도, 폭증하는 정보의 변화 속도를 따라잡을 수 없다. 더 많은 지식에 의존해 앎과 모름을 판별하는 방법이 이내 한계에 부닥치게 된다. 지식과 정보를 대할 때 개방성과 회의적 태도가 무엇보다 중요해지는 이유다.

더닝-크루거 실험의 의미는 운전이나 기기 조작법과 같은 구체적인 실무지식 유무를 판단하는 효과적인 도구의 발견이 아니다. 이 실험은, 인간은 어리석을수록 자신이 우매하지 않다고 확신하는 인지편향에 빠진다는 것을 보여주었다. 특정 지식을 아는지 모르는지를 떠나, 지식이 부족하고 어리석을수록 적극적으로 배움을 거부하는 성향이 나타날 수 있음을 일깨운 실험이다. 가장 효과적인 배움은 무지의 자각에서 출발한다. 벤저민 프랭클린은 "모른다는 사실이 아니라 배우려 하지 않는 게 부끄러운 일이다"라고 말했다. 무지가 아니라 무지한 상태를 인정하지 않는 인지적 게으름과 오만이 문제다. 오만은 무지와 확신의 결합이다. 그래서 메타인지 능력을 높이려면 지적 오만에서 벗어나 겸허하고 개방적인 마음가짐을 갖추는 게 필수적이다.

마인드셋은 왜 중요한가

모른다는 사실 앞에서 자연스럽게 찾아오기 마련인 불안과 무기력을 느끼지 않는 방법은 무엇일까. 어떻게 해야 모르는 상태를 두려워하기보다 모른다는 사실을 기꺼이 인정하고 미지의 사실에 대해서 열린 마음을 가질 수 있을까? 무지의 상태에서 오는 불안과 두려움을 덮을 수 있는 동기와 에너지가 있으면 된다. 이는 새로운 앎을 추구하는 것, 즉 호기심이다.

호기심은 무지에서 오는 불안과 무기력을 사라지게 만드는 배움의 동력이다. 우리는 어린 시절엔 뭐든지 만져보고 입에 가져갈 정도로 왕성하고 위험한 호기심을 지녔다. 호기심 덕분에 빠르게 학습해 사회적 인간으로 성장할 수 있었다.

스탠퍼드대학의 심리학자 캐럴 드웩은 사람의 마음가짐(마인드셋)을 고정 마인드셋과 성장 마인드셋으로 구분했다.[3] 이 두 가지를 구분하는 잣대는 도전과 실패를 대하는 수용성과 개방성이다.

고정 마인드셋은 사람의 재능과 능력이 고정되어 있다고 믿는 태도다. 이런 태도를 지닌 사람은 새로운 과제에 도전하는 것을 두려워한다. 과제를 해내지 못하거나 모른다는 사실을 인정하는 것은 곧 자신의 무능력과 결함을 드러내는 것이라고 여기기 때문이다. 이들은 다른 사람들에게 자신의 재능과 능력을 인정받을 수 있는 안전하고 과시적인 도전에 의미를 부여하고 주력한다.

반면 성장 마인드셋을 가진 사람은 노력 여하에 따라 재능과 능력이 얼마든지 변화하고 발전할 수 있다고 믿는다. 타고난 재능보다 노력과 도전하는 자세가 개인의 역량에 영향을 미친다는 것이다. 이런 마음가짐이 되어 있는 사람은 예상하지 못한 실패를 만나도 큰 의미를 두지 않기 때문에 쉽사리 좌절하지 않는다. 실패마저 성장 과정이라고 여기며 과감한 도전에 나서고 그 과정에서 얻게 되는 배움을 추구한다. 무지를 인정하는 게 자신의 결함을 드러내는 것이 아니라 배움을 통해 성장할 수 있는 계기라고 여기는 마음가짐이다. 인정과 평가의 잣대를 외부에 두지 않고 자신의 내면에 스스로 설정한 경우다. 우리 마음은 저울이나 센서 같은 도구로 측정하거나 들여다볼 수가 없다. 스스로 자신의 마음 상태를 인식하고 원하는 방향으로 조정하는 법을 배워야 한다. 드웩은 성장 마인드셋을 가진 사람들이 자신의 능력을 놀라울 정도로 정확하게 인식하고 있었다고 말한다.

배움의 목표와 동기를
내부에 두어라

그런데 천재들의 탁월한 능력도 알고 보면 끝없는 호기심과 도전, 훈련을 통해 만들어진 경우가 많다. 20세기의 전설적인 첼로 거장 파블로 카잘스(1876~1973)는 여든이 넘은 나이에도 매일 몇 시간씩 연습을 하고 왕성하게 연주 활동을 했다. 어느 날 카잘스는 한 작가로부터 이런 질문을 받았다. "당신은 이미 가장 위대한 첼리스트인데 80대인 지금도 매일 너덧 시간씩 연습하는 이유가 무엇인가요?"[4] 카잘스는 조금도 머뭇거리지 않고 대답했다. "왜냐하면 내 연주 실력이 날마다 조금씩 나아지고 있다고 느끼기 때문이지요." 어린 시절부터 '음악 신동'으로 불린 작곡가 요하네스 브람스도 "장인 정신이 없다면 영감은 바람에 흔들리는 단순한 갈대에 지나지 않는다"라고 말하면서 연습의 중요성을 강조했다.

모르는 것을 두려워하거나 부끄러워하지 않고, 도전과 실패를 더 나은 배움을 향한 여정으로 여기는 성장형 마음가짐은 어떻게 만들어지는가?

　인간 행동의 기준이라고 할 수 있는 목표와 동기를 외부가 아닌 자신의 내부에 두는 게 출발점이다. 외부의 평가와 인정을 목표나 기준으로 삼으면 외부의 변화에 따라, 또는 다른 사람들의 반응에 따라 나의 성공과 실패가 좌우되고 자존감도 영향을 받게 된다. 중요한 것은 외부로부터 주어지는 기준과 인정은 내가 통제할 수 없는 영역이라는 점이다. 이와 달리 내적 목표와 동기는 외부의 변화와 영향으로부터 어느 정도 자유롭다. 무엇보다 자신이 찾아내고 만든 것이므로, 스스로 통제할 수 있다.

　이런 의미에서 자존감은 메타인지의 중요한 요소다. 왜냐하면 자신이 모른다는 사실로 인해 자존감이 손상되었다고 느끼면 자신의 무지를 인정하기가 더욱 어렵기 때문이다. 무지를 인정하는 것과 자존감은 상관이 없다고 여겨야 자신이 모르는 영역에 대해 호기심을 갖고 배움에 나설 수 있다. 이는 타고나는 성향이라기보다 자신이 무엇에 가치를 두느냐와 관련이 깊다. 열정적으로 추구하는 목적과 동기를 지닌 사람에게는 그 목표를 향해 매진하는 것이 외부의 인정이나 평가보다 훨씬 중요하다.

　다윈도 젊은 시절 외부의 기대에 따른 선택을 했다가 연거푸 쓴맛을 보았다. 그는 의사인 아버지의 바람대로 에든버러 의과대학에 진학했으나 적응하지 못했다. 2년 뒤에는 성공회 신부로 만들려는 아버지의 뜻에 따라 케임브리지대학 신학부에 진학했다. 거기서 다원의 마음을 사로잡은 것은 신학이 아닌 자연 관찰이었다.

어느 날 딱정벌레 관찰에 흠뻑 빠져 있던 대학생 다윈이 오래된 나무껍질 안에서 희귀한 딱정벌레 두 마리를 찾아냈다. 양손에 이미 한 마리씩을 잡고 있는 상태에서 또 다른 종류의 딱정벌레를 발견한 다윈은 그 딱정벌레마저 수집하기 위해 손에 들고 있던 딱정벌레 한 마리를 입안에 집어넣었다. 그 순간, 딱정벌레가 독성 분비물을 쏘아대는 통에 놀라서 세 마리 모두를 놓치고 말았다.

이 일화는 다윈이 뒤늦게 내면의 동기를 발견하고 그에 따라 행동했음을 잘 보여준다. 곤충 관찰과 분류, 채집 등의 훈련은 이후 그가 자연학자로 성장하는 바탕이 되었다. 지칠 줄 모르는 지적 호기심과 개방성은 진화론 연구의 결정적 에너지로 작용했다. 다윈은 진화론을 연구하며 자신의 가설에 어긋나는 사실을 발견하면 낙담하기보다 오히려 반겼다. 그는 자서전에 이렇게 적었다. "내가 여러 해 동안 지켰던 황금률이 있다. 일반적인 나의 연구 결과와 반대되는 사실이 발표되거나 새로운 관찰 결과나 생각을 접할 때마다 나는 어김없이 즉시 메모했다."[5]

다윈은 1831년부터 5년간 박물학자로 탑승한 비글호의 선장 로버트 피츠로이에게서 관찰하고 메모하는 법을 배웠고 평생의 습관으로 삼았다. 비글호 탐사에서 그가 관찰한 내용을 빠짐없이 기록한 열여덟 권의 공책은 훗날 《비글호 항해기》(1839)와 《종의 기원》(1859)의 충실한 자료가 됐다.

다윈은 50세에《종의 기원》을 발표하면서 인류 지식과 사고방식에 일대 혁명을 가져왔지만, 그 자신은 지나칠 정도로 이론화와 발표에 신중했다. 오랫동안 자신의 이론을 의심하고 비판하는 학자들과 편지를 꾸준히 주고받았으며 다른 사람들과 논쟁을 벌이며 배움을 얻었다. 자기 이론의 결함과 모순을 적극적으로 받아들이고 검토하는 과정을 통해 다윈은 혁신적인 이론을 더욱 논리적이고 정교하게 정립할 수 있었다.《종의 기원》은 1859년에 초판이 나온 이래 여섯 차례 개정 작업을 거쳤을 정도로 다윈은 새로운 발견과 비판에 개방적이었다. 뛰어난 수집가와 관찰자는 성급하게 결론을 내리지 않는다. 호기심을 갖고 수집하고 관찰하다 보면 다양한 현상과 관점을 받아들이게 된다. 지식에 대한 다윈의 겸손한 태도는 이러한 과정에서 자연스럽게 나온 것이다.

2 불확실성을 대하는 태도가 지적 역량을 가른다

무지로 인한 불안보다 미지에 대한 호기심이 크다면 다윈의 사례에서 보듯 호기심은 우리를 지적 탐구로 이끄는 에너지가 된다. 더욱이 21세기 디지털 정보 사회에서 개인의 호기심은 지적 역량에서 가장 중요한 역할을 담당하게 됐다. 에든버러대학의 심리학자 소피 폰 스툼은 "개인의 성공을 예측하는 변수들 가운데 하나만 꼽으라면 그것은 호기심일 것"이라고 말했다.[6] 누구나 정보에 손쉽게 접근하고 활용할 수 있는 정보 사회는 얼마나 호기심을 가졌느냐에 따라 개인의 능력과 삶의 질이 좌우되는 '호기심 격차 사회'다.

호기심은 어떤 환경에서 생겨나고 촉진되는 것일까? 인간은 본래 호기심이 많고 학습 능력이 뛰어난 존재다. 알고 싶은 마음, 즉 호기심 덕분에 인간은 언어를 배우고 사회적 존재로 성장할 수 있었다. 하지만 어린 시절에 "왜요?"라고 끝없이 묻던 아이들도 성장

히면서 호기심을 잃어버리는 경우가 대부분이다. 왜 어른이 되면 호기심이 사라지는 것일까?

성장하면서 생존과 사회화에 필요한 기본 지식과 역량을 어느 정도 갖추게 되었기 때문이기도 하고, 독립적인 존재로서의 정체성을 인정받고 싶은 욕구 때문이기도 하다. 청소년기는 모르는 것에 대한 호기심이 줄어들고 또래집단의 가치관과 사고방식을 받아들이고 모방하며 자립을 모색하는 시기다. 신체적·정신적으로 성숙하면서 부모의 영향력으로부터 벗어나 자신만의 정체성을 확립하고 독립심을 키우는 과정이다.

오스트리아의 정신분석학자 알프레트 아들러는 사람은 누구나 성장 과정에서 열등감을 경험하는데 이러한 열등감이 인정 욕구를 만들어내는 동시에 삶의 동력으로 작용한다고 말했다.[7] 아이는 어른을 보며 자라기 때문에 어른에 비해 자신을 작고 약한 존재로 인식하며 열등한 존재로 평가한다는 것이다. 이러한 열등감은 인정받고 싶어 하는 욕구로 나타나고, 인정 욕구는 우리를 목표를 향한 노력으로 이끌기도 하지만 동시에 허세에 빠지게도 한다. 청소년이 어린 시절의 호기심을 잃어버리고 또래집단에서 인정을 받기 위해 무모한 행동도 마다하지 않는 현상을 설명해주는 이론이다. 청소년이 되면 성인을 모방하거나 스스로를 성인처럼 생각하는 과정에서 허세가 호기심의 자리를 대체하기 쉽다.

과거 전통사회에서는 청소년기 이후 호기심을 잃는다고 해도 별

문제가 되지 않았다. 10대 중반에 2차 성징이 나타나면 성인식을 치르고 공동체의 성인 구성원으로 인정받았다. 수렵채집 사회나 농경사회에서는 지식과 기술의 변화가 거의 없어 청소년기에 배운 지식과 역량을 기반으로 평생 살아가는 데 문제가 없었고 평균 수명도 길지 않았다. 사람들은 개인적 호기심을 충족하기보다 사회가 기대하는 역량을 습득하는 데 치중했다. 하지만 지금은 다르다. 기술과 학문의 발전 속도가 너무 빨라서 학교에서 배운 지식만으로는 80세, 90세 넘는 인생을 헤쳐 나갈 수가 없다. 현대사회에서는 끊임없이 새로운 지식을 배워야 하고, 그만큼 호기심이 중요해졌다. 변화가 가속화하는 디지털 세상은 점점 더 예측이 불가능해지는 불확실성의 세계다.

패턴 인식과
범주화 사고의 양면성

호기심은 불확실성을 대하는 태도와 관련이 깊다. 인간의 사고 기능 중에 두드러진 특징은 미래를 예측하는 능력이다. 그래서 인간의 뇌는 '예측 기계'로도 불린다. 인간이 여러 차례 멸종의 위기를 극복하고 지구 생태계의 최강자로 군림하게 된 비결 또한 예측 능력에 있다. 여름에 날이 덥고 가을에 먹을 게 풍족해도 머지않아 먹을 것이 떨어지고 눈 내리는 추운 겨울이 올 것이라고 예측해 대비했기에 인류는 생존할 수 있었다. 밤나

무 꽃이 피면 몇 달 뒤 밤이 열리고, 딱딱하고 떫은 감이 얼마 후에는 달콤하고 부드러워진다는 것을 예측하는 능력은 생존에 매우 유용한 지식이었다.

미래를 예측할 수 있다는 것은 미래를 통제하는 힘을 의미하고, 이는 생존 능력과 직결된다. 인간의 예측 능력은 점쟁이 같은 예언으로 구현되는 것이 아니다. 범주화와 패턴 인식, 인과적 사고를 통해 부분으로 전체를 파악하고 현재의 단서로 나중에 닥칠 현상을 추정하고 예견하는 능력이다. 먹구름이 잔뜩 끼면 소나기가 내릴 것이라고 짐작하고, 온몸에 용 문신을 한 사람을 위험인물로 범주화하는 것이 그런 사례다.

우리는 어떤 상황을 만날 때 일어날 수 있는 모든 경우의 수를 열어놓고 대비하지 않는다. 대부분 기존의 경험이나 관행에 의존해 판단과 예측을 하고 미래에 대비한다. 이러한 예측 능력 덕분에 우리는 모든 것을 경험하거나 결과를 기다리지 않고도 미리 상황에 대처할 수 있다. 인류의 성공은 패턴을 인식하는 능력에 달려 있다고 말하는 이들도 있다.[8] 가설과 추론을 만들고 시험하면서 우리는 환경을 예측하고 통제하는 법을 배운다.

패턴 인식과 범주화 사고 덕분에 우리는 유사한 상황을 만날 때마다 매번 고민할 필요 없이 빠르게 대응할 수 있다. 이런 사고는 효율성은 높지만 정확하지 않다는 게 단점이다. 출신 지역이나 학교, 혈액형으로 사람의 성향을 추측하거나 집단적 특성을 부여하는 행위 또한 비논리적인 일반화를 통한 범주화 사고의 사례다. 인지적 습관이나 편견, 사회통념, 관습 등은 이러한 범주화 사고와 패턴 인식을 추구하는 사고방식의 산물이다. 대부분 부정확하고 비논리적이지만, 미지와 불확실성으로부터 오는 불안과 두려움을 해소하고자 하는 인간의 인지적 성향에서 비롯한 것이다.

우리는 인지 능력의 처리 한도를 넘어서는 방대한 정보에 끊임없이 노출되며, 정보 사회에 들어서면서 그 정도가 더욱 심해졌다. 너무 방대한 정보는 혼란과 불안을 가중시키기 때문에 우리는 지나치다 싶을 정도로 단순화하고 일반화한다. 이러한 역할을 수행하는 것이 사회제도와 관습, 종교 등의 신념체계이고, 이는 과도한 인지 부하와 불안이 불러오는 상황을 해소하기 위한 일종의 '패턴 인식'이다.

인간은 불확실성이 커질수록 확실성을 추구하는 존재다. 메릴랜드대학의 사회심리학자 아리에 크루글란스키는 어떤 주제에 대한 혼란과 모호성을 없애줄 답변을 요구하는 이러한 심리적 특성을 '인지적 종결 욕구need for cognitive closure'라고 불렀다. 복잡한 논리 전개와 다양한 측면을 이해하려는 자원 투입을 생략하고 결론을 요구하는 심리다. 일상 대화에서 "그래서 결론이 뭔데?"라는 요구나 포털 뉴스의 기사 요약 서비스도 이러한 심리가 작동한 사례. 세상이 너무 복잡해져서 예측하기 어려워지면 사람들은 성급한 결론을 내리거나 기존의 견해를 더욱 굳건히 고수할 가능성이 커진다.[9]

셰익스피어가 남긴
탁월한 작품의 비밀

사회심리학자인 에리히 프롬은 확실성 추구가 의미 추구를 가로막는다고 보았다. 그는 불확실성이야말로 사람이 온 힘을 다해 무언가를 추진하게 하는 조건이라고 보았다.[10] 복잡한 문제를 만났을 때 성급하게 결론을 내리려고 하는 인지적 종결 욕구를 억누르고 대신 불확실성을 적극적으로 받아들이고 공존하려는 인지적 태도는 과학적 인식과 풍부한 상상력의 원동력이 된다.

윌리엄 셰익스피어의 희곡들이 불멸의 작품으로 높이 평가받는 이유는 무엇일까? 다양한 설명이 있겠지만, 등장인물들이 처한 상황과 갈등을 생생하고 아름다운 언어로 형상화해낸 문학적 기량 때문만은 아니다. 각 등장인물이 내면 깊은 곳에서 마주치게 되는 인간과 인생에 대한 근원적인 질문들과, 결론 없이 열려 있는 이야기의 전개 구조야말로 셰익스피어 작품들을 관통하는 핵심적 특징이자 탁월함이다.

19세기 초반에 짧은 생을 살다 간 영국 낭만주의 시인 존 키츠(1795~1821)는 동생들에게 보낸 편지에서 셰익스피어가 이룬 위대한 성취의 비결은 '부정적 수용력negative capability'이라고 썼다.* 키츠는 부정적 수용력을 이렇게 설명했다.

"문학에서 탁월한 성취를 이룰 수 있게 해주는 능력, 특히 셰익스피어가 풍부하게 지녔던 이 특징을 나는 '부정적 수용력'이라고 부르겠어. 사실과 이성을 추구하려고 안달복달하지 않고 불확실성, 미스터리, 의심을 품은 채 머무를 수 있는 능력을 뜻하는 거지."[12]

키츠에 따르면, 셰익스피어는 불확실하고 이해할 수 없으며 의심스러운 상황에서 성급하게 사실과 설명을 찾아 나서지 않는다. 대신 모호하고 의심스러운 상황을 그대로 받아들인다. 셰익스피어 작품들은 논리적으로 따지거나 결론을 향해서 바로 달려가지 않고 불확실성을 수용한다. 그 결과 주인공들은 불확실성 속에서 헤매고 자신의 생각과 행동을 펼쳐나간다. 셰익스피어의 4대 비극에 등장하는 주인공들의 공통점이다. 질투심에 사로잡혀 자신을 파멸로 몰고 가는 오셀로, 충직한 왕의 신하였으나 마녀들의 말을 믿고 야심에 사로잡혀 살인 반역자와 폭군으로 변해가는 맥베스, 왕위의 화려함과 번드르르한 아첨에 취해 진실을 보지 못하고 거듭되는 배신으로 파멸하면서 회오에 빠지는 리어왕, 왕실에서 벌어지는 음모와

---

* '부정적 수용력'이라는 개념이 키츠의 사후 150여 년이 지난 뒤에 비로소 주목받게 된 계기는 영문학이 아닌 정신분석학계를 통해서다. 영국 태생의 정신과 의사 윌프레드 비온 Wilfred Bion이 《주의와 해석》(1970)이라는 책에서 키츠의 부정적 수용력 개념을 본격적으로 소개했다. 비온은 소설가 새뮤얼 베케트를 비롯해 제2차 세계대전 이후 정신질환에 시달린 군인들을 치료할 때 '부정적 수용력' 개념을 적용했다. 키츠는 편지에서 '부정적 수용력'이라고 썼지만, 학자에 따라 '소극적 수용력passive capability'이라는 용어를 쓰기도 한다.[11]

복수 속에서 삶과 죽음, 선과 악에 대한 근원적 고민과 갈등에 빠지는 햄릿. 이들은 모두 피할 길 없는 인생의 모순과 비극의 심연으로 독자들을 이끈다.

셰익스피어의 상상력은 전형적인 인물과 극적인 줄거리를 만들어내는 데 그치지 않았다. 그의 작품 속 등장인물들은 기본적으로 상황과 성격의 영향을 받지만 결코 그 환경에 사로잡히거나 머무르지 않는다. 셰익스피어는 모호하고 미스터리한 현실 속에 등장인물들을 풀어놓았고, 그들의 선택과 운명이 어느 방향으로 치닫다가 어떤 결말로 이어질지 독자들은 짐작하기 어렵다. 셰익스피어는 작중 인물이 된 것처럼 각자가 처한 불합리한 현실 속에서 갈등하는 복잡한 마음속을 자유롭게 오갔다. 셰익스피어의 작품들은 400년이 지났음에도 불구하고 여전히 재해석되고 있다. 그의 작품과 작중 인물들은 시대와 공간을 초월해 사랑받으며 다양한 형식으로 리메이크되는 불멸의 생명력을 지니게 됐다.

부정적 수용력, 정보 사회의 핵심 역량

19세기 프랑스의 사실주의 작가 귀스타브 플로베르는 "멍청한 인간은 결론을 내고 싶어 한다"라고 말했다. 셰익스피어는 이와 반대로 모순되고 모호하고 불확실한 상황을 적극적으로 받아들이고 사랑한 작가다.

1960년대에 캘리포니아대학 버클리 캠퍼스의 심리학 교수 프랭크 배런은 저명한 과학자, 예술가, 건축가, 기업가 등 다양한 분야에서 활동하는 창의적인 사람들을 한자리에 불러 모아 며칠씩 함께 생활하게 하면서 창의적인 사람들의 특성이 무엇인지 알아보는 흥미로운 실험을 진행했다.[13] 이들은 서로 대화를 나누고 연구진의 관찰에 응하고 IQ 테스트와 심리 검사, 정신질환 검사 등 다양한 테스트를 받았다. 그리고 IQ와 창의성은 서로 관련이 없다는, 당시로서는 파격적인 결과가 도출됐다. 실험 결과 창의성의 구성 요소는 너무 복잡해 한두 가지 공통 요인을 찾아내는 게 거의 불가능하다는 결론에 이르렀다.

그럼에도 창의성이 뛰어난 사람들은 한 가지 공통점이 있었다. 모호함을 좋아하고 불확실성을 잘 견딘다는 것이었다. 배런은 창의적인 사람들은 내면생활에 솔직하고 복잡하고 모호한 것을 좋아하며 무질서와 혼란을 견디는 내성이 탁월하다는 결론을 내렸다. 그들은 혼돈 속에서 질서를 끌어내는 능력이 있고, 독립적이고 관습에 얽매이지 않으며, 기꺼이 위험을 감수하는 성향을 지녔다. 배런은 "창의적인 사람들은 자기 내면의 어둡고 혼란스러운 부분마저 외면하지 않고 응시하는 이들"이라고 말했다.

불확실성과 모호함을 적극적으로 수용하는 태도는 작가와 예술가, 학자 들의 상상력과 호기심을 자극하는 원천이지만 이러한 태도가 창의적 직무에 종사하는 특별한 집단에만 요구되는 것은 아니

다. 지식과 기술의 빠른 변화로 모든 분야에서 불확실성과 모호함
이 갈수록 커지는 정보 사회에서는 모든 사람이 갖추어야 할 핵심
적 역량과 태도가 되었다.

3 메타인지는 더 많은 무지를 발견하는 일

　무지無知와 미지未知는 어떻게 다를까? 둘 다 알지 못한다는 점에서는 같지만, 모르는 상태에 대해 얼마나 알고 있는지에 차이가 있다. 미지는 '아직 알지 못하는 지식'이라는 뜻풀이처럼 우리가 모른다는 사실을 이미 알고 있는 것으로, 알고 싶지만 알지 못하는 것을 의미한다. 우주에 있는 별의 수, 일주일 뒤의 주가처럼 우리가 알고 있지 못한 지식 또는 알 수 없는 종류의 지식이 있다. 미지는 탐구의 대상이다.

　이에 비해 무지는 복합적이다. 무지에는 우리가 모른다는 것을 알고 있는 지식도 있지만 아예 모르고 있다는 사실조차 모르는 것과 잘못 알고 있는 것들도 포함된다.

럼스펠드 매트릭스

2002년 이라크가 대량살상 무기를 테러집단에 제공했을 가능성을 묻는 기자의 질문에 대해 도널드 럼스펠드 당시 미국 국방장관은 정보를 세 가지로 구분하며 공습의 필요성을 주장했다.

"세상에는 알려진 지식known knowns이 있습니다. 우리가 알고 있다는 것을 알고 있는 일들입니다. 알려진 무지known unknowns도 있습니다. 우리가 알지 못한다는 것을 알고 있는 일들입니다. 그러나 또한 알지 못하는 무지unknown unknowns도 있습니다. 우리가 모른다는 것조차 모르고 있는 일들입니다."[14]

이라크가 정말 대량살상 무기를 보유하고 있는지에 대한 의문이 제기되자, 럼스펠드는 우리가 모른다는 사실조차 모르고 있을 위험이 있다는 궤변을 펼치며 공습을 정당화했다. 도무지 알아들을 수 없는 표현이라서 영국의 '쉬운 말 쓰기 운동' 본부가 '올해의 헛소리'로 선정하는 등 숱한 조롱이 쏟아졌다. 2003년 부시 행정부는 대량살상 무기를 이라크 침공 명분으로 내세웠지만 실제로는 존재하지 않았음이 침공 뒤에 밝혀졌다. 그럼에도 럼스펠드의 위 발언은 메타인지의 핵심을 언급한 논리적 표현으로, '럼스펠드 매트릭스'에 대한 논의를 낳았다.

무지에는 두 종류가 있다. '알려진 무지'와 '알지 못하는 무지'다. '알려진 무지'는 탐구 대상이 되어 '알려진 지식'으로 이동하고, 위

알려진 앎	알려진 무지
(Known Knowns)	(Known Unknowns)
알고 있다는 것을 알고 있는 일	알지 못한다는 것을 알고 있는 일
알려지지 않은 앎	알지 못하는 무지
(Unknown Knowns)	(Unknown Unknowns)
알고 있다는 것을 모르고 있는 일	알지 못한다는 것조차 모르고 있는 일

럼스펠드 매트릭스에서 가장 주의해야 할 4분면은 '알려지지 않은 앎'과 '알지 못하는 무지'다. 알지 못하므로 대비할 수 없지만, 그 영향력을 피할 수 없기 때문이다.

험관리 차원에서 대비해야 하는 리스크가 된다. '알지 못하는 무지'는 '검은 백조(블랙스완)'처럼 우리의 사고 범위 안에 존재하지 않는 논리적 모순이거나, 기존의 지식과 사고로는 예측할 수 없는 영역이다.* 모른다는 사실 자체를 모르기 때문에 대비와 탐구도 불가능하다.

지식에도 두 종류가 있다. '알려진 앎'과 '알려지지 않은 앎unknown known'이다. '알려진 앎'은 사실성과 유용성이 확인된 지식이다. 그런데 '알려지지 않은 앎'은 럼스펠드가 언급하지 않았지만, 무지와 지

---

* 18세기까지 서구인들은 모든 백조(고니)는 희다고 확신했다. 그런데 오스트레일리아에서 검은 고니(블랙스완)가 발견되면서 기존의 상식이 한순간에 무너져버렸다. 투자 전문가인 나심 탈레브가 《블랙스완》(2007)이라는 책에서, 발생 가능성이 희박하지만 일단 일어나면 예상치 못한 충격과 파급효과가 큰 것으로 묘사한 이후 널리 쓰이는 경제용어가 됐다.

식의 매트릭스에서 새롭게 드러난 영역이다. '알려지지 않은 앎'은 관점에 따라서 서로 다른 의미를 지닌다. 하나는 알고 있지만 말로 설명하기 어려운 지식의 형태인 암묵지tacit knowledge를 의미한다. 예를 들어 자전거 타는 법은 몸으로는 잘 알지만 다른 사람에게 설명하기 어렵다. 매뉴얼로 만들기 어려운 달인만의 노하우도 암묵지에 해당한다.

암묵지와 또 다른 형태인 '알고 있지만 알지 못하는 앎'도 '알려지지 않은 앎'의 한 종류다. 상식이 된 편견이나 무의식적 집단사고와 맹신 혹은 의도적인 외면이 여기에 속한다. 안데르센의 동화 〈벌거벗은 임금님〉에서 임금님이 벌거벗은 것을 알고 있지만 진실을 말하지 않는 신하들과 백성들이 대표적인 사례다. 제2차 세계대전 당시 나치의 유대인 말살정책에 동의한 독일 국민들의 집단적 사고 또한 '알려지지 않은 앎'의 본보기다. 미국의 영화감독 에롤 모리스는 럼스펠드의 궤변과 미국의 이라크 침공을 고발하는 다큐멘터리를 제작해 〈언노운 노운The unknown known〉(2013)이라는 제목을 붙이기도 했다.

매트릭스의 4분면에서 위험한 것은 인식 주체의 무지 축인 '알지 못하는 무지'와 '알려지지 않은 앎'이다. 둘 다 인식 주체가 알지 못하기 때문에 대비하거나 발달시킬 수 없다. 하지만 그로 인한 영향은 피할 수 없다. 메타인지 능력이 없으면 앎도 무지도 그 작동 구조를 모르기 때문에 우리를 위험에 빠뜨린다.

'없음', '모름'을 발견하면
얻게 되는 것들

흔히 근대 과학혁명은 갈릴레이와 뉴턴, 다윈 등 위대한 과학자들의 발견과 천체 망원경, 현미경 등 실험·관측 도구의 발달을 통한 지식의 축적이 불러온 결과라고 여겨진다. 하지만 더 깊이 들여다보면, 과학혁명은 오히려 그와 반대되는 경로를 통해 이루어졌다. 무지의 발견과 인정이라는, 과학계 안에서 생겨난 메타인지가 과학혁명을 일으킨 근본적 요인이다.

이스라엘의 역사학자 유발 하라리는 근대 과학혁명을 '무지의 혁명'이라고 규정한다.[15] 과학혁명을 일으킨 동력은 "인류는 가장 중요한 문제에 대한 해답을 모른다"는 사실의 발견이라는 것이다. 과학혁명 이전에 기독교, 이슬람교, 불교, 유교 등 주요 종교는 세상이 어떻게 만들어졌고 어떻게 운영되는지에 대한 기본 설명과 지식을 제공했다. 지진·홍수·번개·무지개 같은 기상 현상, 생명체의 탄생과 죽음, 전염병처럼 생존에 영향을 끼치는 중요한 사건들은 종교와 문화권마다 고유한 방식으로 설명되었고 해당 지식이 전승되었다. 종교가 삶의 의미는 물론 사후 세계에 대한 답까지 주었다. 갈릴레이의 지동설은 천 년 넘게 의심 없이 받아들여지던 종교적 세계관에 반기를 든 행위였다. 우주와 천체의 움직임을 신의 지배와 자연의 섭리라고 여기는 대신 원인과 결과를 알지 못하는 자연현상으로 받아들인 것이다.

갈릴레이가 자연에 대한 무지를 인정하게 만든 구체적인 방법론은 실험과 관찰이었다. 그가 망원경으로 관찰한 태양의 흑점과 목성의 위성들에 대해 당시 천문학자와 신학자들은 그의 관측 결과를 의심하며 지구를 중심으로 천체가 회전한다는 아리스토텔레스와 기독교적 우주관을 고수했다. 갈릴레이는 관측과 실험의 결과를 겸허하게 받아들이며 확고한 진리로 신봉되어온 지식을 의심하고 '우리가 아직 모르는 영역'이라고 인정했다. 전자기파와 빛의 원리를 발견한 영국의 물리학자 제임스 클러크 맥스웰은 "철저하게 파악된 무지는 과학에서 진정한 발전의 서곡이다"라고 말했다.

과학에서 왜 무지의 발견이 중요한가? 럼스펠드 매트릭스에서 확인했듯이, 무지의 발견은 지식의 출발점이자 과학 발전의 원동력이다. 컬럼비아대학의 생물학 교수 스튜어트 파이어스타인은 무지와 실패는 과학을 지탱하는 두 개의 기둥이자 과학 발전의 엔진이라고 말했다.[16] 과학의 세계에서 지식은 끊임없이 발전하면서 과거의 지식을 계속 보완하고 대체하며, 한때 확고부동한 철칙으로 여겨지던 지식을 임시적이고 가변적인 것으로 만든다. 물리학의 역사는 뉴턴의 고전역학이 아인슈타인의 상대성이론으로 대체되고, 이는 다시 닐스 보어와 하이젠베르크 등의 양자역학으로 보완되고 대체되어온 변화와 발전의 과정이다.

과학에서 실패는 무지의 발견을 촉진하는 도구로 간주된다. 파이어스타인은 우리가 무엇을 모르는지도 모르는데, 이러한 우리의 무지unknown unknowns를 드러내는 방식은 실패뿐이라고 말한다. 과학 실험에서는 실패가 성공한 실험만큼이나 유용한 정보를 제공한다. 토머스 에디슨은 무려 만 번이나 시도한 끝에 전구를 발명한 것으로 유명하다. 그는 "만 번째 실패를 되풀이할 셈이냐"고 묻는 친구에게 "나는 그동안 수없이 실패한 게 아니라 전구가 켜지지 않는 방법을 9999가지 발견한 것일 뿐이다"라고 대꾸했다. 과학의 역사에서 실패한 시도와 실험이 가져다준 깨달음과 발견의 성과는 눈부시다.

서구 역사에서 발견과 탐험의 시대(16~17세기)에 거둔 최대의 성과는 콜럼버스가 아메리카 대륙의 존재를 유럽에 알린 게 아니라, 인류가 지구에 대해 아는 게 거의 없다는 것을 깨달은 '무지의 발견'일지도 모른다. 미국의 역사학자 대니얼 부어스틴은 있는 것을 발견하는 것보다 '존재하지 않는 것' 또는 잘못 알고 있는 것을 발견하는 것이 더 위대한 일이라고 주장했다. 그는 존재하는 것이 아니라 인류의 무지와 오류를 깨닫는 행위를 '부정적 발견negative discovery'이라 이름 붙이고 그 가치를 강조했다.[17]

지리적 발견의 시대에도 '존재하지 않는 땅'의 발견은 중요했다. 대영제국의 광대한 식민지 건설에 결정적 기여를 한 제임스 쿡 선장은 테라 아우스트랄리스 인코그니타(미지의 남방 대륙)가 존재하지 않는다는 것을 탐험을 통해 입증했다. 미지의 남방 대륙은 남극을 중심으로 남반구 일대에 존재하는 것으로 여겨지던 전설 속의 거대한 대륙이다. 고대인들은 지구의 땅이 북반구에 몰려 있기 때문에 남반구에도 거대한 대륙이 존재해야 균형이 맞는다고 생각했고, 아무도 가본 적이 없는 그 땅의 존재를 믿었다. 쿡 선장은 일곱 번의 항해 동안 뉴질랜드 남쪽에서부터 북극 주변까지 태평양 전체를 탐험하며 뉴질랜드 쿡 해협과 하와이제도 등을 발견했지만 무엇보다 남방 대륙이 존재하지 않음을 확인한 공로가 크다. 쿡 선장의 탐험 덕분에 유럽인들은 비로소 완벽에 가까운 세계 지도를 작성할 수 있었고 미지의 땅이 사라짐과 함께 대항해시대도 막을 내렸다.

무지는 새로운
배움의 기회

1907년 노벨물리학상은 빛의 속도를 측정하는 실험에서 에테르의 존재를 증명하는 데 '실패'한 앨버트 마이컬슨에게 주어졌다. 미국 최초의 노벨상 수상이었다. 에테르는 우주 공간을 채우고 있는 매질로, 그 이전까지 물리학계에서는 에테르를 통해 빛의 파동이 전달된다고 여겼다. 하지만 에테르를 검출하려는 마이컬슨의 실험은 계속 실패했고, 결국 에테르는 존재하지 않는 것으로 밝혀졌다. 에테르가 존재하지 않으므로 에테르 간섭 효과도 없다는 것을 확인한 이 '실패한 실험'은 광속 불변의 법칙 발견으로 이어졌다. 이는 아인슈타인이 특수상대성 이론을 정립하는 기반이 되었다.

아인슈타인은 과학 실험에서는 성공보다 실패 사례가 오히려 중요하다고 말했다. 그는 "실험에 많이 성공했다고 해서 과학적 진리를 증명할 수 있는 것은 아니다. 한 번만 실험에 실패해도 그것이 틀렸음을 증명할 수 있기 때문이다"라는 말로 '부정적 발견'의 가치를 강조했다.[18]

이처럼 기존 지식의 오류와 무지를 깨닫는 부정적 발견이 이후 새로운 이론과 기술 발달의 주요한 계기가 되는 것은 과학에서 매우 흔한 일이다. 그렇기에 과학은 지식을 만들어내는 일이라기보다 더 많은 무지를 발견하는 일에 가깝다. 2004년 미국의 물리학자 데이비드 그로스는 노벨물리학상 수상 연설에서 노벨상이 지속되기 위한 조건은 두 가지라고 말했다. 하나는 노벨이 남긴 금전적 유산이고, 다른 하나는 과학자들이 왕성하게 만들어내고 있는 새로운 무지다.[19] 그로스는 이렇게 말했다. "우리가 더 많이 알게 될수록, 우리는 모르는 것이 더 많다는 것을 깨닫게 된다. 사실 지식의 가장 중요한 산물은 무지다. 오늘날 우리가 하는 질문은 수십 년 전 내가 학생이던 시절에 던졌던 질문보다 훨씬 심오하고 흥미롭다." 무지가 과학 발전의 동력이 되는 이유는 새로운 발견으로 인해 생겨나는 무지가 사실상 무제한이기 때문이다.

아일랜드 출신 극작가 조지 버나드쇼가 1930년 10월 런던에서 아인슈타인을 환영하는 저녁식사 자리에서 건넨 인사말은 인상적이다. "과학은 항상 잘못을 저지르지요. 문제 하나를 해결할 때마다 열 개의 새로운 문제를 만들어내니까요."[20] 새로운 지식과 발견의 순간은 전에 없던 새로운 문제와 모르는 것들이 무더기로 생겨나는 순간이기도 하다.

이는 사회생활과 법률에 있어서도 마찬가지다. 어떤 사회 문제를 해결하기 위해 경제적 · 정책적 수단을 동원하거나 법률을 제정하면 문제가 해결되는 것처럼 보인다. 하지만 실제로는 문제가 하나 해결되면 전에 없던 새로운 문제들이 생겨나는 게 현실이다. 따라서 성급하게 도출된 해결책에 안주하고 호기심과 지적 추구를 중단하는 것은 위험할 뿐만 아니라 더 심각한 문제를 야기할 수 있다.

완벽한 해결책이나 정답은 존재하지 않는다. 다만 진실과 해결책에 좀 더 가까이 다가간 '잠정적 답안'이 있을 뿐이다. 현재 최선의 답안으로 보이는 것도 새로운 해결책과 시도에 의해 대체될 수 있기 때문이다. 절대적이고 완벽한 진리가 아니라 좀 더 근접한 잠정적 답안이 존재하고, 우리는 거기에 가까이 가기 위해 노력할 뿐임을 인정하는 길이 지혜로운 방법이다.

모르는 것을 꺼리거나 불안해하는 대신 호기심을 가지고 새로운 배움의 기회로 만들어야 한다. 현재 정답이 있거나 해결된 것으로 보이는 문제에 대해서도 얼마든지 바뀌거나 개선될 수 있다는 것을 인정하고 새로운 증거와 논리가 나오면 개방적 자세로 대할 필요가 있다. 17세기 이탈리아 지식사회에서 철저하게 외면당한 갈릴레이의 지동설이 대표적인 반면교사다.

5장

디지털과 인공지능 시대의
필수 능력

인공지능과 메타인지

THE POWER OF
METACOGNITION

정보가 쉴 새 없이 쏟아지는 디지털 세상에서 진정으로 지혜로운 사람은 모든 것을 아는 사람이 아니다. 넘쳐나는 정보 속에서 자신에게 필요한 정보를 찾아내고 그 정보를 해석해내기 위해서 확장된 도구들을 사용함으로써 상황을 종합적으로 이해하는 사람이다.

1 정보의 대혼돈 시대에 달라진 풍경

셰익스피어가 《햄릿》을 쓴 해로 추정되는 1600년 당시 영국에서 영어로 출간되는 책은 1년에 100권이 채 되지 않았다. 라틴어로 출판된 책이 몇 배 더 많았지만 대부분 신간이 아니라 기존에 출간된 서적과 고전을 다시 찍은 것이었다. 셰익스피어는 당시 영국에서 출판된 책을 거의 다 읽고 작품 활동을 한 것으로 추정된다.[1]

1440년 독일의 요하네스 구텐베르크가 와인 제조용 포도 압착기를 응용해 활판 인쇄술을 발명한 이후 유럽에서는 출판의 시대가 열렸다. 이전까지 책은 수도사나 필경사들이 손으로 베껴 쓰는 방식으로 만들어졌다. 《성서》 필사본 한 권을 완성하려면 숙련된 필경사 한 명이 꼬박 18개월 동안 작업을 해야 했다. 그러다 인쇄술의 발명으로 책을 매개로 한 지식 생산과 유통이 폭발적으로 늘어났다. 책은 특권층의 진기한 고가품에서 시민에게 유용한 도구로 변모했다. 궁정과 수도원, 대학의 서가에 갇혀 있던 책 안의 지식과 정보가 이제 대중의 손안으로 옮겨지는 변화가 시작됐다. 책을 통해 얻을 수 있는 지혜와 권력 역시 특권층의 전유물이 아니라 시민 누구나 누릴 수 있는 것이 되었다.

미국의 시사주간지 〈타임〉은 1999년 12월 특집호에서, 구텐베르크를 지난 1000년 역사에서 '가장 위대한 인물'로 선정했다. 인류가 지식과 정보의 시대를 누릴 수 있는 기술을 개발한 업적을 높이 평가한 것이다. 유럽 각국으로 인쇄기가 빠르게 확산되어 많은 책들이 나오자, 사람들이 불만을 늘어놓기 시작했다. 16세기 네덜란드의 인문주의자 에라스뮈스는 "벌떼처럼 쏟아지는 새 책들은 학습에 심각한 장애가 될 것"이라고 걱정했다. 17세기 독일의 철학자이자 수학자인 고트프리트 라이프니츠는 "책이 쏟아져 나오는 양이 끔찍할 정도로 늘어나면 결국 야만의 시대로 되돌아가게 될 것"이라고 우려했다. 근대 철학의 문을 연 16세기 프랑스 철학자 데카르트는 "책에 모든 지식이 담겨 있더라도 수많은 쓸모없는 것들과 뒤섞여 있고 엄청나게 많은 책들이 아무렇게나 쌓여 있다면 평생 다 읽지 못할 것"이라고 한탄했다.[2] 근대 백과사전을 편찬해 계몽의 시대를 열어젖힌 프랑스 철학자 드니 디드로는 1755년에 이렇게 말했다. "다음 세대가 성장함에 따라 책은 계속 늘어날 것이다. 우주 전체를 직접 공부하는 것만큼이나 책을 통해 무엇인가를 배우기가 어려워지는 시대가 닥칠 것이다."[3] 당시 지식인들이 새로 나오는 책을 모두 읽어야 한다는 '활자중독증' 강박이 있었음을 보여주는 기록들이다. 마음만 먹으면 세상의 거의 모든 책을 읽을 수 있다는 생각이 가능하던 시대이기도 했다.

디지털 기술이 등장한 이후 정보의 힘과 영향력의 범위는 인쇄술이 발명된 후 지식인들이 우려하던 것과 비교할 수 없을 만큼 커졌다. 정보의 구조와 유통 방식, 영향력과 유효기간이 근본적으로 달라졌기 때문이다. 약 24개월마다 반도체의 집적도가 두 배가 된다는 무어의 법칙에 따라 컴퓨터 칩의 성능이 2년 뒤 두 배, 4년 뒤 네 배, 6년 뒤 여덟 배로 증가한다. 이는 시간이 지날수록 데이터 처리의 양과 속도가 폭발적으로 증가함을 의미한다.

더욱이 인터넷과 사회관계망 서비스(SNS)로 인해 정보 유통과 처리에 네트워크 효과가 결합했다. 네트워크의 가치는 이용자 수의 제곱에 비례해 늘어나기 때문에 연결망 확대에 따라 기하급수적으로 증가한다. 예를 들어 10명이 연결된 네트워크가 100명의 네트워크로 늘어나면 비용은 10배로 증가하지만, 네트워크의 효과, 즉 연결 가능한 노드(연결 지점)의 수는 100개(10×10)에서 1만 개(100×100)로 100배 늘어난다. 정보 네트워크에 연결된 이용자의 수가 늘어나면 노드의 증가로 정보의 유통과 이용이 활발해지고, 이는 새로운 정보 생산과 신속한 업데이트로 직결된다.

정보홍수가
인간 인지에 끼친 영향

　　　　　　　　　디지털과 인터넷 기술은 지식과 정보
의 홍수를 불러왔다. '정보홍수'는 인간의 인지적 본능과 정보의 본
질적 가치에 중대한 변화를 불러일으켰다.

　첫째, '인지 과부하'로 인한 부작용이다. 정보가 넘치는 디지털 세
상은 편리하고 유익한 환경이자 현대의 일상적인 풍경이지만, 사실
개인과 사회는 정보홍수 상황에 익숙하지 않다. 정보홍수는 비교적
최근에 생겨났고, 우리는 새로운 환경에 아직 적응하지 못한 상태
다. 장구한 인류 역사에서 최근 몇십 년을 빼고 정보는 항상 희소한
자원이었다. 정보가 희소한 환경에서 남보다 먼저 정보를 획득하는
것은 생존율을 높이는 중요한 능력이었다. 호수 어느 곳에 물고기
가 많은지, 맹수가 어디에 자주 출몰하는지를 남보다 먼저 아는 능
력은 생존에 매우 중요했고, 인간은 더 많은 정보를 적극적으로 받
아들이는 쪽으로 진화했다. 그 결과 우리는 새로운 정보를 얻을 때
뇌에서 쾌락전달물질인 도파민이 분비되어 쾌감을 느끼도록 만들
어졌다.

　캘리포니아대학 버클리 캠퍼스 연구진의 2019년 논문에 따르면,
새로운 정보를 얻으면 코카인을 흡입할 때와 동일한 신경회로가 활
성화된다고 한다.[4] 둘 다 도파민의 분비를 유발한다. 우리가 천둥소
리에 놀라고 스마트폰 알람에 저절로 눈과 손이 가는 이유는 새로

운 정보를 얻을 때 도파민이 분비되도록 우리 뇌의 신경이 짜여 있기 때문이다. 인류는 정보가 희소한 상황을 살아오면서 더 많은 정보를 추구하는 쪽으로 적응해, 반사적으로 뇌가 새로운 정보에 반응하도록 만들어졌다.

그런데 최근 몇십 년 사이에 정보가 넘쳐나게 된 상황은 인간 본능 측면에서 보면 매우 이례적이다. 사람은 본능에 따라 여전히 새 정보에 민감하게 반응하지만, 문제는 정보가 너무 많다는 것이다. 이를 자각하지 못하고 방치하면 부작용이 생기게 마련이다. 중요하지 않지만 자극적인 정보에 주의력과 시간을 할당하게 되어 지적 능력이 고갈되거나 접촉하는 정보에 의해 생각이 좌우되는 병리적 현상이 나타날 수도 있다.

둘째, 정보홍수는 개별 정보 및 지식의 가치와 쓸모를 지극히 짧고 일시적인 것으로 바꾸고 있다. 하버드대학의 복잡계 물리학자 새뮤얼 아브스만은 '지식의 반감기'라는 개념을 통해, 현대사회에서 지식과 정보의 유효기간이 갈수록 단축되는 현상을 설명한다.[5] '대륙의 숫자', '태양계 행성의 수', '컴퓨터의 평균 작동 속도' 등 우리가 접하는 지식은 대부분 불변의 절대 지식이 아니다. 시간에 따라 변화하는 가변적 지식이다. 가변적 지식은 신선식품처럼 유효기간이 있는데, 디지털 인터넷 환경에서 정보의 폭발적 증가로 인해 유효기간이 점점 짧아지고 있다. 아브스만은 지식의 유효기간 또한 방사능 물질처럼 '반감기'가 계속 짧아지는 속성이 있다고 말한다.

지식 생산과 유통이 폭발적으로 증가하고 이에 따라 지식의 유효기간이 단축되면 인간의 한정된 주의력과 인지 능력이 그 변화를 따라잡는 게 거의 불가능하다. 지식의 유효기간이 점점 단축되는 환경에서 '가변적 지식'을 '지식의 반감기' 개념만으로는 충분히 설명할 수 없다. 마치 '현재 한국의 총 인구'처럼 지식으로 확립되자마자 부정확해져 이내 업데이트 대상이 되어버리는, '유동지식流動知識' 현상이 확산되고 있기 때문이다.

디지털 정보 폭발은 빅데이터 환경으로 이어졌다. 빅데이터는 규모가 방대해 사람이 인지하거나 다룰 수 없고, 기계와 알고리즘에 의한 처리가 불가피하다. 지식의 폭발적 증가와 유효기간 단축은 미래의 변화와 예측 불가능성을 설명하는 핵심 개념이다. 지식의 유효기간이 점점 짧아진다는 것은 방대한 규모의 정보가 생산돼 변화가 빨라지고 광범위해지면서 복잡도가 증가한다는 것을 의미한다. 갈수록 복잡도와 예측 불가능성은 커진다.

모든 정보를 아는 것은
중요하지 않다

개인용 컴퓨터가 본격적으로 보급되던 1990년대 중반까지만 해도 컴퓨터를 사용하려면 DOS 명령어를 익히고 프로그래밍 언어를 배워야 했다. 당시 유행하던 컴퓨터 프로그램 언어인 베이직BASIC을 익히고 DOS(Disk Operating System) 명령어를 배우는 것은 유용한 생계 기술로 여겨졌지만, 이내 DOS 명령어가 필요 없는 윈도우 운영체제가 개발되면서 무가치한 기술과 지식이 되어버렸다. 2000년 즈음 뉴밀레니엄을 앞두고 '정보검색사' 자격증이 인기를 끌었지만, 자연어 검색과 모바일 검색 기술이 발달하면서 이 또한 쓸모없는 자격증으로 전락했다. 대부분의 직무와 전공 영역에서 유사한 형태로 지식과 기술이 금세 낡은 것이 되어버리고 끊임없이 새로운 지식과 기술로 대체되고 있다. 2016년 알파고 충격 이후 인공지능 기술이 보편적 도구가 되는 '제4차 산업혁명' 시대가 올 것이라며 코딩 교육에 대한 목소리가 높았지만, 얼마 지나지 않아 코딩 교육 무용론이 등장했다. 사람의 의사소통 방식을 모방한 인공지능과 거대언어모델Large Language Model이 스스로 코딩을 해주는 깃허브 코파일럿GitHub Copilot 같은 코딩 보조 프로그램 등이 등장하면서 프로그래머의 일자리를 위협하고 있다.

빅데이터와 유동지식 환경에서 정보홍수에 빠지지 않고 적응하는 길은 끊임없이 새로운 지식을 학습하고 쉴 새 없이 신규 정보로 업데이트하는 것이 아니다. 쳇바퀴 속에서는 아무리 빠르게 발을 내딛는다고 해도 한 뼘도 전진할 수 없다. 밖으로 빠져나와 쳇바퀴가 움직이는 구조를 살펴보아야 한다. 아브스만은 "단순히 지식을 습득하는 것보다 더 중요한 일은 변화하는 지식에 어떻게 적응할지를 배우는 것"이라고 말한다. 유발 하라리는 2016년에 한국을 방문했을 때 "현재 학교에서 가르치는 내용의 80~90퍼센트는 학생들이

"10대가 됐을 때 전혀 쓸모없을 확률이 높다"라며 정보가 차고 넘치는 오늘날 학생들에게 가장 가르칠 필요가 없는 것이 '더 많은 정보'라고 말했다.[6]

　미국의 인공지능 연구기관인 오픈AI가 2022년 11월에 공개한 대화형 인공지능 챗GPT는 논문과 보고서 작성, 기사 쓰기, 변호사 자격시험 통과 등 지적인 업무에서 전문가를 넘어서는 결과를 내놓으며 알파고를 능가하는 인공지능 충격을 주었다. 마이크로소프트 공동 창업자인 빌 게이츠는 챗GPT의 잠재력에 대해 1980년대 등장한 그래픽 사용자 환경(GUI)만큼 혁명적인 기술이라고 평가했다. GUI는 컴퓨터 조작 방법을 DOS에서 윈도우 환경으로 바꾼 기술로, 프로그래밍 언어를 몰라도 누구나 컴퓨터를 사용할 수 있게 함으로써 개인용 컴퓨터(PC) 시대를 열었다. 거대언어모델 기반의 대화형 인공지능은 인공지능을 만인의 도구로 만들면서 또 한번의 정보기술 혁명을 가져올 것으로 전망된다.

　셰익스피어와 라이프니츠가 살던 16~17세기와 달리 지식의 생산 속도와 규모가 인간의 인지 능력을 훌쩍 뛰어넘는 디지털 환경에서는 새로운 접근법이 요구된다. 정보는 끝없이 업데이트되고 있으며 이용자는 인터넷과 모바일 기기를 또 하나의 외뇌로 사용하면서 언제든지 방대한 정보에 접근할 수 있는 환경이다. 정보가 늘어날수록 해당 정보 자체보다 정보에 대한 종합적 지식, 즉 정보의 의미와 맥락을 이해하는 것이 중요해진다. 지식과 정보의 변화가 왜 생겨나는지, 왜 점점 더 업데이트 주기가 단축되고, 이로 인해 복잡도와 예측 불가능성이 높아지게 되면 어떤 결과로 이어질지에 대한 고려와 판단이 필요하다. 특정한 지식을 남보다 앞서 습득하고 활용하는 것보다 지식 자체를 파악하는 능력, 즉 메타인지가 훨씬 중요해진다. 메타인지를 통해 디지털 환경에서 지식의 속성과 구조, 그리고 지식에 접근하고 이용하는 방법이 근본적으로 달라지고 있다는 것을 파악해야 한다. 정보가 쉴 새 없이 쏟아지는 디지털 세상에서 진정으로 지혜로운 사람은 모든 것을 아는 사람이 아니다. 넘쳐나는 정보 속에서 자신에게 필요한 정보를 찾아내고 그 정보를 해석해내기 위해서 확장된 도구들을 사용함으로써 상황을 종합적으로 이해하는 사람이다.

2   '실시간' 기술이
불러온 충격

눈부신 속도로 발달하는 정보처리 기술은 시간과 공간의 장벽을 없애고 있다. 지구 반대편의 장소도 공간적 거리를 느끼지 않고 접근할 수 있으며, 오랜 시간이 걸리던 작업도 순식간에 처리할 수 있는 시대다. 기술은 처리 시간 단축을 넘어 아예 기다림과 대기 시간이 필요 없는 실시간 환경을 향해 전진하고 있다. 예전에는 송금, 우편 서비스, 증명서 발급 등을 처리하려면 해당 기관을 직접 방문해 창구 직원을 거쳐야 했다. 하지만 온라인 자동화가 도입된 이후에는 24시간 실시간 처리가 상식이 됐다. 전통사회에선 5일장, 3일장처럼 특정한 날짜와 시간대를 기다려야 했지만, 온라인 세상에서는 기다리거나 대기할 필요가 없다. 며칠씩 걸리던 소포도 택배와 퀵서비스로 신속해지고 당일배송, 새벽배송처럼 기다림을 최소화하는 사업이 성공하고 있다. 아마존닷컴은 주문한 지 30분 안에 상품을 배달해주는, 드론을 이용한 배송 서비스 '프라임 에어'에 뛰어들었다. 종이책에 비해 전자책의 인기가 높아지는 배경에는 구입 즉시 그 자리에서 읽을 수 있다는 '실시간 이용성'도 있다.

최신 이동통신 기술은 5세대(5G)인데, 산업계에서는 미래 통신 규격인 6세대(6G) 기술을 위한 주도권 다툼이 치열하다. LTE(롱텀 이볼루션)로 불리는 4세대 이동통신 기술은 유선통신보다 빠른 속도를 구현해, 고속열차에서도 고화질 동영상 시청이나 게임을 하는 데 지장이 없는 수준이다. 이처럼 LTE 4G 통신도 충분히 빠른데, 최근에는 최고 20배 빠르다는 5G로 대체되고 있다. 5G는 또다시 50배 빠른 6G 통신으로 대체될 예정이다. 사용자들이 거의 불편을 느끼지 않는 수준임에도 불구하고 왜 이동통신 속도는 더 빨라지고 있을까?

미래 기술 구현을 위한 산업적 요구 때문이다. 더 완벽한 실시간 통신을 위해서다. 고화질 영화 파일을 전송할 때는 4G든 5G든 속도 차이를 느끼기 어렵지만, 고용량의 빅데이터를 실시간으로 구현하려면 상당한 차이가 날 수밖에 없다. 대용량 데이터가 오가는 홀로그램 영상이나 가상현실Virtual Reality, 디지털 트윈Digital Twin 등의 미래 IT 기술을 LTE 환경에서 구현하려면 데이터 전송과 응답에 순간적 지연이 발생하는데, 이를 레이턴시latency(지연 시간)라고 부른다. 5G에서는 레이턴시가 100분의 1초(10밀리초) 수준으로 단축돼, 홀로그램 영상 구현은 물론 순간적으로 대용량 데이터를 주고받는 자율주행 차량 서비스를 안정적으로 제공할 수 있다.

미래 자율주행차는 지능형 도로망 시스템과 연계되어 작동하는데, 여기에는 초고속 실시간 통신이 필수다. 현재의 자율주행 시스템은 개별 차량에 설치된 라이다LiDAR 등 카메라와 센서를 통해 속도와 차선, 주변 차량 등 주행 상황을 파악하는 방식이다. 하지만 미래 자율주행 기술은 지능형 도로망 시스템을 통해 차량들의 운행 정보는 물론 교통신호와 교통량, 속도 등을 종합해 도로 위의 차량들을 통합관제하면서 주행하는 형태가 될 것이다. 대용량 정보를 초고속으로 주고받는 실시간 통신 기술을 반드시 확보해야 하는 이유다. 첨단 정보기술에서는 응답 지연 시간을 단축하는 것이 좀 더 매끄럽고 자연스럽게 실시간 서비스를 구현하는 핵심 능력이다.

실시간 기술이
바꾼 일상

디지털 기술 이전과 이후는 시간과 기다림에 대한 개념이 마치 시계의 발명 전후처럼 뚜렷하게 구분된다. 디지털 환경에서는 아무리 짧은 시간이라도 기다림과 대기 시간은 제거해야 할 '중대 결함'이다. '빨리빨리' 문화가 한때 한국 사회의 문제점으로 여겨졌지만 지금은 글로벌 디지털 산업계에서 성공 법칙으로 통한다.

도요타가 세계적인 자동차 회사로 자리 잡게 된 데에도 '시간 관리' 전략이 있다. 1970년대 도입된 도요타의 '적기 생산just in time' 시스템은 재고를 줄이고 비용 절감을 이뤄낸 제조 공정의 혁신 사례로 꼽힌다. 수요와 생산능력, 재고를 최대한 빨리 파악하는 적기 생산 시스템은 정확한 데이터의 피드백과 프로세스를 통해 가능했으며, 이는 비용 절감과 생산성 향상으로 직결됐다.

패션과 의류산업의 새로운 흐름을 만들어낸 자라, 유니클로, H&M 등 패스트패션의 성공 비결도 정보통신 기술의 피드백 시스템을 적극 활용해 시간 지연에 따른 정보 왜곡을 최소화한 것이다. 스페인의 의류업체 자라는 고객이 고른 옷을 계산대에서 결제하는 순간, 해당 제품 정보를 판매 기업, 생산 공장, 유통 창고는 물론 원자재 공급업체 등을 포함한 생산·유통 공정에 관련된 모든 곳에 실시간으로 전달한다. 자라는 실시간 정보 처리 기술을 활용해 고객들의 패션 수요를 생산과 공급 절차에 즉각 반영하고 성공적 판매로 연결시켰다. 소비자 수요에 기민하게 반응해 제품을 신속하게 공급하고 재고를 최소화하는 이 시스템은 다른 업체들로 확산되며 글로벌 패스트패션 산업을 탄생시켰다.

'실시간 정보 유통'은 미디어의 지형도 바꿨다. 1980년 미국에서 세계 최초로 '24시간 뉴스 전문 케이블 TV'를 표방한 CNN이 등장했을 때 모두가 의구심과 불안이 가득한 눈길로 바라보았다. '24시간 뉴스만 내보내는 방송이 미국의 상업방송 환경에서 얼마나 버틸 수 있을까?'라는 의문이었다. 당시 실시간 방송 프로그램은 올림픽

경기나 월드컵 축구, 권투 타이틀 매치 등 인기 높은 국제 스포츠 경기 위주였다. 일반 시사와 관련해서는 자연 재해나 전쟁 등 대형 사건이 터졌을 때만 긴급뉴스로 편성되던 시절이었다. CNN의 성공과 영향력을 확인하는 데는 오랜 시간이 걸리지 않았다. CNN이 성공하자 우리나라에도 뉴스 전문 방송채널(YTN, 연합뉴스TV)들이 생겨났다.

인터넷과 스마트폰의 대중화는 실시간 트렌드 확장세에 기름을 부었다. 유튜브와 소셜미디어 등의 등장으로 글로벌 차원의 경제활동과 문화 향유가 실시간으로 가능해졌다. 초연결 기술 덕분에 지구 반대편의 뉴스와 영상을 누구나 자유롭게 볼 수 있다. BTS, 블랙핑크 등의 K팝이 단기간에 빌보드 순위와 유튜브 조회 수를 갈아치우며 글로벌 히트곡이 된 배경에도 실시간 문화가 있다. 2021년 넷플릭스에서 제작한 9부작 드라마 〈오징어 게임〉이 단기간에 전 세계 수억 명의 시청자를 사로잡으며 1위를 차지한 사례 또한 글로벌 실시간 문화 향유 현상을 반영한다.

인터넷의 특징은 실시간 피드백이다. 공간이나 시간에 구애받지 않고 이용자들의 콘텐츠에 대한 피드백이 실시간으로 일어나고 그 효과가 증폭되는 구조다. 전화, 신문·방송이 지배적인 통신수단과 매스미디어이던 과거와 근본적으로 구별된다. 댓글 문화와 포털사이트의 '실시간 인기 검색어'는 인터넷의 쌍방향성과 실시간 트렌드를 보여주는 사례다. 특히 '실시간 인기 검색어'는 2005년에 다음과 네이버가 도입한 이후 국내 포털의 특성으로 자리 잡은 데 이어 글로벌 서비스로 확산되었다. 이용자들이 현재 가장 많이 입력하는 검색어, 특정 시간 동안 검색어 입력이 급증하는 단어를 통계화해 자동 노출하는 '실시간 인기 검색어'는 인터넷 덕분에 가능해진 서비스다. 많은 사람들이 지금 이 순간 무엇을 알고 싶어 하며, 무엇에 관심이 많은지를 알려준다.

일단 실시간 검색어에 오르면 순식간에 이용자들이 관심을 갖고 클릭을 했다. 이 때문에 '실시간 인기 검색어'는 상품을 판매하려는 기업들과 정치인을 홍보하려는 지지자들은 물론, 가수를 순위 안에 띄우려는 팬클럽들의 마케팅 도구가 됐다. 영향력이 커짐에 따라 이를 조작하려는 어뷰징의 폐해도 나타났다. 공격 대상에 대한 루머를 실시간 검색어로 만들려는 시도나 인기가요 순위 조작 시도가 잇따랐으며, 일부 언론사는 실시간 검색어를 위한 저질 기사를 쏟아냈다. 기사에 실시간 검색어가 포함되면 중요도나 사실관계와 무관하게 조회 수가 많이 나오는 현상을 악용해 낚시성 선정적 기사들을 마구잡이로 만들어냈다.

인간이 현재에
집착하는 이유

부작용이 많아서 결국 폐지되었지만 실시간 인기 검색어는 인터넷이 기본적으로 이용자 피드백 기반의 서비스라는 것을 드러낸다. 인기 검색어는 다른 사람들의 머릿속 생각을 실시간으로 보여주는 거울 역할을 했지만, 실시간 위주의 과도한 현재중심주의가 지니는 부작용도 드러냈다. 현대인은 과거와 비교할 수 없이 순간적인 정보에 지나치게 많은 시간과 에너지를 쏟고 있다는 것이다.

　미국의 미디어 연구자인 더글러스 러시코프는 《현재의 충격》에서 오늘날을 "현재라는 순간을 향해 모든 게 재배열된 상태"라고 규정했다.[7] 디지털 세상에서는 다른 무엇보다 방금 발생한 '찰나적 사건'에 더 집중해야 한다는 강력한 신호가 외부에서 쉴 새 없이 주어진다. TV를 시청할 때도 현재 날씨, 도로교통 정보, 금융시장 등락과 같은 '긴급 속보' 자막이 수시로 지나간다. 스마트폰으로는 미세먼지 경보, 감염병 환자 발생 정보를 비롯해 마감 할인 상품, 이메일 도착과 소셜미디어 댓글 등 방금 발생한 일들이 '알림'의 형태로 깜빡거리며 "즉각 대응하라"고 압박한다. 러시코프는 "이런 방해물들은 단순히 우리 인지 능력을 소진시키는 데 그치지 않는다. 그것들을 말도 안 되는 속도로 따라가야지 그렇지 않으면 현재로부터 이탈된다는 느낌을 우리 안에 심어 넣는다. 데이터 흐름의 변화에 뒤처지지 않기 위해 우리가 취하는 비상한 노력은 결국 그 변화가 보내는 신호의 중요성을 실제보다 훨씬 과대평가하는 결과를 낳게 된다"라고 지적했다.[8]

　현재에 대한 정보가 눈앞에 제공되면 우리 뇌는 굶주린 동물이

먹잇감을 만난 것처럼 무조건 덤벼든다. 기술의 강력함은 점점 더 기다림을 없애고 가능한 한 많은 것을 실시간으로 처리하고 즉시 그 결과를 제공한다. 미래의 불확실한 이익보다 눈앞의 욕구 충족을 선호하는 것이 인간을 포함한 모든 동물의 본성이다. 당장의 쾌락과 고통은 상상할 필요 없이 너무 생생하지만, 멀리 있는 미래의 이익과 손실은 구체적으로 그려지지 않는다. 행동경제학에서는 대부분의 사람이 미래의 고통을 현재의 쾌락보다 덜 중요하게 여기기 때문에 자신의 이익에 반하는 결정을 내리는 경향이 있다고 말한다. 높은 이자의 장기 할부, 월부 판매, 신용카드 결제 등이 '현재 가치 선호 편향'을 활용한 상품들이다.

2017년에 노벨경제학상을 받은 시카고대학의 행동경제학자 리처드 탈러 교수는 저서 《넛지》에서 '사과 실험'을 통해 현재 편향을 소개했다.[9] 그는 실험 참가자들에게 두 가지 제안을 하면서 그중 하나를 선택하라고 했다. "1년 뒤 사과 한 개를 받을 것인가, 아니면 1년이 지난 바로 다음 날 사과 두 개를 받을 것인가?" 참가자 대부분은 "이미 1년을 기다렸으니 사과 두 개를 받기 위해 하루를 더 기다리겠다"고 답했다. 이어서 그는 내용을 조금 바꿔서 다시 물었다. "오늘 사과 한 개를 받을 것인가, 아니면 내일 사과 두 개를 받을 것인가?" 첫 번째 질문에서 "하루 더 기다려 사과 두 개를 받겠다"고 답한 상당수가 두 번째 질문에서는 "사과 한 개를 손해 보더라도 당장 한 개를 받겠다"고 답했다. 하루 더 기다리면 사과 한 개를 더 받을 수 있지만, 당장의 사과 한 개가 내일의 두 개보다 낫다고 생각한 것이다.

인간의 행동에 큰 영향을 미치는 직관은 강한 '현재 편향'을 지니고 있다. MRI 촬영을 통해 사람들이 의사 결정을 내리는 방식을 관찰해보면 합리적 사고와 숙고를 담당하는 대뇌피질이 활성화되지 않고 눈 깜짝할 새 순간적 선택으로 결정한다는 게 밝혀졌다.[10] 교사가 올 때까지 15분을 기다리면 두 개의 마시멜로를 먹을 수 있지만 아이들의 3분의 2 이상은 당장 눈앞의 마시멜로 한 개를 먹는 것을 선택했다는, 월터 미셸 교수의 '마시멜로 실험'도 본능의 현재 편향을 보여주는 사례다.

생존 여부를 비롯해 미래가 불확실한 상황에서는 눈앞에 있는 먹이를 삼키거나 당장의 만족을 추구하는 게 당연한 선택이다. 인간을 제외한 거의 모든 동물은 본능에 따라 그렇게 행동한다. 하지만 사람은 다르다. 어떤 학자들은 사람만이 유일하게 미래를 생각하는 동물이라고 강조하기도 한다. 인간은 미래를 상상할 줄 알기에 불안해하고 그에 대한 대응으로 범주적 사고와 인과적 사고를 통해 이성적이고 추상적인 사고능력을 발달시켜왔다는 주장이다. 하버드대학의 심리학자 대니얼 길버트는 "인간 뇌는 일종의 예측기계로, 이 기계가 하는 가장 중요한 일은 미래를 만들어내는 것"이라고 말했다.[11] 팜컴퓨팅을 설립한 컴퓨터공학자인 제프리 호킨스는 "예측은 두뇌가 하는 많은 일 중의 하나가 아니다. 예측은 신피질의 주

된 기능이며 지능의 기반으로, 대뇌 신피질은 예측 기관이다"라고 말했다.[12]

인간 사고의 현재 선호 편향은 평균 수명이 30세 안팎이던 구석기시대에는 별문제가 되지 않았다. 오히려 합리적 측면이 있었다. 하지만 수명이 100세 가까이 연장되고 있고 물리적인 생존 위협이 줄어드는 대신 정보환경이 급변하는 상황에서 직관의 '현재 편향'에 의존하는 것은 갈수록 심각한 문제가 된다.

3 알고리즘과 필터가 우리의 생각을 지배한다

정보기술의 발달은 정보홍수 사태와 '현재의 충격'으로 불리는 실시간 피드백 현상을 가져왔고 우리는 인지 능력의 한계를 넘어서는 방대한 정보에 상시 노출돼 있다. 이제 넘쳐나는 정보를 우리가 원하는 정보 위주로 선별하는 기술이 필요해졌다. 인쇄술의 발달로 수많은 책이 쏟아지자 원하는 책을 빠르게 훑어보고 찾으려는 요구가 생겨난 것과 마찬가지다. 두루마리 문서나 초기의 책에 없던 페이지 번호, 목차 같은 인덱싱 기술이 생겨난 배경이다. 도서관 수장 도서가 일정 규모를 넘어서자 분류 기호와 서지정보 체계, 열람카드가 생겨나고 주제별·저자별·제목별 색인이 도입돼 도서관 이용 문화가 만들어진 것과 비슷하다.

인터넷이 없던 시절에는 정보와 지식에 접근하기 위해서 중개자와 도우미를 거치는 게 일반적이었다. 학교와 도서관에서는 교사의 가르침과 사서의 도움을 받았고, 일상생활에서는 신문과 방송이 만인의 정보 길잡이 역할을 수행했다. 인터넷 세상에서는 중개자의 역할과 가치가 크게 줄어들거나 아예 사라진 경우도 많다. 누구나 무한한 정보 세상에 직접 접근해 마음껏 활용할 수 있다. 이를 위한 효율적인 도구도 개발됐다.

개인이 광활한 인터넷 세상을 스스로 헤쳐 나갈 수 있도록 개발된 선별 도구가 바로 검색과 필터다. 검색은 이용자가 정보 더미 속에서 필요한 정보를 적극적으로 찾아 나서는 행위이고, 필터는 특정한 속성의 정보만 걸러내는 역할을 한다. 무한한 정보 세상에서 길을 잃지 않고 원하는 정보를 찾아내기 위한 대표적인 수단이다. 저서 《끌리고 쏠리고 들끓다》, 《많아지면 달라진다》를 통해 디지털 소통 문화를 연구해온 클레이 셔키 뉴욕대학 교수는 '정보 과부하'라는 개념과 정의에 동의하지 않는다. 정보 과부하는 '많은' 정보가 부정적이라는 인상을 주는데, 정보 사회에서는 정보가 무한히 늘어날 수밖에 없다. 그는 "중요한 건 정보 과부하가 아니다. 여과의 실패일 뿐"이라고 말한다. 정보를 제대로 걸러내 인간이 인지 가능한 수준으로 변형시키지 못하는 기술의 문제일 뿐, 정보 사회의 기본 속성인 정보의 방대함 자체가 문제가 되지는 않는다는 의미다.

미래학자 앨빈 토플러가 일찍이 예견한 대로 정보 사회는 정보와 지식이 물리적 힘, 화폐의 힘을 능가하는 강력한 힘이자 권력의 원천이 되는 사회다. 하지만 정보 자체가 권력이 되는 것은 아니다. 정보와 지식이 늘어날수록 정보 격차가 커지고, 디지털 접속이 쉬워질수록 데이터의 바다에서 길을 잃고 헤매는 일은 많아진다. 제록스 팰로앨토연구소(PARC) 소장을 지낸 존 실리 브라운은 "정보홍수 속에서는 정보의 맥락이 아주 중요해진다"라고 말했다.[13] 싱크탱크 소피아뱅크의 창립자 다사카 히로시는 "인터넷은 지식사회를 가속화하지만 지식사회에서는 지식을 손쉽게 구할 수 있고 활용할 수 있어 지식의 가치가 하락하는 역설이 생겨난다"라고 말했다.[14] 통섭이론을 주창한 하버드대학의 사회생물학자 에드워드 윌슨은 "우린 넘쳐나는 지식 홍수 속에 살고 있지만 지혜에 굶주려 있다. 앞으로 세계는 적절한 정보를 적시에 사용할 능력을 지닌 사람들이 지배하게 될 것"이라고 말했다.[15] 지식사회에서는 정보를 제대로 선별하는 능력이 정보 사회의 최고 권력이 되는 배경이다.

실제로 무한 정보환경에서 뛰어난 검색 기술과 필터링 도구를 개발한 기업들은 디지털 시대 최고의 권력과 부를 거머쥐며 거대 기술기업으로 성장했다. 구글, 페이스북, 넷플릭스 등이 대표적인 사례다. 구글은 정확도 높은 검색 알고리즘을 개발한 뒤 세계 검색시장을 장악하는 수준을 넘어 광고, 인공지능, 동영상 플랫폼, 자율주행차 등 다양한 영역으로 사업을 확장하며 최고 빅테크기업의 자리에 올랐다. 페이스북이 세계 최대의 소셜미디어 서비스를 구축하고 개인과 사회에 지대한 영향을 행사하는 플랫폼 기업이 된 비결 또한 정교한 필터링 기술을 활용한 이용자별 맞춤화 서비스다. 넷플릭스는 1997년에 우편을 이용한 비디오테이프 및 DVD 대여 서비스로 출발했지만, 온라인 스트리밍을 통한 영상 감상 플랫폼 서비스 기업으로 변신했다. 넷플릭스의 최대 장점은 안정적인 스트리밍 기술과 방대한 콘텐츠라기보다 이용자에게 정교한 맞춤형 콘텐츠를 추천한다는 점이다.

'정보 도우미'가
데려온 불청객

감각 범위와 인지 능력을 넘어서는 방대한 정보는 인간에게 인지 과부하를 초래한다. 이에 대한 기술적 해결책으로 나온 것이 정보를 선별하는 기술이다. 그러나 검색과 필터라는 편리한 선별 도구는 오히려 인지 능력을 후퇴시키는 역효과를 가져올 위험이 있다. 검색과 필터 같은 선별 도구가 해롭거나 사악한 기술이어서가 아니다. 기술은 아무 잘못이 없다. 사람이 정보 사회의 '진화적 불일치' 현상을 의식하지 못한 채 정보 선별 도구에 지나치게 의존하는 성향이 문제다.

검색 도구는 책 읽기, 질문하기, 사전 찾기, 기록하기, 글쓰기, 토론과 같은 인지적 노력을 기울이지 않아도 검색 창에 질의어만 입력하면 상세한 답변을 즉각 제공한다. 필터링 기술을 활용해 맞춤형 뉴스나 소셜미디어 등에서 관심사와 주제어를 설정하면 원하는 대로 걸러진 정보들을 만나게 된다. 선별 도구 없이 무한 정보 세상을 항해하는 것은 거의 불가능하기 때문에 우리는 점점 더 기술에 의존하게 된다. 뛰어난 검색과 필터링 기술은 성공을 보증하는 만큼 정보기술 업체들의 경쟁은 치열해지고, 강력하고 매혹적인 선별 기술이 개발된다. 우리에게는 더욱더 방대한 정보와 더욱더 강력하고 편리한 선별 도구가 함께 주어진다. 자연히 정보와 선별 도구에 의존하게 되어 도구 없이는 일상생활이 불가능해진다. 인터넷을 검색하지 않고 물건을 사거나 보고서를 작성할 때의 난처함을 떠올려보라.

정보 선별 도구의 사용법은 점점 편리해지고 있다. 인터넷 초기엔 뉴스그룹, 고퍼, 텔넷 등 접근경로 자체가 어려웠지만 월드와이드웹이 개발된 이후 누구나 인터넷을 사용할 수 있게 됐다. 2000년 무렵 정보사냥대회가 열릴 정도로 정보 검색에는 기술이 요구됐지만, 모바일에서는 자연어 음성 검색이 대세다. 구글과 같은 검색 업체들은 검색어를 입력하기 전에 이용자의 관심사, 위치, 상황에 맞춰 필요한 정보를 사전에 파악해 적시에 제공해주는 '검색 없는 검색' 서비스를 목표로 하고 있다. 소셜미디어에서 광고나 콘텐츠 추천에 이미 적용되고 있는 맞춤형 기술이다.

정보 검색과 필터링 기술은 사람이 일일이 선택하거나 조작하는 절차 없이 이용자의 사용 기록과 성향을 반영해 맞춤형 콘텐츠를 자동으로 제공하는 알고리즘에 의해 작동한다. 알고리즘은 편리하고 효율적이지만 작동 구조가 드러나지 않는 '보이지 않는 기술'이다. 우리는 점점 더 편리하고 강력한 알고리즘에 의존하게 되고 알고리즘의 추천에 따라 판단과 결정을 하게 된다. 사람은 믿음직하고 효율적인 기술과 시스템에 더욱 의존하게 되고 시스템이 복잡해짐에 따라 저절로 작동하도록 내버려두게 된다.

구글, 유튜브, 넷플릭스, 인스타그램, 페이스북 등에서 추천되는 콘텐츠는 바로 이러한 맞춤형 알고리즘의 결과다. 예를 들어 유튜브에서는 선택한 콘텐츠의 재생이 끝나면 관련 영상이 추천돼 자동 재생된다. 이용자의 관심사를 기반으로 추천되므로 웬만해서는 시청을 거부하기 어렵다. 이용자의 취향에 기반한 정교한 맞춤형 추천은 점점 더 이용시간이 늘어나도록 만든다. 통계에 따르면, 유튜브는 스마트폰에서 가장 오랜 시간 사용하는 앱으로, 우리나라 국민은 평균 하루 1시간을 유튜브 시청에 할애하고 있다.[16] 그런데 사실관계나 정확성, 균형 있는 지식 등은 유튜브 알고리즘의 고려 사항이 아니다. 음모론이나 허위정보 콘텐츠를 시청해도 계속 비슷한 영상이 추천된다. 가짜뉴스와 허위정보의 폐해가 갈수록 심각해질 수밖에 없다. 정보 선별 알고리즘의 개발 의도와 작동 구조를 모른 채 사용하는 것은 위험하다.

정보홍수에서 벗어나기 위해 사람들은 필터링과 알고리즘을 찾게 되지만, 많은 경우 예상하지 못한 결과를 만나게 된다. 이용자가 정보 필터링 도구의 의도와 구조를 모른 채 의존하기 때문이다. 필터링과 알고리즘으로 가장 이득을 보는 세력은 해당 기술의 개발자, 운영자, 어뷰징 세력이다.

유튜브, 페이스북, 인스타그램을 비롯한 정보기술 기업들이 알고리즘을 통해 추구하는 것은 무엇일까? 이용시간 연장을 통한 기업이윤의 극대화다. 뉴욕대학교 스턴경영대학원의 스콧 갤러웨이 교수는 "현재 거대 IT 기업 입장에서는 클릭과 중독을 유발하는 알고리즘을 만드는 것 이외의 일을 할 동기가 없다"라고 말했다.[17] 무한 정보 세상에서 알고리즘이라는 도구 없이는 항해가 불가능하지만 알고리즘은 이용자를 위한 나침반이 아니다. 알고리즘의 지향점은 기본적으로 기업의 이윤 극대화이고, 이는 정보화 세상에서 많은 문제를 일으키는 근본적인 원인이다.

알고리즘은 우리의
주의력을 먹고 자란다

더 심각한 문제는 인터넷과 알고리즘에 지나치게 의존하는 생활방식이 우리의 뇌 구조와 생각하는 방식까지 바꾸고 있다는 점이다. 캘리포니아대학 로스앤젤레스 캠퍼스UCLA의 심리학자 퍼트리샤 그린필드는 "모든 매체엔 장단점이 있다. 어느 매체나 특정 인지적 기술을 발전시키는 과정에서 다른 것을 희생시킨다"라며 "인터넷은 인상적인 시각적 지능을 발달시키는 대신 심층처리 기능을 약화시킨다"라는 연구 결과를 2009년 〈사이언스〉에 발표했다.[18] 실험 결과에 따르면, 인터넷이 희생시키는 심층처리 기능은 '주의 깊은 지식 습득, 귀납적 분석, 비판적 사고, 상상력과 반추' 능력이다.

미국의 정보기술 비평가 니컬러스 카는 2010년 세계적 베스트셀러가 된《생각하지 않는 사람들》에서 다음과 같이 경고했다. "인터넷이 우리의 사고방식을 얄팍하고 가볍게 만들며 우리의 뇌 구조를 변형시키고 있다." 그는 다양한 연구 결과를 근거로, 인터넷 검색 기술과 멀티태스킹 등의 정보기술이 인간의 본질적 특성인 깊이 있는 사고를 하지 못하도록 방해하고 우리 뇌가 선정적인 것들에 주의를 집중하게 한다는 주장을 펼쳐 세계적 주목을 받았다.[19]

알고리즘 산업이 획득하고자 하는 것은 우리의 깨어 있는 시간, 즉 주의력이다. 정보는 이용자의 주의력을 소비하는데, 정보는 기하급수적으로 증가하지만 이용자의 주의력과 할당 시간은 그대로다. 결국 정보가 늘어날수록 할당 가능한 이용자의 주의력은 줄어들게 된다. 정보 사회에서 이용자의 관심과 주의력은 가장 가치가 있는 '희소자원'이다. 인지심리학자 허버트 사이먼은 일찍이 1970년대에 '주의력 산업'의 출현을 예고했다.[20] 사이먼은 "정보가 소비하는 것이 무엇인지는 명백하다. 바로 정보 수용자의 주의력이다. 따라서 정보가 풍부해질수록 주의력은 결핍된다"라고 말했다.

세계적 플랫폼 기업들은 노골적으로 이용자의 수면 시간을 빼앗기 위해 노력하고 있다고 공언한다. 넷플릭스의 창업주 리드 헤이스팅스는 "넷플릭스는 이용자의 시간을 놓고 경쟁하기 때문에 스냅챗, 유튜브, 수면 등이 최고의 경쟁 상대"라고 말했다.[21] 이러한 기업의 욕망은 이용자의 주의력을 붙잡기 위한 설계로 구현됐다. 특히 인터넷 서비스 상당수는 공짜로 콘텐츠를 제공해 이용자의 주의를 끌고 이를 광고주에게 판매하는 구조다. 그들은 이용자의 관심을 끄는 맞춤형 콘텐츠, 자극적인 내용과 더불어 이용시간 연장을 유도하는 '설득형 기술'을 설계한다. 러시코프는 "디지털 관심경제에서 산다는 것은 자동화된 각종 조작에 끊임없이 공격을 받는다는 의미"라며 "설득형 기술들은 대부분 이용자가 모르는 상태로 동의받지 않은 채로 이뤄진다"라고 말했다.[22]

행동경제학과 심리학을 연구하고 구글에서 디자인 윤리학자로 일해온 트리스탄 해리스는 이용자들의 주의력을 붙잡기 위한 인터넷 서비스의 비윤리적 디자인을 지적해왔다. 그는 구글을 떠나 2018년에 비영리단체 '인도적 기술 센터Center for Humane Technology'를 설립했다. 해리스는 뉴스피드·이메일 등의 서비스가 카지노 슬롯머신과 비슷하게 디자인됐다고 주장한다.[23] 새로운 메일이나 콘텐츠를 확인하기 위해 조작 버튼 없이 화면을 아래로 밀어서 갱신하는 기능과 무한 스크롤 기능은 슬롯머신의 레버를 당겼다 놓으면서 당첨 여부를 확인하는 동작을 모방한 것이라고 했다.

나뭇잎이 떨어지고 나면 겨울이 오듯 우리는 자연에서 직관적인 정지신호가 명확하게 주어지는 활동을 통해 세계에 대한 감각과 인지를 발달시켜왔다. 오늘날 플랫폼 기업들이 이용자에게 들이미는 설득형 기술들은 세계에 대한 인간의 감각과 인지에 혼란을 가져오도록 만든다. 스콧 갤러웨이도 무한 스크롤의 인터넷 서비스가 중단 없는 이용을 요구하는 카지노 설계를 닮았다고 말한다. 갤러웨이는 "페이스북, 인스타그램, 넷플릭스 같은 플랫폼은 정지신호를 없애버렸다. 사람들이 계속해서 다음 도박 테이블로 이동할 수 있도록 실내에 모서리진 부분을 만들지 않고 전체를 하나의 연속적인 공간으로 꾸며놓은 카지노와 비슷하다"라고 지적했다.[24] 현재 존재하는 가장 정교한 소프트웨어는 이용자가 사이트를 떠나지 못하게 하는 방법을 알아내는 임무를 띠고 있으며[25], 세상에서 가장 똑똑한 사람들은 우리의 주의력을 최대한 빼앗으려는 의도로 스마트폰과 앱들을 설계하고 있다는 전문가들의 증언과 고발이 잇따르고 있다.[26]

우리는 여기에 어떻게 대응해야 하나? 교묘한 속임수 장치와 기만적 설계로 이용자들의 주의력과 시간을 노리는 마케팅인 '다크 패턴dark pattern'과 같은 설득형 기술을 감시하고 규제하는 사회적 차원의 노력과 함께 이용자들의 적극적인 시도도 필수적이다.[27] 기술 기업이 이용자의 주의력을 빼앗아가는 디지털 세상에서 나의 주의력을 되찾기 위한 실질적 동기는 그렇게 하지 않을 때 발생하는 손해를 따져보는 것이다. 이용자로서 나의 목표와 이익은 대개 주의력 사업가의 목표와 상충된다는 게 전문가들의 지적이다.[28]

4 가상과 실재가 뒤섞인 세계에서 혼란에 빠지지 않으려면

디지털과 인공지능은 인류가 수만 년 동안 환경에 적응하며 형성해온 인지적 환경에 일찍이 없던 새로운 차원의 세계를 제시하고 있다. 가상과 실재가 뒤섞여서 현실과 구분되지 않는 세상이다.

인터넷과 디지털 기술은 사이버 세상을 만들어내 현실의 문턱과 마찰을 없앴고, 우리의 일상생활과 인간관계는 점점 더 온라인과 사이버 공간에 의존하고 있다. 기술은 현실을 완벽하게 모방한 가상현실(VR)과 현실에 없는 것까지 덧입혀 보여주는 증강현실(AR)을 구현하고 있다. 진짜와 식별 불가능한 가짜를 손쉽게 만들어내는 딥페이크 기술은 가짜뉴스의 도구가 되어, 현실과 가상의 경계를 더 흐리게 만들고 있다.

딥러닝 이후 인공지능은 인간 지능을 뛰어넘는 특이점을 향해 달려가고 있다. 신비에 싸여 있던 인간 뇌 현상을 전기화학적 신호로 파악해 해독하는 작업도 진행되고 있다. 뇌 영상정보를 해석해 꿈의 내용을 시각적 이미지로 표현해내며 뇌에 전자칩을 심어 뇌와 컴퓨터를 연결하려는 브레인-컴퓨터 인터페이스(BCI) 연구는 신체 마비 환자의 몸을 움직이게 하는 초기 단계에 도달했다. 일론 머스크가 설립한 생명공학 기업 뉴럴링크는 뇌에 컴퓨터칩을 삽입하는 연구를 진행 중이다. 뉴럴링크는 돼지, 원숭이의 뇌에 컴퓨터칩을 삽입하는 동물실험에서 괄목할 만한 성과를 내고 있다. 생물학적 두뇌와 컴퓨터가 연결되는 상황은 뇌의 모든 작용을 컴퓨터와 네트워크에 올려놓는 '브레인 업로딩'의 미래를 상상하게 만든다.

코로나19 비대면 시대를 거치면서 시뮬레이션된 세계는 '메타버스'라는 미래 키워드로 새롭게 조명되고 있다. 메타버스와 가상현실 기술이 그리는 가상세계는 현실의 제약이 사라진 무한한 가능성의 공간으로, 적극적인 구현 대상이다. 페이스북의 CEO 마크 저커버그는 2021년 10월에 "미래는 메타버스에 있다"라며 가상현실에서 스스로 아바타로 변신한 모습을 선보이며, 페이스북의 법인명을 아예 '메타'로 변경했다.

2003년에 등장한 린든랩의 '세컨드 라이프'는 본격적으로 메타버스를 지향한 앞선 서비스였다. 사이버상에서 3차원 가상현실을 제공해, 개인이나 기업이 영토를 구입하거나 건물을 짓고 아바타를 이용해 각종 게임이나 판매, 홍보를 할 수 있게 한 서비스였지만 성공하지 못했다. 스마트폰과 소셜미디어가 아바타 기반 시뮬레이

선에 대한 관심을 대체했기 때문이다. 메타버스는 인공지능 및 블록체인을 만나 다시금 정보기술의 미래로 주목받고 있다. 엔비디아 창업자 젠슨 황은 2021년 "메타버스에서 설계·디자인하는 제품이 유니버스(현실세계)의 제품보다 많아지는 시대가 올 것"이라고 말했다.[29] 모든 게 연결되고 디지털화함에 따라 점점 더 가상이 현실을 대체할 것이라는 기대다. 인공지능과 가상화 기술의 발달, 비대면의 일상화, MZ 세대의 콘텐츠 이용 습관, 증가하는 글로벌 유동성 등은 이러한 전망을 뒷받침한다.

프랑스 철학자 장 보드리야르는 이미지가 실재를 대체하는 현실을 '시뮬라크르Simulacre' 개념을 통해 설명했다.[30] 실제로는 존재하지 않지만 존재하는 것처럼, 때로는 더 실재처럼 인식되는 대체물이 시뮬라크르다. 보드리야르의 시뮬라크르 개념은 디지털, 모바일, 인공지능 기술을 통해 현실이 되고 있다.

가상이 곧 현실로 여겨지는 세상이다. 영화 〈매트릭스〉에서처럼 현실과 가상의 경계가 기술로 인해 문자 그대로 '사라지는' 경험이다. "가상은 더 이상 허구와 왜곡이 아닌, 또 하나의 생존 방식과 현실이 되고 있다"는 주장도 있다.[31] 소셜미디어는 실재가 아닌 가상세계다. 하지만 페이스북, 인스타그램 같은 소셜미디어에서 이용자들은 현실과 다른 가상세계의 삶을 살아간다. '세컨드 라이프'라는 이름처럼 소셜미디어는 두 번째 삶을 지향한다. 매끄럽게 리터칭되고 필터링된 이미지들을 인스타그램에서 볼 수 있듯, 디지털 세대의 이미지에 대한 익숙함과 관심, 가공 도구는 리터칭되고 필터링된 현실을 더욱 보편화하고 있다.

가짜뉴스 또한 소수의 사악한 집단이 의도적으로 만들어낸 병리적 현상으로만 볼 것이 아니라, 가상과 현실이 뒤섞인 사회의 불가피한 환경으로 보아야 한다. 인터넷과 무한정보 환경은 만인에게 보편적 진리와 공통된 인식을 제공하는 게 아니라 오히려 그 반대인 반지성주의와 극단적 상대주의로 이끌고 있다. 무한한 정보가 제공되는 환경에서는 아무리 황당한 신념이나 개념도 나름의 근거와 추종 집단을 만날 수 있다.

디지털 환경에서
더 소중해진 메타인지

뉴욕대학의 사회심리학자 조너선 하이트는 "사실이 우리의 가치와 충돌할 경우 거의 모든 사람들이 자신의 가치를 고수할 수 있고, 반대 증거를 무시할 수 있는 방법들을 찾아낼 수 있다"라고 말한다.[32] 우리는 다른 생각과 지식을 가진 사람들과 대화하고 소통하면서 다양한 견해를 접하고 진실에 다가갈 수 있다. 토론과 소통에 기반한 민주주의가 가장 효율적인 정치적·경제적 체제로 기능하는 배경이다. 그런데 인터넷 환경에서 사람은 자기 생각과 반대되거나 충돌하는 견해 및 지식으로부터 자신을 방어하기가 더 쉬워졌다. 미국의 철학자 리 매킨타이어는 "오늘날 사람들에겐 상호작용을 자신이 원하는 대로 선택할 수 있는 특권이 주어져 있다. 어떤 정치적 신념을 갖고도 뉴스 사일로 속을 살아갈 수 있다"라고 말한다.[33] 정보기술은 필터링과 추천을 통해 이용자가 좋아할 만한 정보를 제공하는 환경을 만들고 있으며, 소셜미디어에서 개인은 친구 맺기와 삭제, '좋아요'를 통해 정보를 거르고 편집한다. 이러한 정보기술의 알고리즘과 플랫폼, 그리고 이용자들의 선택 편향은 모두에게 자신만의 편안하고 만족스러운 가상세계 안에서 살아갈 수 있게 해준다.

디지털 기술은 인류가 일찍이 상상하지 못한 방식으로 편리하고 풍부하게 정보를 제공해준다. 이용자의 취향과 필요에 맞는 정보들을 거의 무제한으로, 실시간으로, 쉬지 않고 보내준다. 이제 빅테크 기업들이 경쟁적으로 서비스하는 거대한 플랫폼과 인공지능 알고리즘의 세상에서 빠져나오는 것은 거의 불가능해졌다. 디지털 기술을 기반으로 생겨난 거대언어모델과 인공지능 알고리즘은 진짜와 가짜를 구별할 수 없는 가상의 세계이기도 하다.

인간 인지의 핵심인 메타인지는 기계가 만들어내는 무한정보와 가상이 뒤섞인 디지털 세상에서 무엇보다 중요한 능력이 되고 있다. 과거에는 내가 이용하는 정보가 사실인지 아닌지, 기계에 의해 자동으로 만들어진 가상인지 아닌지, 어떠한 필터와 알고리즘을 거쳐 내게 전달되었는지를 고민할 필요가 없었다. 가상현실과 허위정보가 많지도 않았고, 현실과 구분되지 않는 경우는 매우 드물었기 때문이다. 디지털 사회에서 편리함과 풍부함에 가려져 있는 인지적 함정에 빠지지 않으려면 메타인지 능력이 필수적으로 요구된다.

6장

중요한 것은 왜 눈에
보이지 않을까

메타인지와 비가시적 세계

THE POWER OF
METACOGNITION

시각에 지나치게 의존하는 인지적 태도는 소설에서 글자만 읽고
작가의 의도나 복선을 읽어내지 못하는 것과 비슷하다. 인간 행동
과 사회의 작동 원리를 이루는 비가시적 영역을 인지하는 능력은
개인과 조직의 성패와 존망을 좌우하는 핵심 능력이다.

1 보이는 세계,
   보이지 않는 세계

2015년 초 전 세계 소셜미디어에서 난데없는 드레스 색깔 논쟁이 벌어졌다. 동일한 드레스 사진이 어떤 사람들에겐 흰색-금색으로, 다른 사람들에겐 파란색-검은색의 조합으로 보인 탓이다. 소셜미디어의 드레스 사진 게시물에는 다른 색깔로 인식한 사람들에게 놀라면서 서로 비난하는 댓글들로 가득했다.

인터넷 미디어 〈버즈피드〉는 드레스 사진을 제시하고 이용자 설문을 진행했다.[1] 그중 67퍼센트(250만 명)는 흰색-금색으로, 나머지 33퍼센트(120만 명)는 파란색-검은색으로 보인다고 답했다. 물리학자들과 시지각 연구 뇌과학자, 안과의사 등 다양한 전문가가 등장해 동일한 사진이 왜 다르게 보이는지를 설명했다. 포토샵 프로그램을 개발한 어도비는 디지털 사진의 특성에 대해 해설했고, 온라인 쇼핑몰에서는 논란이 된 드레스의 실물을 확인하기 위한 구매

전 세계 소셜미디어를 떠들썩하게 했던 드레스 색깔 논쟁은 인간 인식에서 사실 여부는 그다지 중요하지 않다는 것을 환기해 인지 능력의 구조적 취약성을 깨닫게 해주었다.

열풍이 일었다. 원인은 빛이 부족한 상태에서 촬영된 저해상도 사진에 대해 뇌가 자동으로 채워넣기를 하는 과정에서 생겨난 현상이다. 평소 인공조명 아래에서 얼마나 오래 생활하느냐에 따라 사람마다 뇌의 색상 보정 성향이 다르게 나타난 결과였다. 이러한 과학적 설명이 제시됐으며, 드레스 실물을 확인했더니 실제 색상이 파란색-검은색이라는 증언도 나왔다.[2]

답변이 제시된 후에도 드레스 색깔 논쟁은 좀처럼 수그러들지 않았다. 이용자들은 과학적 설명과 답변을 믿지 못하겠다는 반응을 보였다. 아무리 객관적인 자료와 과학적 설명을 내놓아도 자기 눈으로 똑똑히 보았다고 주장하는 사람들에게는 별 효과가 없었다. 그런데 여기서 중요한 것은 드레스의 실제 색상과 시지각 처리 메커니즘에 관한 정보만이 아니다. 사람들이 자신의 눈으로 본 것을 지나치게 신뢰한다는 사실이다. 백 번 듣는 게 한 번 보는 것만 못하고百聞不如一見, 보는 게 곧 믿는 것Seeing is believing이라는 오랜 통념을 다시 한번 확인한 셈이다. 드레스 색깔 논쟁은 인간 인식에서 사실 여부는 그다지 중요하지 않다는 것을 확인시켜줌으로써 인지 능력의 구조적 취약성을 일깨워주었다.

인체 감각에서 시각이 차지하는 비중은 절대적이다. 관련 연구에 따르면, 인체의 감각 정보에서 시각의 비중은 78퍼센트로 압도적으로 높다. 뇌는 언어, 사고, 기억, 판단, 대사와 운동 등 매우 다양한 기능을 수행하는 종합 정보처리 기관인데, 뇌 전체 조직의 3분의 1 이상이 시각 정보 처리에 할당된 것으로 추정된다.

인간의 시각은 1만 7000여 가지 색상을 감지하고 입체적 상을 구성하는 등 고도로 발달한 1차적 정보 수용 도구이지만, 완벽하지는 않다. 인간의 시각은 다양한 착시 현상을 일으키기도 하고 우리 눈에는 맹점이 존재한다. 우리가 무엇을 본다는 것은 눈의 망막에 물체의 상이 맺히는 현상이다. 그런데 망막에는 시신경 다발이 망막 일부를 뚫고 뇌와 연결되는 부분이 있는데 이 부분엔 상이 맺히지 못해 사물을 볼 수 없다. 이를 시각적 맹점이라고 한다.

그런데 우리는 시야의 블랙홀과 같은 맹점의 존재를 전혀 지각하지 못한다. 뇌에서 자동적으로 맹점 주변의 상을 이용해 맹점에 해당하는 영역에 이미지를 채워 넣는, 일종의 보정 작업을 하기 때문이다. 시각은 수동적으로 정보와 이미지를 고스란히 수용하는 게 아니라 상황에 따라 적극적으로 이미지를 만들어내거나 지우기도 한다. 3장의 보이지 않는 고릴라 실험에서 확인한 것처럼 인간은 뭔가에 집중하면 평소에 명확하게 볼 수 있는 것도 알아채지 못하는 '부주의 맹시inattentional blindness' 현상을 경험하게 된다.

눈에 보이는 대로 외부 세계를 받아들이는 태도는 착시 현상이나 부주의 맹시 등을 빼고는 대부분 실제와 부합하므로 기본적으로 유용한 지각 방법이자 신뢰도 높은 인식 틀이다. 하지만 불완전한 시각 정보를 지나치게 신뢰하는 태도는 드레스 색깔 논쟁처럼 인식에 중대한 문제를 불러일으킨다. 그중 하나는 눈에 보이는 게 틀림없다는 생각에 빠져 오류 가능성을 부정하는 태도다. 그보다 더 중요한 문제는 눈에 보이지 않는 것의 존재와 가치를 제대로 알아보지 못하는 현상이다.

일찍이 경험주의 철학자 프랜시스 베이컨도 직접적 감각에만 의존하고 보이지 않는 것을 고려하지 못하는 게 무엇보다 심각한 문제라고 지적했다. "인간 이해의 가장 큰 방해 요인은 여러 사물 가운데 감각을 직접적으로 자극하는 것을 중시한다는 점이다. 아무리 중요한 요인이라도 그것을 감각을 통해 경험하지 않으면 경시하게 마련이다. 따라서 무엇인가를 깊이 생각하는 행위는 보는 것에 국한되고, 보이지 않는 것에는 거의 주의를 기울이지 못한다."[3]

고대엔 왜
'파란 하늘'이 없었을까

시각 정보를 지나치게 신뢰하고 의존하면 시각과 인지의 오류와 한계를 인정하기 어렵다. 자신의 지각과 정보에 대해 의심을 품는다는 것은 더욱 어려운 일이다. 그런데 시각 정보를 절대적으로 신뢰하는 사람은 사기꾼이 가장 속이기 쉬운 대상이기도 하다. 일단 제공된 시각 자료를 본 사람은 누군가의 말과 논리에 현혹당한 게 아니라 자신이 직접 보고 판단한 것이라고 여기기 때문이다. 시각 자료를 보고 나서 그 사람의 말을 완전히 믿어버리는 프로세스는 속는 사람의 내부에서 자발적으로 일어나는 과정이다. 각종 음모론을 퍼뜨리고 위조지폐와 가짜뉴스를 만드는 세력은 공통적으로 이미지 조작 능력이 뛰어나고, 시각적 정보에 쉽게 속아 넘어가는 인간의 인지적 취약성을 지능적으로 악용하는 부류다.

지구가 둥글다는 사실과 지구가 태양 주위를 돈다는 사실이 사회적으로 인정받기까지 그토록 오랜 세월이 걸린 것도 우리의 시각적 경험에 반하기 때문이었다. 우리가 발을 딛고 있는 지표면은 평평해 보인다. 우리는 날마다 해가 동쪽에서 떠서 서쪽으로 지는 것을 본다. 우리는 눈에 보이는 것을 사실로 받아들이지만, 우리의 시각적 인지는 취약한 부분이 많다. 우리는 무지개 색깔이 '빨주노초파남보'라고 알고 있지만 사실 무지개 색깔은 문화권마다 달리 인식되고 언어 표현도 다르다. 우리나라를 포함한 동양 문화권에서는 오색무지개로 표현한다. 흑, 백, 적, 청, 황의 오방색을 색의 기본으로 여기기 때문이다. 이슬람권에서는 무지개가 빨강·노랑·초록·파랑 네 가지 색깔로 표현되고, 아프리카에서는 부족에 따라 두세 가지, 많게는 서른 가지 색을 지닌다. 언어와 문화권에 따라 동일한 대상을 다르게 보는 현상은 드문 일이 아니다.

서양 최초의 문학작품으로 불리는 기원전 8세기 호메로스의 대서사시 《일리아스》와 《오디세이아》에는 이해하기 어려운 표현이 반복적으로 등장한다. '짙은 포도주 빛깔의 바다'와 '포도주 색깔의 소'라는 문구다. 이를 이상하게 여긴 사람은 19세기 영국의 정치인 윌리엄 글래드스턴이었다. 호메로스를 탐독했던 그는 환한 대낮에 등장하는 '포도주색 바다'가 무엇을 지칭하는지 궁금해 그의 작품에 나오는 색채 어휘를 모두 조사했다. 그런데 파란색이라는 단어가 아예 등장하지 않는다는 사실을 발견했다. 하늘이 푸르다는 표현이 전혀 없었고, 바다는 짙은 포도주색으로 묘사됐다. 글래드스턴은 1858년에 발표한 논문에서 고대 그리스인은 세상을 흑백으로 인식했고 색깔을 지칭하는 언어도 매우 제한적이었을 것이라고 추정했다.[4] 그는 '포도주 빛깔 바다'는 검붉은색이 아니라 짙음의 정도를 묘사한 것이라고 결론지었다.

글래드스턴이 논문을 발표한 지 9년 뒤인 1867년에 독일 철학자이자 문헌학자인 라자루스 가이거는 이슬람 경전 《쿠란》, 고대 히브리어《성서》, 인도의 경전《베다》, 고대 중국 우화와 아이슬란드의 전설을 연구하면서 흥미로운 사실을 발견했다. 고대 경전들에서도 자연의 아름다움을 칭송하는 문장에 하늘이 파랗다는 표현이 없다는 점이다. 가이거는 언어가 달라도 색채언어의 등장 순서는 동일하다는 점을 고대 문헌 연구를 통해 밝혀냈다. 각 언어에는 처음부터 다양한 색채언어가 존재했던 것이 아니라 시간이 지나면서 색깔을 지칭하는 단어들이 차츰 늘어났다. 여러 언어의 진화 과정을 살펴보면, 맨 처음 생겨난 색채언어는 흑과 백이었다. 모든 것을 밝음과 어둠으로 구분하는, 명암을 나타내는 표현이다. 흑백의 구분에 이어 등장한 색깔은 빨강이다. 생명체에서 가장 중요하게 여겨진 피의 빛깔이다. 이어서 노란색, 초록색, 파란색의 순서로 등장하고 나중에 보라색이 생겨나는 과정을 거치며 색채언어는 풍부해진다.[5]

다양한 언어 문화권에서 공통되게 나타나는 색채언어의 단계별 진화는 시각이 사물의 실제 모습을 파악하는 데 취약하다는 것을 보여준다. 특정한 색채를 표현하는 이름이 없으면 눈으로는 그 색채를 보아도 언어로 표현할 수 없다. 하지만 사람들은 이를 자각하지 못한다. 자신이 눈으로 직접 본 것이면 맹목적일 정도로 신뢰하고 집착한다.

우리는 고대 사람들은 푸른 하늘을 본 적이 없다고 생각해야 할까, 아니면 인간 시각이 지닌 제약과 오류 가능성, 언어라는 개념 틀이 갖고 있는 한계를 인정해야 할까. 가장 밝은 눈은 수십 킬로미터 거리의 작은 물체까지 식별해낸다는 유목민의 뛰어난 시력이 아니라 시각의 한계를 알고 취약성을 인정하는 겸손한 눈이다.

보이지 않지만
존재하는 것들

시각에 의존하는 본능적인 인지 습관이 위험한 이유는, 눈에 보이는 것이 세상의 전부라고 생각할 수 있기 때문이다. 눈에 보이지 않는 세계의 존재나 가치를 제대로 알아보지 못하고 인정하지 않는 태도는 인지적으로 매우 위험하다. 더욱이 복잡도가 높아지는 현대사회와 디지털 기술 환경에서는 보이지 않는 힘과 그 영향이 갈수록 커지고 있다.

프랑스 작가 생텍쥐페리는《어린 왕자》에서 사막여우의 입을 빌려 "중요한 것은 눈에 보이지 않아"라고 알려준다.[6] 눈에 보이지 않는 세계는 끝없이 광활하고 심오한 세계다. 우리는 다른 사람은 물론 자신의 마음도 눈으로 볼 수 없다. 미래에 대한 비전, 신뢰와 불신, 열정, 분노, 숨은 의도도 눈으로는 볼 수 없다. 이는 뇌에서 일어나는 비가시적인 감정과 생각의 일부다. 보이지 않지만 사람과 조직을 움직이는 강력한 힘이자 변화를 만들어내는 요인들이다.

시각에 지나치게 의존하는 인지적 태도는 소설에서 글자만 읽고 작가의 의도나 복선을 읽어내지 못하는 것과 비슷하다. 글을 읽을 줄 알아도 계약서나 제품 사용설명서를 제대로 이해하지 못하는 사람은 실제로는 문맹이나 다름없다. 인간 행동과 사회의 작동 원리를 이루는 비가시적 영역을 인지하는 능력은 개인과 조직의 성패와 존망을 좌우하는 핵심 능력이다.

문명과 과학기술 발달의 역사는 인류가 보이지 않는 것들을 지각하고 다루는 능력을 발달시켜온 과정이기도 하다. 근대 과학의 역사가 대표적이다. 갈릴레이가 목성의 위성 네 개와 태양의 흑점을 발견하고 지동설을 발표하게 된 것은 그 이전까지 신과 신비의 영역이자 비가시적 대상이던 천체와 우주 공간을 가시적 대상으로 바꿔낸 덕분이다. 갈릴레이는 1609년에 네덜란드 안경사들이 개발한 3배율의 망원경을 개량해 30배율의 천체 망원경을 발명하고 나서 그때까지 아무도 보지 못했던 공간을 들여다보았다. 이로써 비가시적 공간이던 우주 공간과 행성들을 관찰할 수 있는 시대가 열렸다. '세균학의 아버지'로 불리는 독일의 생리학자 로베르트 코흐는 19세기 말 탄저병과 콜레라를 일으키는 세균을 명확히 규명하고 결핵균을 발견했다. 현미경으로도 볼 수 없던 세균의 미시세계를 보게 되면서 인류는 공포스러운 질병에 대한 대처 방안을 찾아내기 시작했다.

노벨상의 역사에서도 유난히 빛나는 업적들은 비가시성의 영역을 볼 수 있게 만든 연구와 발견들이다. 1901년 최초의 노벨물리학상은 빌헬름 콘라트 뢴트겐의 엑스선 발견에, 1903년 물리학상은

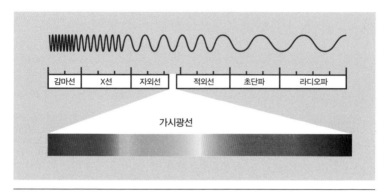

전자기파 스펙트럼 도표는 우리가 볼 수 있는 세상이 극히 일부에 지나지 않는다는 사실을, 우리가 보이지 않는 영역에 얼마나 무지한지를 일깨운다.

강한 방사능 물질인 라듐을 발견한 마리 퀴리에게, 2017년 물리학상은 아인슈타인이 100년 전에 예측한 중력파를 검출해낸 킵 손 등 세 명의 물리학자에게 주어졌다. 마이클 패러데이가 전자기장의 세계를 밝혀내고 제임스 클러크 맥스웰이 빛이 전자기파라는 것을 발견한 덕분에 인류는 전자통신 기술의 시대를 누릴 수 있게 됐다. 이뿐 아니라 아인슈타인의 상대성이론, 보어와 하이젠베르크의 양자역학, 멘델의 유전학, 다윈의 진화론, 왓슨과 크릭의 DNA 이중나선 구조 등 위대한 과학적 업적은 보이지 않는 세계의 질서와 구조를 밝혀낸 성과라는 점에서 공통된다. 가장 위대한 사상가들은 시각의 한계를 뛰어넘은 사람들로, 다른 사람들에겐 보이지 않는 것을 본 사람들이다.[7] 뉴턴에게는 보이지 않는 중력이, 코페르니쿠스와 갈릴레이에겐 지구가 태양 둘레를 도는 보이지 않는 움직임이 바로 그것이다.

1666년에 뉴턴이 프리즘을 통해 가시광선이 무지개와 같은 일곱 가지 색채의 스펙트럼으로 구성되어 있다는 것을 발견하고, 19세기 말 맥스웰이 전기 현상과 자기 현상을 통합하는 전자기 이론을 정립하면서 빛은 전자기파의 일부임이 밝혀졌다. 이후 라디오파, 엑스선, 감마선 등 전자기파에서 다양한 파장을 발견하면서 우리는 비로소 인간 시각의 한계와 그에 의존하는 세계의 한계도 깨닫게 됐다. 전자기파 스펙트럼 도표는 사람이 만지고 보고 들을 수 있는 영역이 실제 세상의 100만분의 1에도 미치지 못한다는 과학적 사실을 알려준다. 인간이 의존하는 시각은 착각과 오류를 불러일으킬 뿐 아니라, 인간의 시각이 아무리 뛰어나다고 해도 우리가 보고 지각할 수 있는 세계는 극히 일부에 지나지 않는다. 과학은 우리에게 보이지 않는 세계가 얼마나 광대한지를, 보이지 않는 영역에 대해 우리가 얼마나 무지한지를 일깨운다.

기술 발달은 아예 비가시성을 지향한다. 도구와 기계가 단순하던 과거에는 그 작동 구조와 원리가 눈에 보였지만 복잡해질수록 점점 보이지 않게 되고 시야에서 아예 사라져버린다. 초기의 컴퓨터는 복잡한 명령어를 입력해야 했지만 이제는 터치 조작과 음성 명령으로 움직인다. "충분히 발달한 기술은 마법과 구분할 수 없게 된다"라고 과학소설 작가 아서 클라크가 말한 것처럼 기술이 고도로 발달하면 일상생활 속에 자연스럽게 녹아들어 그 작동 방식과 존재가

사라져버린다.[8]

　인공지능의 첨단 분야인 딥러닝 기술은 보이지 않는 수준을 넘어 어떻게 학습과 연산이 처리되는지 그 원리와 작동 구조가 베일 속에 감춰져 있다. 개발자는 물론이고 누구도 그 내부를 알 수 없기 때문에 '블랙박스 기술'로 불린다. 알고리즘의 영향력이 커지는 디지털 환경에서 기술은 점점 강력해지고 복잡해지지만 사용은 더 편리해진다. 복잡한 기술의 작동 구조가 밖으로 드러나지 않는 형태로 개발되기 때문이다. 하지만 작동 방식이 눈에 보이지 않는다고 해서 마술은 물론 아니다. 사실 유명한 마술사의 쇼에서도 마술은 없다. 관객이 눈치채지 못한 것이고 착시의 원리를 이해하지 못했을 뿐이다.

　과학기술과 탐구의 영역에서만 비가시적 세계를 발견하고 인식하는 게 중요한 것은 아니다. 실재하는 것을 제대로 보는 것이 인간의 생존과 세계 인식에 핵심이지만 그것만으로는 충분하지 않다. 보이지 않는 세계의 존재를 인정하고 그에 대한 감각과 인지 능력을 발달시키는 게 중요하다. 보이는 것은 모두에게 노출된 셈이기 때문에 개인의 능력을 차별화하거나 핵심적 능력으로 개발하는 데도 별 도움이 되지 못한다.

2   인간을 탁월한 존재로
     만든 능력

사람은 시각에 절대적으로 의존하는 본능을 갖고 태어나지만 동시에 비가시적 세계를 지각하는 능력을 개발한 덕분에 존엄한 존재가 되고 문명을 이룰 수 있었다. 사실 우리는 아주 어릴 때부터 보이지 않는 세계에 대한 인지 능력을 발달시켜왔다.

발달심리학에서는 아이들은 다섯 살 즈음부터 다른 사람의 마음을 읽을 수 있게 된다고 본다. 네 살 미만의 아이는 다른 사람의 마음이 어떠한지 생각할 수 없기 때문에 타인의 관점에서 세상을 이해하거나 자신을 바라보지 못한다.[9] 다른 사람에게 그만의 생각과 마음이 있다는 것을 알아차리는 이 능력을 심리학에서는 '마음이론theory of mind'이라고 부른다.

샐리-앤 테스트Sally-Anne test는 마음이론의 작동을 설명하는 '틀린 믿음 실험false belief test'의 대표적인 사례다. 이 실험은 샐리와 앤이 한

샐리-앤 테스트는 다른 사람의 마음 상태를 짐작할 능력이 있는지 알아보는 실험이다. 보이지 않는 세계에 공감하는 능력은 인류 발전의 중요한 요인이다.
(출처: 위키피디아)

방에서 놀고 있는 상황에서 시작된다. 샐리가 갖고 놀던 공을 자신의 바구니에 넣는다. 조금 있다가 샐리가 방을 나간다. 샐리가 방을 나가자 앤은 바구니에서 공을 꺼내어 자신의 네모난 상자 속으로 옮겨 넣는다. 얼마 지나지 않아 샐리가 다시 방으로 돌아온다. '방으로 돌아온 샐리는 공을 찾기 위해 바구니와 상자 중 어디를 열어볼까?'라는 게 질문이다. 이 질문에 네 살 미만의 아이들은 대부분 샐리가 공이 들어 있는 앤의 상자를 열어볼 것이라고 대답하지만, 다섯 살이 넘은 아이들은 샐리가 자신이 공을 넣은 바구니를 열어볼 것이라고 대답한다. 이 실험은 실제 공이 있는 곳이 아니라 다른 사람의 마음 상태를 짐작하는 능력이 있는지를 알아보기 위한 것이다. 이 때문에 이 테스트는 자폐증 진단에도 쓰인다.

　마음이론은 사람이 어려서부터 타인의 마음을 이해하는 능력을 지녔다는 것을 알려준다. 생명체 중에 상대의 마음을 읽고 공감 능력을 발휘하는 종은 인간뿐이다. 공감 능력 덕분에 인간은 사회적 존재가 될 수 있었다. 미국의 인류학자 세라 허디는 "공감 능력과 마음 읽기의 특별한 결합이 없었다면 우리는 결코 인간으로 진화하지 못했을 것이다"라고 단언했다.[10]

　인간이 지구 생태계에서 가장 강력한 존재가 된 것도 소통과 공감을 통해 정교한 협력과 목표 추구적 행위를 할 수 있는 사회적 존재이기 때문이다. 모든 동물 중에서 유일하게 인간만이 오감으로 지각할 수 없는 것을 탐구한다. 다른 동물들은 생래적 감각 영역을 벗어난 것은 궁금해하거나 탐구할 수 없고, 그래서 영원히 알지 못한다.

　사실 인간은 타인의 마음 상태만이 아니라 많은 영역에서 보이지 않는 것을 생각하고 추구하는 존재다. 보거나 만질 수 없는 연인의 마음을 얻기 위해서 가슴앓이를 하고, 주변의 인정과 평가를 기대하며 정성과 노력을 쏟는다. 먼 훗날의 꿈과 행복을 위해 현실의 갖은 어려움을 감내하며, 종교적 믿음과 정의를 향한 신념을 목숨보다 중요하게 여기는 사람도 있다. 많은 사람들이 추구하는 부와 권력도 따지고 보면 그 자체로 명확한 형태를 지닌 고정된 물체가 아니라는 점에서 비가시적 측면이 있다. 달리 말하면, 인간을 움직이는 가장 강력한 힘과 동기는 보이지 않는 것들이다.

호모 사피엔스의 힘
'허구를 믿는 능력'

유발 하라리는 이처럼 보이지 않는 것을 추구하며 가치를 두는 인간의 특징에 대해 아예 '인간은 허구를 믿는 존재'라고 규정한다. 그는 허구, 즉 보이지 않는 것을 만들어내고 믿는 성향이 인간 능력의 핵심이라고 보았다. 그는 "호모 사피엔스 특유의 힘은 허구를 만들고 믿는 데서 나온다"라며 "호모 사피엔스가 이 행성을 정복한 것은 무엇보다 허구를 만들고 퍼뜨리는 독특한 능력 덕분이었다"라고 주장한다.[11] 인간이 수렵·채집 시기에 맹수나 매머드와 같은 대형동물을 함정으로 몰아가며 사냥할 수 있었던 것은 정교한 협력과 소통 능력 덕분이었다.

많은 사람들이 소통과 협력을 통해 대규모 사냥에 성공하기 위해서는 보이지 않는 것을 보거나 믿어야 했다. 고대 사람들은 사냥할 때 맹수가 도망칠 방향과 반응을 미리 예측하고 예상 경로에 창을 든 사람들을 배치하거나 함정을 파두는 방식으로 집단 사냥을 했다. 이를 위해서 개인들은 미래 상황을 예측하고 소통하며 각자 역할을 분담했고, 무엇보다 사냥에 성공하면 살코기 한두 덩이를 나눠 먹을 수 있을 것이라는 약속을 믿어야 했다. 이 모든 것은 비가시적인 것들이지만 구석기인들은 눈에 보이지 않는 것을 믿고 사냥에 나섰다. 다른 동물들에게선 찾아볼 수 없는 능력이다.

보이지 않는 것을 믿는 능력은 거대한 집단이 공통의 신화를 통해서 결속하고 사회와 국가를 이룰 수 있는 수준까지 끌어올리는 정교한 협력의 에너지로 작용했다. 허구를 만들어내고 믿는 인간의 특성은 각 부족과 국가의 집단 신화를 넘어서 언어와 문화권, 민족과 인종을 뛰어넘는 보편 종교를 탄생시켰다. 이념과 사상, 왕정과 민주주의, 사회주의 등 정치체제의 출현 역시 보이지 않는 것을 상상하고 추구하는 인간 활동의 결과물이다.

보이지 않는 것을 상상하는 단계를 넘어 존재하지 않는 세계를 표상하고 믿거나 그것을 행동의 목표로 삼을 수 있는 것은 인간만이 지닌 능력이다. 인간의 최대 강점이기도 하다. 이 능력을 발달시킨 덕분에 인간은 생각하는 존재가 되어 스스로의 운명을 개척하고 문명을 만들어낼 수 있었다.

선사시대부터 인류는 경험과 학습을 거쳐 사물을 분류하는 법을 배웠다. 5만 년 전부터 인류는 세상을 먹을 수 있는 것과 먹을 수 없는 것으로 나누고 포식자와 사냥감, 산 것과 죽은 것 등 생존과 관련된 것들을 두 종류로 구분하는 훈련을 해왔다.[12] 이러한 단순한 이분법은 생존을 위해 발달한 능력이었지만 이후 더욱 정교해지면서 다양한 범주화 능력으로 발달했다. 속성을 기반으로 범주를 설정해 사물을 분류하면 모든 것을 직접 경험하지 않고도 대상을 빠르게 인지하고 정보를 효율적으로 처리할 수 있다. 사물을 속성에 따라 분류하고 범주화하는 추상화 작업은 인간만이 할 수 있는 사고 작용이다. 언어가 생겨나면서 더욱 다양한 개념이 만들어지고 범주화는 한층 고도화했으며 논리와 사상, 종교의 출현으로 이어졌다. 인간을 호모 사피엔스, 즉 '생각하는 존재'라고 정의하는 것은 사람이 보이지 않는 것을 상상할 줄 아는 존재라는 의미다.

허구를 믿는 인간에게
펼쳐진 갈래길

시각에 의존하는 인간의 인지적 속성이 빛과 그늘을 지닌 것처럼, 보이지 않는 것을 상상하는 사고능력도 양면성이 있다. 인간은 보이지 않는 것을 만들어내고 그것에 대해 생각하는 능력 덕분에 보이는 세계의 한계에 속박되지 않는 존엄한 존재가 될 수 있었고 과학과 문명을 일굴 수 있었다. 긍정적 효과는 헤아릴 수 없을 정도로 많다.

하지만 동시에 보이지 않는 것을 상상하고 믿는 인간 고유의 속성은 우리를 어리석음과 거짓, 망상과 허구의 세계로 안내하고 거대한 착각에 빠지게 하는 요인이기도 하다. 사기꾼이 속삭이는 허황한 기대에 속게 하고, 전 재산을 갖다 바치는 종말론 종교 신자를 만들고, 가짜뉴스를 믿고 시위를 선동하는 정치집단의 일원으로 만드는 것도 그 뿌리에는 보이지 않는 세계를 상상하고 믿는 인간 고유의 성향이 있다.

시각에 대한 집착과 의존으로 인해 생기는 오류와 착시는 그 결과 또한 가시적이라는 점에서 발견과 진단이 어렵지 않다. 위조지폐, 조작된 서류와 이미지로 한탕을 노리는 사기꾼은 항상 존재했고, 드레스 색깔처럼 수많은 사람을 현혹시키는 이미지도 널려 있다. 이러한 가시적 현상에 대해서는 결론과 대처 방안도 어렵지 않다. 그래서 다수의 검증을 통과하고 오랜 세월을 살아남는 시각적 오류와 착시는 드물다. 마술사와 도박판 사기꾼의 현란한 손놀림도 고속촬영 카메라가 등장한 뒤에는 속임수라는 것이 쉽게 들통 나고 만다.

하지만 보이지 않는 세계를 상상하고 믿는 인간 사고의 오류 여부와 영향력을 파악하는 일은 거의 불가능에 가까운 과제다. 우리가 눈으로 보는 것의 정확도는 망원경이나 현미경 같은 과학적 도구를 활용하거나 전문가의 도움을 받으면 어렵지 않게 파악할 수 있다. 그러나 각자의 머릿속에서 무엇을 사실로 받아들여 확신하고 판단과 행동의 준거로 삼는지 파악하는 것은 아무리 과학이 발달했다고 해도 여전히 미지의 영역으로 남아 있다. 우리는 다른 사람의 뇌에서 일어나는 현상을 볼 수 없고, 당사자도 자신의 뇌를 들여다볼 수 없기 때문이다. 만약 인간 사고가 어떻게 작동하는지를 볼 수 있다면 심리학과 정신분석은 더 이상 존재할 필요가 없을 것이다. 인간의 사고가 작동하는 방식을 설명하는 이론을 제시한 대니얼 카너먼이 2002년에 노벨경제학상을 받은 사실은 인간 사고방식에 대해 우리가 얼마나 무지한지를 알려주는 사례이기도 하다.

《어린 왕자》의 사막여우가 말한 것처럼, 중요한 것은 눈에 보이지 않지만 사람의 생각과 행동을 좌우하는 힘이다. 우리를 특별한 감정에 빠뜨리고 욕망에 이끌려 무모한 행동을 하게 만드는 강력한 힘이지만 눈에는 보이지 않는다. 마치 중력과 같다.

우리 몸을 비롯한 지구상의 모든 물체는 중력의 영향을 받는다. 중력은 한 방울의 빗물과 눈송이에도 깃들어 있다. 모든 사물에 영향을 미치고, 지구상에서 한순간도 그로부터 자유로울 수 없는 거대한 힘이다. 하지만 뉴턴의 발견 이전에는 그 존재를 알지 못했다. 사과를 비롯해 모든 물체를 땅에 떨어뜨리는 가시적이고 강력한 힘이지만, 누구도 그 힘의 정체가 무엇이고 어떻게 작동하는지를 이해하지 못했다. 눈에 보이지 않고, 우리가 태어나기 이전부터 존재해온 현상인 탓이다. 뉴턴의 발견 이후에도 우리는 여전히 중력의 영향권에서 한 뼘도 벗어나지 못한 상태다.

하지만 인류는 중력의 존재와 작동 구조를 알게 되면서 중력을 활용하는 법과 벗어나는 방법도 손에 넣게 되었다. 중력에 대한 과학적 이해는 지구 중력장을 벗어날 수 있는 로켓과 우주선을 개발하고 달과 화성 표면을 탐사할 수 있는 능력도 제공했다. 1977년 미국항공우주국이 발사한 우주탐사선 보이저 1호와 2호는 거대 행성들의 중력을 이용해 가속하는 스윙바이swing by 운항법의 도움으로 태양계 너머를 탐사하는 성간interstella 우주여행을 지금도 계속하고 있다. 보이지 않는 중력의 신비를 벗겨낸 뉴턴의 발견은 과학기술이 중력을 극복하고 활용할 수 있게 한 출발점이다.

인간의 뇌에서 진행되는 사고가 어떤 힘의 영향을 받는지를 파악하는 것은 물리적 세계에서 중력을 파악하는 것과 유사하다. 보이지 않는 힘이지만 인간에게 가장 강력한 도구이자 쓸모가 많은 지혜다. 인간의 머릿속이라는 가장 비가시적이고 신비로운 영역에 대해 눈을 뜨게 하고 예민하게 만드는 도구가 바로 메타인지다.

3   보이지 않는 것을 보는 눈, 메타인지

보이지 않는 세계를 지각하고 들여다보는 능력은 어떻게 지닐 수 있을까. 인간 지각은 시각에 과도하게 의존하지만 동시에 보이지 않는 것에도 주의를 기울인다는 점에서 일면 모순적이다. 다섯 살이면 타인의 마음을 읽을 줄 알게 되는 인간은 보이지 않는 세계의 존재와 그 힘에 대해 관심을 기울이고 지각을 발달시켜왔다. 인류는 고대부터 대규모 자연 재난과 생로병사 현상을 신비의 영역으로 여기며 신화와 종교, 관습과 집단의식 같은 다양한 설명 체계를 만들어왔다. 현대에도 보이지 않는 세계에 대한 불안과 궁금증은 줄어들지 않고 있다. 과학기술과 빅데이터의 시대이지만 사주와 관상, 무속과 점성술은 사라지지 않고 있으며 기복신앙과 내세를 약속하는 종교의 위세도 여전하다.

하지만 이러한 방법으로는 보이지 않는 세계를 이해하거나 제대로 접근할 수 없다. 우리는 여전히 고대인들처럼 보이지 않는 세계를 신비의 영역으로 간주하고 비과학적인 수단에 의존하고 위임하는 태도를 견지한다. 보이지 않는 세계를 두려움과 불안의 대상으로 접근하는 한 우리는 그 세계에 대한 과학적 인식을 지닐 수 없다.

보이지 않는 세계를 보기 위해서 갈릴레이, 뉴턴, 다윈, 아인슈타인과 같은 과학자가 되어야 하는 것은 아니지만 누구에게나 과학적 태도는 필요하다. 우리는 몸이 아프면 병원에 가고 자동차가 고장나면 정비소를 찾아간다. 환자와 운전자의 눈에는 보이지 않지만 실력 있는 의사와 정비사는 무엇이 잘못되었는지를 알아본다. 전문가들의 공통점은 자신의 분야에 대해 보통 사람들이 보지 못하는 것을 볼 수 있는 능력을 갖추었다는 것이다.

배우지 않고서 저절로 알게 되는 방법은 없다. 기본적인 지식과 기술에 능통함 없이는 미세한 차이를 식별할 수 있는 전문성의 영역에 이르지 못한다. 그렇지만 전문가라고 해서 실수를 절대 저지르지 않는 사람이 아니다. 보통 사람보다 실수할 가능성이 적을 뿐이다. 어떤 문제가 불거졌을 때 전문가는 무턱대고 해결할 수 있다고 말하지 않는다. 대신 무엇이 가능하고 어느 경우엔 불가능하다는 것을 정확하게 말해줄 수 있는 사람이 진정한 전문가다.

최고의 전문가는 해당 분야에서 가장 기술이 뛰어나거나 탁월한 능력을 갖춘 사람이라기보다, 현재 자신의 분야에서 지식의 한계가 어디까지인지를 알고 있는 사람이다. 그들은 대개 남들보다 많은 경험과 실수를 통해서 그러한 깨달음에 도달했다. 물리학자 닐스 보어는 "전문가는 아주 좁은 범위에서 일어날 법한 실수란 실수는 모두 경험해본 사람"이라고 정의했다. 하이젠베르크 또한 "전문가는 자신이 다루는 주제에서 발생할 수 있는 최악의 실수들과 그 실수를 피하는 법에 대해 웬만큼 알고 있는 사람이다"라고 말했다.[13]

한계를 안다는 것은 불가능에 직면하고 해결책이 없다는 것을 깨닫는 것이지만, 동시에 이는 부단한 시도를 통해 해당 분야의 최전선까지 도달했다는 것을 의미한다. 가능한 모든 실수를 경험한 사람이 무엇이 가능하고 무엇이 불가능한지를 가장 정확하게 아는 전문가다.

2014년 노벨물리학상은 LED 청색광을 상업화하는 데 성공한 아카사키 이사무, 아마노 히로시, 나카무라 슈지에게 돌아갔다. 이들은 이론적으론 가능해도 20세기 안에는 실용화가 불가능하다고 여겨졌던 청색 LED 개발에 성공하며 오늘날 LED 조명 시대를 연 공로자들이다. 노벨물리학상을 받으면서, 이들의 지난했던 개발 과정도 알려졌다. 그들은 무려 30년 동안 실패를 거듭한 끝에 마침내 청색 LED 개발에 성공했다.

1960년대 미국 벨연구소의 천문학자 아노 펜지어스와 로버트 윌슨도 거듭된 실수를 통해 우주 마이크로파를 발견하고 1978년에 노벨물리학상을 받았다. 펜지어스와 윌슨은 전파망원경을 관측하면서 잡히는 잡음 때문에 골머리를 앓았다. 잡음을 없애기 위해 거대한 전파망원경을 모두 분해했다가 재조립하고 부품을 교체하고 안테나의 비둘기 똥까지 닦아내는 등 온갖 시도를 했지만 어떻게 해도 잡음이 사라지지 않았다. 두 사람은 사라지지 않는 잡음이 태초의 빅뱅 당시 분출된 우주 배경 복사라는 것을 밝혀내며 빅뱅 이론을 입증한 공로로 노벨상을 수상했다.

보이지 않는 것을
보이게 하려는 노력

보이지 않는 것이 개인과 사회를 움직이는 거대한 힘이기는 하지만, 그래도 사람은 눈에 보이는 것의 영향에서 좀처럼 벗어날 수 없다. 하지만 보이지 않는 것의 중요성을 아는 사람들은 비가시적인 것들을 가시화하고 형태를 부여하는 여러 가지 시도를 해왔다. 새김글과 상징적 조형물, 교육과 종교 의식, 제사와 각종 의례 등은 보이지 않는 것을 가시화한 일상의 사례들이다.

중국 고대 은나라의 탕왕은 '일신우일신日新又日新'을 대야에 새기고 매일 몸을 씻으며 날마다 새로워질 것을 다짐했다고 한다. 수천 년이 지난 오늘날에도 우리는 수많은 구호와 새김글들에 둘러싸여 있다. 행인의 왕래가 많은 곳에 세운 '바르게 살자' 같은 돌과 각종 기념비는 망각을 피하기 위한 장치인 동시에 보이지 않는 것을 가시적 형태로 만들어내고자 하는 시도다. 대부분의 의례와 사회적

절차는 비가시적인 것을 지각한 뒤에 의미와 가치를 부여해 가시적 형태나 의례로 만들어낸 것들이다. 보이지 않는 마음을 보여주기 위해 반지를 끼고 선물을 주고받으며 사람들을 모아놓고 결혼식을 치른다.

그중에서도 제의와 종교는 비가시적인 것을 가시화해서 가치와 의미를 부여하고 복잡한 의식 절차를 통해 현재에 되살려내는 대표적인 일상의 의례다. 법당과 성당, 불상과 성모상 등 종교 건축물과 조형물은 비가시적인 종교의 메시지와 세계를 사람들이 눈으로 보고 느낄 수 있도록 만든 거대하고 정교한 상징체계다. 종교 경전과 예배의식도 비가시적인 메시지를 책과 의례라는 형태로 가시화한 결과물이다.

정치, 경제, 종교, 사상 등 각 분야의 이름난 지도자는 비가시적인 것을 가시적인 것으로 연결하는 데 탁월한 능력을 지닌 사람들이다. 인기 있는 정치인이나 종교인들은 비가시적인 개념과 가치를 비유와 예화를 통해 쉽게 설명한다. 눈에 보이게 만들어야 사람들의 마음을 움직일 수 있다는 것을 알기 때문이다.

광고와 마케팅은 현대 소비생활과 산업을 이끄는 동력이라는 점에서 자본주의의 꽃으로 불린다. 소비자의 욕망을 자극해 지갑을 열게 한다는 점에서 사람의 허구 의존 능력을 상업화하는 기술이다. 성공적인 광고 전략은 상품의 비가시적인 차별성과 특성을 시각적 형태로 표현해 소비자가 보고 느낄 수 있도록 하는 데 초점을 맞춘다.

치약, 샴푸, 세제 등의 광고에서 보여주는 풍성한 거품은 실제 세정 기능과는 관계가 없다. 하지만 우리는 희고 풍성한 거품을 보면서 깨끗해진다는 느낌을 갖는다. 미국 시장을 석권한 펩소던트 치약의 성공은 광고 전문가 클로드 홉킨스(1866~1932)가 치약 사용의 효과를 최대한 가시화한 전략 덕분이다. 홉킨스는 펩소던트 치약으로 이를 닦으면 치태가 제거되고 이가 하얘진다고 광고하면서 혀로 치태를 느끼게 하는 방법을 적극 홍보했다. 또 치약에 첨가물을 사용해 양치질을 한 후 입안에서 산뜻하고 얼얼한 느낌을 경험하도록 했다. 치약의 효과를 시각적으로 보여준 덕분에 펩소던트는 세계에서 가장 많이 팔리는 치약이 되었다. 펩소던트가 나오기 전에는 미국인의 7퍼센트만 치약을 썼는데 이 광고가 나가고 10년이 지난 뒤엔 사용률이 65퍼센트로 증가했다.[16] 홉킨스가 광고 전략으로 내세운 두 가지 원칙 '단순하지만 확실한 신호 제시', '분명한 보상 제시'는 이후 광고업계에서 불변의 법칙으로 자리 잡았다. 사람들은 직접 눈으로 볼 때 행동으로 옮길 가능성이 크다.

암스테르담 스키폴 공항 남자 화장실 소변기에 파리 모양 스티커를 붙였더니 '화장실을 깨끗이 사용하라'는 문구를 붙였을 때보다 소변이 밖으로 튀는 것을 80퍼센트나 줄일 수 있었다고 한다. 이 이야기는 자연스럽게 사람들의 행동 변화를 이끌어내는 '넛지'의 대표적인 사례로 알려져 있다.[15] 요란한 구호와 지시 없이 팔꿈치로 슬쩍 건드리듯 넌지시 행동 변화를 이끌어낸다는 의미의 넛지 전략은 다르게 표현하면 비가시적인 것을 가시적인 형태로 만들어 사람들이 직접 그 효과를 보고 느낄 수 있도록 하는 것이다.

기업의 제품 판매와 마케팅 영역만이 아니라 개인의 일상에서도 보이지 않는 영역을 가시화하면 큰 개선 효과를 경험할 수 있다. 우리는 일상 습관이 너무 익숙한 나머지 대체로 의식하지 못한다. 듀크대학 연구진은 사람들이 매일 하는 행동의 40퍼센트가 의사결정을 통해서가 아니라 습관적으로 이루어진다는 연구 결과를 발표했다.[16] 《습관의 힘》을 쓴 찰스 두히그는 습관이 사실상 우리의 행동을 지배한다는 사실을 발견하고서는 처방을 제시했다. 그가 제시한 개선 방법의 핵심은 무의식적인 습관을 스스로 의식하고 볼 수 있도록 하는 것이다.

우리의 지각과 인식이 눈에 보이는 것에 의존하고 욕망과 의지 또한 가시적인 것에 자극받는다는 사실을 알게 되면서 사람들은 많은 것을 가시화하는 작업을 해왔다. 보이지 않는 것 또는 애초 형태가 없는 무형의 것에 구체적인 형태를 입히는 일이다. 규모의 방대함과 무질서, 혼돈과 무지로 인해 사실상 볼 수 없는 영역을 탐구함으로써 질서를 부여하거나 작동 원리를 제시하는 방식이다.

예를 들어 사람의 미래 업무 능력처럼 정형화하기 어려운 영역도 성적표와 졸업장, 자격증, 면접시험이라는 형태로 가시화되어 채용 절차에서 평가 잣대로 활용된다. 현대 사회과학과 통계 기술은 다양한 수량화 방법과 측정 기술을 개발해냈다. 기관별 신뢰도, 소비자 만족도, 브랜드 가치, 기업 이미지, 국민 행복지수 등 각종 지표가 만들어져 숫자로 표기된다.

근대 의학 발달의 역사에도 '시각화'가 중요한 역할을 했다. 19세기 중반 크림전쟁에서 부상당한 군인들의 사망률을 획기적으로 떨어뜨려 영국의 국민영웅이 된 플로렌스 나이팅게일의 위대한 업적도 '시각화'가 주요한 부분을 차지한다. 간호장교 나이팅게일은 야전병원으로 후송되어오는 상당수 군인이 제대로 치료를 받지 못하고 사망하는 현실을 목격했다. 그런데 전투로 인한 희생보다 비위생적인 치료 시설에서 감염으로 인한 사망이 압도적으로 많았다. 나이팅게일은 전문가에게 통계학을 배워 사상자 숫자를 통계화해 원인별로 시각화했다. 전쟁이 끝난 1858년, 나이팅게일은 '로즈 다이어그램'을 발표했다. 크림전쟁 기간에 발생한 부상자와 사망자 수, 사망 원인, 질병 종류 등의 통계를 장미꽃 형태의 다이어그램으로 표현한 것이다. 복잡한 숫자와 사망 원인별 통계를 일반인들이 이해하기 어려울 것이라고 판단했기 때문이다. 나이팅게일은 당시 빅토리아 여왕이 숫자를 싫어한다는 것을 잘 알고 있었고, 그래서 형형색색의 그래프와 그림을 이용해 의료시설의 위생 문제를 여왕에게 명확히 이해시킬 수 있었다. 나이팅게일의 과학적 간호 방법이 근대 의료체계를 혁신시킨 배경에는 통계를 통한 시각화 전략이 있었다.

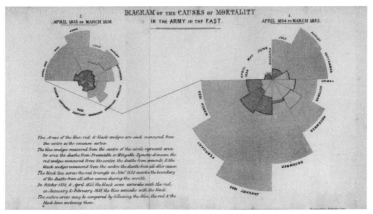

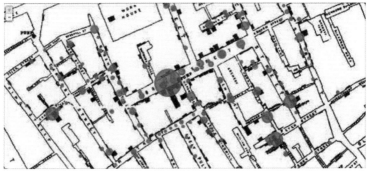

크림전쟁 기간 발생한 부상자 수, 사망자 수, 사망 원인 등의 통계를 장미꽃 형태로 시각화한 나이팅게일의 '로즈 다이어그램'(위)과, 런던 브로드가의 콜레라 발병 지도(아래). 보이지 않는 문제를 시각화하면 해결 방안을 찾는 데 도움이 된다.

1854년에 런던은 콜레라 공포에 휩싸였다. 8월 28일 런던 브로드가에서 아기 한 명이 콜레라로 숨진 것을 시작으로 며칠 뒤부터 콜레라 환자가 쏟아졌다. 9월까지 무려 616명의 목숨을 앗아간 콜레라 대유행의 시작이었다. 당시 콜레라는 치사율이 50퍼센트에 이르렀지만 치료법이 없는 괴질이었다. 의학계는 나쁜 공기나 악취가 전염병의 원인일 것이라고 여겼다. 마취과 의사인 존 스노는 콜레라 환자들을 일일이 찾아 발병 전 활동과 거주지를 조사해 지도에 표시했다. 지도 위에 환자 발생 지역을 점들로 표시했더니 환자들이 브로드가의 공용 식수펌프 주변에 몰려 있다는 사실이 드러났다. 당시엔 상수도 시설과 하수도 시설이 제대로 분리되지 않아, 식수가 오염되는 일이 잦았다. 스노는 콜레라가 식수 오염으로 인한 수인성 전염병이라는 사실을 밝혀내며, 공중보건학과 역학의 새 장을 열었다. 보지 못하던 것을 시각화하면 문제를 발견하고 해결 방안을 찾는 데 도움이 된다.

유대인들이 가장
소중하게 여기는 것

보이지 않는 것을 시각화하는 작업은 숨어 있던 문제를 드러내거나 특정한 반응을 유도하는 데 효과적인 수단이다. 하지만 시각적으로 드러나는 게 비효율적이거나 위험한 상황도 있다. 모든 사람이 알게 되면 가치가 떨어지거나 위험해지기도 한다. 손에 넣기 위한 쟁탈전이 치열한 상황이거나 구조와 특징이 노출되면 가치와 존재가 위협받는 경우가 그렇다.

전 세계에 살고 있는 유대인은 모두 1500만여 명으로 세계 75억 인구의 0.2퍼센트다. 그런데 노벨상 수상자 중 유대인의 비율은 22퍼센트에 이른다. 인구 비중보다 100배 많은 숫자다. 노벨상이 제성된 1901년부터 2021년까지 유대인의 노벨상 수상 실적은 210건을 넘는다.[17] 미국의 유대인 인구는 2퍼센트인데, 역대 노벨상 수상자 가운데 유대계 미국인의 비중은 36퍼센트다. 2021년까지 유대인이 받은 노벨물리학상(56개)과 생리·의학상(58개)은 각각 전체 수상의 26퍼센트를 차지하고, 경제학상(35개)은 전체 수상에서 무려 39퍼센트에 이른다. 엄청난 기록이다. 어떻게 0.2퍼센트에 불과한 유대인이 노벨상 종목을 석권해온 것일까.

유타대학의 인류학자 그레고리 코크란과 헨리 하펜딩은 유대인의 독특한 고난의 역사와 유전적 고립 상황에서 그 답을 찾는다.[18] 유럽에서 기독교가 지배적 종교가 된 이후 유대인들은 극심한 배척과 핍박을 받았다. 그들은 예수를 죽인 사악한 민족이라고 낙인찍혀 전 세계를 떠돌아야 했다. 사회적 배척 집단이라 같은 유대인끼리 결혼할 수밖에 없었다. 그 결과 다른 민족의 유전자 풀과 섞이지 않고 유대민족의 유전적 고립 현상이 생겨났다. 뿔뿔이 흩어진 유대인들은 초기엔 교역으로 자본을 축적했으나 대부분의 나라에서 직업 선택의 자유가 없었다. 그 결과 기독교가 금지하는 직업인 고리대금업이 주된 생계수단이 되다시피 하면서 유대인들은 사회적으로 더욱 천대와 배척을 받았다.

13세기 영국 링컨셔의 유대인 대학살 사건, 15세기 말 스페인의 유대인 추방령, 19세기 프랑스의 드레퓌스 사건에서 드러난 반유대주의 등에서 볼 수 있듯 20세기 나치의 대학살 이전에도 유대인은 철저히 배척되었다. 그들은 아무리 많은 재산을 모아도 하루아침에 모든 것을 빼앗기고 추방당하는 고통을 되풀이해 겪었다. 이런 상황에서 유형의 재산은 언제 사라질지 모르는 것이었다. 그들은 눈에 보이지 않는 무형의 재산을 소중히 여기게 됐다. 어떤 상황에서도 빼앗길 수 없는 무형의 재산인 지식과 기술을 최고의 가치로 여기는 유대인 고유의 문화와 교육법이 형성된 것은 자연스러운 결과였다.

미국의 인지신경학자 매리언 울프는 나치 치하에서 살아남은 유대인인 86세 어머니가 릴케와 괴테의 시들을 외워 수시로 재치 있게 활용하는 것을 궁금히 여겨 어떻게 그렇게 많은 시를 암송하게 되었는지를 물었다. 울프의 어머니는 "혹시 강제수용소에 끌려가게 되더라도 누구도 빼앗아갈 수 없는 무엇인가를 간직하고 싶어서였지"라고 말했다.[19]

눈에 보이지 않는 것은 사람들이 알아보기 어렵지만 동시에 아무도 빼앗아갈 수 없는 절대 자산이 된다. 시각에 절대적으로 의존하는 인지적 특성으로 인해 사람은 눈에 보이는 것을 맹신하거나 눈에 보이지 않는 것의 중요성을 놓치기 쉽다. 메타인지는 자신의 인지가 무엇에 의존하고 있는지를 보게 해주는 일종의 투시 능력과 같아서, 보이지 않는 것의 의미를 볼 수 있게 해주고 그것을 시각화해서 남들을 설득할 수도 있는 능력이다.

7장

메타인지는 삶의 양면성을 끌어안는 통찰력

메타인지와 역설의 지혜

THE POWER OF
METACOGNITION

더 큰 자유의 추구, 즉 더 많은 소유가 선택과 행동의 자유를 가져
올 것이라고 생각했는데 정반대 결과로 이어지는 경우가 많다. 왜
자유의 추구가 자유의 상실로 이어진 것일까. 사람은 보이지 않는
것, 경험하지 못한 것보다 눈에 명확히 보이는 것과 스스로 경험
한 것에 현혹되고 영향을 받기 때문이다.

1 자유와 선택의 역설

"자살을 할까, 커피나 한 잔 할까." 이 문장으로, 알베르 카뮈는 인생은 끝없는 선택의 연속이라는 것을 일깨웠다.[1] 세상 모든 게 선택의 문제이지만, 오늘날 선택의 상황은 100여 년 전과 비교하면 놀라울 정도로 다양하고 복잡해졌다. 우리는 인류가 일찍이 상상하지 못한 선택의 시대를 살고 있다. 인류 역사에서 개인이 직업 선택의 자유를 갖게 된 것은 그리 오래된 일이 아니다. 직업 자체가 다양하지 않았고 신분제 사회였던 전근대에는 부모의 직업이 곧 자녀의 직업이 되었다. 귀족이나 양반 집안에서 태어난 사람들만이 일부 직업을 선택할 수 있었다. 개인이 자유롭게 종교와 배우자를 선택할 수 있게 된 것도 비교적 근래의 일이다.

근대 계몽주의 이후 이성에 대한 신뢰가 절대 군주와 종교의 권위를 대체하면서 전근대적 신분제와 전통사회의 질서가 무너졌다.

개인은 신과 군주에 대한 의존과 예속으로부터 벗어나 이성을 기반으로 스스로 판단하고 책임지는 자유롭고 독립적인 주체의 지위를 지니게 됐다. 산업혁명과 민주주의, 도시화가 진행되면서 개인의 자유와 선택은 더욱 확대됐다.

자유와 선택은 한 몸과 같다. 자유는 속박과 예속으로부터 풀려나는 것을 의미하고 이는 선택권 확대로 직결된다. 데카르트는 "자유는 선택할 수 있는 능력"이라고 정의했다. 더 구체적으로 표현하면 자유는 선택할 수 있는 대상과 기회, 그리고 권한의 확대를 의미한다. 선택을 위해서는 먼저 통제가 가능하다는 것을 지각해야 한다. 아무것도 선택할 수 없으면 통제력이 없는 상황이다. 이는 자유를 빼앗긴 감금된 삶이자 형벌이다. 그래서 선택은 자유의 필수 요건인 동시에 행복의 핵심 조건이다.

통제권을 잃어버리면
일어나는 결과

아프리카 코끼리들은 야생 환경에서 평균 56년을 살지만, 동물원에서 태어난 코끼리들의 수명은 평균 16년 남짓이다. 영국과 캐나다 연구진이 4500여 마리의 코끼리를 조사해 밝혀낸 이 연구 결과는 2008년 〈사이언스〉에 실리면서 널리 알려졌다.[2] 동물원은 야생의 각종 위험 요소를 제거하고 코끼리들이 살기 좋은 환경과 충분한 먹이를 제공했지만, 안전하고 안락한 환경에서 코끼리들의 수명은 오히려 크게 줄어들었다. 주된 원인은 스트레스였다. 야생 환경과 달리 자신의 운명을 통제할 수 없는 상황은 오히려 동물에게 불안과 스트레스를 주어 수명을 단축시켰다.

1967년 코넬대학의 심리학자 마틴 셀리그먼은 동물실험을 통해 환경에 대한 선택권과 통제력 여부에 따라 고통이 각각 다른 영향을 끼친다는 것을 밝혀냈다.[3] 셀리그먼은 스물네 마리의 개를 세 집단으로 나눠 전기충격을 가했다. 첫 번째 집단은 개가 코로 레버를 밀면 전기충격이 차단되었고, 두 번째 집단은 레버를 밀어도 전기가 차단되지 않았으며, 세 번째 집단에게는 전기충격을 가하지 않았다. 실험 24시간 뒤에 개들은 장애물만 뛰어넘으면 전기충격을 피할 수 있는 방에 재배치됐다. 첫 번째 집단과 세 번째 집단의 개는 전기충격을 피하기 위해 장애물을 뛰어넘었으나, 두 번째 집단은 장애물을 넘으려고 시도하지도 않고 고스란히 전기충격을 견뎠다. 이 연구 결과를 바탕으로 셀리그먼은 '학습된 무기력' 이론을 발전시켰다.

2012년에 콜로라도대학의 심리학자 스티븐 마이어는 쥐를 대상으로 유사한 실험을 진행했다. 인간으로 치면 청소년기에 해당하는 쥐에게 전기충격을 주고 성년이 된 뒤 같은 충격을 주는 실험으로, 시련이 주는 장기적 영향을 알아보기 위한 연구였다. 쥐들을 두 집단으로 나눠 첫 번째 집단에는 전기충격을 통제할 수 있는 아무런 수단을 제공하지 않았고, 두 번째 집단에는 전기충격을 통제할 수 있는 도구를 제공했다.* 첫 번째 집단의 쥐는 전기충격을 주자 겁을 먹고 공포에 질린 모습을 보였다. 두 번째 집단의 쥐는 같은 상황에서 겁을 먹지 않았고 모험심이 강한 쥐로 성장했다. 두 집단의 쥐들은 모두 예전에 똑같은 고통을 겪었지만 스스로 상황을 통제할 수 있었는가라는 경험의 유무에 따라 완전히 다른 태도를 보였다.

선택권이 없는 상황에서 주어진 고통은 '나는 아무것도 할 수 없다'는 무기력을 학습하게 해, 상황 개선을 위한 아무런 시도도 하지 않게 만든다. 하지만 통제권이 주어진 환경에서 고통은 선택과 행동에 따라 상황을 바꿀 수 있다는 믿음을 갖게 만들어, 적극적이고 진취적인 태도와 실행력을 길러준다는 것을 보여준 연구 결과였다. 통제력은 선택할 수 있는 자유를 의미한다.

독일의 근대 철학자 헤겔은 《역사철학 강의》에서 인류 역사를 '자유가 지속적으로 확대되어온 여정'이라고 규정했다. 고대에는 오직 왕만이 자유로웠고 중세에는 소수의 귀족들만 자유로운 존재였다면 근대 시민혁명 이후 만인이 평등해지고 자유를 누릴 수 있게 되었다는 것이다. 현대에 민주주의와 개인주의가 확립되고 산업과 문명이 발달하면서 개인의 선택 폭은 더욱 확대되고 있다. 편리한 상품과 서비스가 크게 늘어났고 이는 모두 선택의 영역으로 들

---

* 전기충격을 받을 때마다 쥐가 앞발로 작은 핸들을 돌리면 전기가 차단된다.

어왔다.

디지털과 모바일 기술의 등장으로 인해 우리의 선택 범위는 예전과 비교할 수 없을 만큼 커졌다. 디지털 기술이 이용자 선택권을 극대화함에 따라 우리는 빨간 약과 파란 약을 놓고 어떤 세상을 살지 선택해야 하는 〈매트릭스〉의 주인공과 비슷한 처지가 됐다. 디지털 세상에서는 누구나 포털의 맞춤형 뉴스 화면과 광고를 보게 되고, 사용 기록을 기반으로 추천되는 동영상 목록, 소셜미디어의 '좋아요'와 체류 시간을 반영한 포스팅과 타임라인에 노출된다. 시각과 촉각 등 오감을 통해 실재하는 세계를 수용하거나 매스미디어가 전달하는 공통된 정보와 이미지 위주로 인식을 형성했던 과거와는 완전히 다른 상황이다.

오늘날에는 개인정보를 반영한 디지털 기술이 발달하면서 개인별로 맞춤화된 세계를 만나고 있다. 내가 내 계정의 페이스북, 인스타그램, 넷플릭스, 유튜브, 포털 뉴스 페이지에서 접하는 정보와 그것들을 통해 형성되는 세상의 이미지는 거대 권력의 '빅브라더'가 내게 억지로 밀어넣은 게 아니다. 나 스스로 적극적으로 선택했거나 아니면 비록 형식적일지라도 동의 절차를 통해 맞춤화 알고리즘을 수용했기 때문이다. 따라서 내가 보는 세상은 내가 선택한, 나만의 세계다. 오늘날처럼 각자가 선택한 저마다의 세상을 만나고 그 속에서 살아가는 세대는 지금까지 존재하지 않았다. 이미 시작된 이 흐름은 앞으로 더욱 가속화될 전망이다. 인터넷과 디지털의 미래로 예고되는 메타버스 가상현실은 지금보다 훨씬 더 개인별로 맞춤화된 세계를 의미한다. 이용자들은 객관적 사실에 기반한 세계로부터 멀어져 각자가 선택한 세계 안에 갇히는 '필터 버블'에 빠질 우려도 커진다.

우리는 흔히 거대한 플랫폼을 장악한 빅테크 기업이 설계해놓은 교묘한 알고리즘과 함정 때문에 그 영향력에 갇혀 있다고 생각한다. 과연 그럴까? 사실 우리를 플랫폼의 울타리에 가둔 것은 강압적인 물리력이나 최면술이 아니다. 내가 좋아하는 것, 내가 편안하게 여기는 것을 내가 동의하고 선택한 결과다. 우리가 디지털 기술의 보이지 않는 알고리즘과 편리함에 의존하게 되었다는 사실은 인간 인식의 중대한 전환점을 이룬다. 외부로부터의 자극과 영향이 줄어든 반면, 나의 의식적·무의식적 선택의 영향력이 과거에 비해 훨씬 커졌다는 것을 의미하기 때문이다. 이는 내가 어떻게 현재 나의 인식에 이르게 되었는가를 아는 능력, 어떻게 거대 기술권력의 알고리즘과 설득 기술이 영향을 끼치는가를 파악하는 능력이 중요해졌다는 것을 의미한다. 바로 메타인지다. 빅테크 기업이나 인공지능은 그것이 어떻게 작동하는지를 우리에게 알려주지 않기 때문이다.

개인의 자유와 자율성 확대에 따라 개인의 선택권은 전례 없이 늘어났고 이는 예기치 않은 상황을 불러왔다. 선택의 끝없는 확대가 자율과 행복의 증진이 아니라 오히려 저하로 나타나고 있는 것이다. '선택의 역설' 현상이다.

24개보다 6개 진열할 때
더 잘 팔리는 이유

컬럼비아대학 경영대학원의 쉬나 아이엔가 교수팀은 2000년 제품 선택 가짓수와 매출의 연관성에 관한 실험연구 결과를 발표했다.[4*] 슈퍼마켓 판매대에 여섯 종류의 잼을 진열했을 때와 스물네 종류의 잼을 진열했을 때 선택의 가짓수가 구매 결정에 어떤 영향을 끼치는지 알아보기 위한 실험이었다. 스물네 가지 잼을 진열했을 때는 방문객의 60퍼센트가 발길을 멈추고 잼을 시식했다. 여섯 가지 잼만 진열했을 때는 그 비율이 40퍼센트 수준으로 떨어졌다. 고객들은 진열된 잼의 종류와 관계없이 평균적으로 두 개의 잼을 맛보았다. 그런데 실제 판매 결과는 반대로 나왔다. 스물네 가지 잼을 진열했을 때는 시식 고객의 3퍼센트만 구매를 했다. 반면 여섯 가지 잼을 진열했을 때는 시식 고객의 30퍼센트가 잼을 구매했다. 스물네 가지 잼이 있을 때는 선택지가 너무 많아 무엇을 골라야 할지 결정하기 어려웠던 것이다.

이 실험은 선택지가 너무 많으면 우리 뇌는 과부하 상태가 되어, 오히려 결정에 어려움을 겪는다는 것을 보여준다.[5] 인간의 뇌는 무

---

* 스물여덟 종류의 잼을 제조 판매하는 윌킨앤선스의 동일한 제품군으로 실험했고, 실험의 정확성을 위해 가장 많이 팔리는 잼 네 가지(딸기, 포도, 산딸기, 오렌지)는 대상에서 제외했다. 실험은 고객이 무료로 시식을 하도록 안내하고 시식한 잼을 구매할 경우 1달러 할인 쿠폰을 주는 방식으로 진행됐다.

쉬나 아이엔가 교수의 '잼 선택' 연구는 선택지가 늘어날수록 우리 뇌가 결정에 어려움을 겪는다는 사실을 잘 보여준다.

한한 정보를 처리하도록 설계되지 않았다. 뇌는 정보가 적정한 범위 안에 있을 때에만 합리적 판단과 선택을 할 수 있다.

인지심리학에서는 우리 뇌가 일시적으로 기억할 수 있는 무작위성 정보의 기억한계(작업기억)가 일곱 개 안팎이라는 것을 다양한 실험을 통해 증명했다. 월화수목금토일 일주일, 빨주노초파남보 무지개 색깔, 도레미파솔라시 한 옥타브의 음계, 7대 불가사의 등 우리가 쉽게 기억하는 정보는 대부분 일곱 개를 넘지 않는다. 웹사이트에서 요구하는 인증번호도 대개 네 자리 아니면 여섯 자리다. 숫자가 일곱 개를 넘으면 기억하기 어렵기 때문이다. 서양 문화권에서 7이 행운의 숫자, 마법의 숫자로 불리는 배경이기도 하다. 하버드대학의 심리학자 조지 밀러 교수는 1956년에 사람의 작업기억이 일곱 개를 기준으로 ±2인 5~9개라고 주장하며, 인간의 인지적 한계가 갖는 특성을 밝혀냈다.[6]

적정한 범위 내에서 선택지가 늘어나는 것은 자유와 만족도를 높인다. 하지만 선택지가 계속 증가하면 '선택의 과부하'라는 부작용이 생겨난다. 선택지가 많아지면 그중 하나를 고르기 위해 인지적 노력과 시간, 기회비용을 투입해야 한다. 선택 과정에서 인지적 수고와 부담이 늘어나는 건 물론이고, 그 결과에 대한 책임도 함께 커진다. 본능은 더 많은 선택과 자유를 추구한다. 하지만 그로 인해 더 많은 시간과 노력을 투입해야 하고 선택 결과에 대해 책임이 무거워지는 상황은 반기지 않는다. 선택의 역설이 생겨나는 근본적 배경이다. 너무 많은 선택지 앞에서 대부분의 사람은 더 자유로워지는 게 아니라 '선택의 늪'에 빠지게 된다. 선택지가 너무 많으면 오히려 현명한 결정을 내리지 못하거나 혼란에 빠지는 것이다.

선택 과부하 상황에서
현명한 선택을 하는 길

모든 것이 선택의 문제라는 것은 선택하는 능력이 우리가 환경을 통제하기 위해 동원할 수 있는 가장 유용하고 강력한 도구임을 알려준다. 현명한 선택은 어떻게 가능한가? 스워스모어대학의 심리학자 배리 슈워츠는 선택 과부하로 인한 문제를 연구하며 현명한 선택의 조건을 모색했다.[7]

슈워츠에 따르면, 선택 과잉 상황은 세 가지 부정적 효과를 가져온다. 첫째, 의사결정에 더 많은 인지적 자원과 노력이 요구된다. 둘째, 고를 게 많으므로 잘못된 선택을 할 가능성이 커진다. 셋째, 잘못된 선택을 할 경우 심리적으로 더 큰 타격을 입는다. 선택할 게 몇 개 없으면 그중 하나가 가장 좋은 선택이라고 생각하고 쉽게 만족할 수 있다. 하지만 선택지가 많으면 어딘가에 더 나은 답안이 있을 것 같고 그것을 찾아내야 한다는 압박감을 느끼게 된다. 이에 대해 슈워츠는 현명한 선택을 위한 첫걸음은 목표를 명확히 하는 것이라고 말한다. '최고의 선택'을 할 것인지, 아니면 '적당히 만족스러운 선택'을 할 것인지 정해야 한다. 최고의 선택을 추구하다 보면 끝없이 모색하고 비교하느라 인지적 노력을 과도하게 투입하게 되고, 결국 웬만해서는 선택 결과에 만족할 수 없다. 선택의 횡포에 시달리게 되는 상황이다. 슈워츠는 선택 과잉으로 인한 부작용에서 벗어나기 위해서는 '최고의 만족' 대신 '적당한 만족'을 추구하는 게 현명한 방법이라고 추천한다.

잼 실험을 비롯해 선택에 관한 다양한 연구를 해온 아이엔가 교수는 현명한 선택을 하는 능력이 자신을 아는 능력과 깊이 연관되어 있다고 말한다. 그녀는 "자신이 원하는 것이 무엇인지 정확히 아는 사람은 무한한 선택의 범위로부터도 원하는 것을 쉽게 찾을 수 있다"라며 잘 선택하는 능력은 우리가 자신의 마음을 얼마나 잘 아는지에 따라 좌우된다고 주장한다.[8] 자신이 무엇을 진정으로 원하는지 알지 못하면 무한한 선택지 앞에서 당황하고 길을 잃기 쉽다. 자신이 원하는 것을 정확히 알지 못한다는 것은 수많은 선택지를 분류하고 걸러내고 비교할 잣대가 없다는 것을 의미한다. 이 경우

다른 사람들의 평가와 객관적인 조건을 따져보게 되는데, 이는 매우 수고스럽고 어려운 과정일 뿐만 아니라 스스로를 혼란에 빠지게 할 수 있다. 자신의 기준이 아니라 외부의 잣대를 따르기 때문에 그 잣대는 수시로 바뀔 수 있다. 또한 자신의 선택에 대해서도 확신하기 어렵다. 자신이 원하는 것을 정확하게 알고 있으면 선택의 늪에 빠지지 않고 '적당한 만족'에 이를 수 있다. 그렇기 때문에 무수한 선택지 앞에서 현명한 선택을 하는 길은 바로 자신의 욕구를 파악하는 메타인지 능력을 갖추는 것이다.

'적당한 만족'을
선택하기 어려운 까닭

하지만 현실에서 더 많은 선택의 기회와 대상을 포기하고, 최고의 만족 대신 적당한 만족을 추구하기란 실로 어려운 일이다. 사람들은 선택을 통해 환경을 바꾸고 삶을 개선할 수 있다고 믿기 때문에 자발적으로 선택을 포기하는 경우는 매우 드물다. 또한 다양한 선택지는 우리에게 각각의 선택지가 갖고 있는 긍정적 효과를 보여주고 그것을 선택할 경우 그 장점을 우리가 맘껏 누릴 것이라고 여기게 만든다. TV 홈쇼핑에서 쇼호스트가 요란하게 광고하는 제품이 구매욕을 자극하는 이유다. 그런데 다양한 선택의 장점은 잘 보이고 내가 누릴 수 있다는 기대를 갖게 하지만, 그 부정적 효과는 거의 보이지 않는다. 미디어와 판매자는 제품의 장점을 부풀리고 환상을 갖도록 홍보하면서 단점과 부정적 측면은 언급하지 않거나 아예 감추기 때문이다.

자동차를 구매하면 편리한 점이 많지만 교통사고에 더 많이 노출되고 경제적 부담도 커진다. 차를 사려는 사람에게는 주로 새 차가 가져다줄 장점만 보인다. 자동차 구매에 따른 부정적 효과를 알고 있는 사람들도 대부분 긍정적 효과는 과대평가하고 부정적 효과는 과소평가한다. 사람의 뇌는 기본적으로 낙관 편향을 갖고 있기 때문이다. 긍정적 효과와 부정적 효과가 동시에 제시될 때, 자신은 부정적 효과 없이 긍정적 효과만을 누릴 수 있을 것이라고 생각하는 경향이 있다.[9] 디지털 환경과 대중소비 사회에서 소비자는 끝없이 최고의 선택을 자극하는 비교 마케팅과 광고 선전, 소셜미디어의 무한정보에 노출되어 있다. 눈앞에 놓인 수많은 선택지를 꼼꼼히 살펴보고 최고의 선택을 추구하는 무한탐색 대신 적당한 대상에 만족하고 선택하는 일은 결코 쉽지 않다.

인간은 본능적으로 자유와 만족을 추구하는 존재이기에 더 많은 정보와 선택권을 수용하며 스스로 통제력을 행사하려고 한다. 만족과 쾌락을 추구하는 인간의 욕망은 한도가 없으므로, 더 많은 정보와 선택을 향한 추구에는 끝이 없다. 인류가 본능을 형성해온 문명이전의 수십만 년 동안 정보는 늘 희소했다. 더 많은 정보를 가진 사람이 생존과 욕구 충족에 유리했고 권력을 누릴 수 있었다. 더 많은 정보는 선택의 확대와 통제권의 추구로 이어졌다. 앞에서 살펴본 것처럼 현대 이전에는 기본적으로 개인의 정보와 자유가 제한되었던 만큼, 선택 과잉이 문제가 되는 상황은 거의 없었다. 오늘날 우리가 처한 환경은 본능이 형성되던 선사시대와 근본적으로 달라졌지만, 인간 본능은 거의 변하지 않았다. 본능은 여전히 더 많은 정보와 선택권을 추구하고 있다. 그런데 현재 디지털 문명은 인간의 지능과 주의력이 처리할 수 있는 한계를 넘어선 정보홍수와 선택 과잉의 상황이다. 선택의 역설이 현재의 문제일 뿐 아니라, 시간이 흐를수록 점점 더 심각해질 것을 예고하고 있는 것이다.

2   왜 독일인들은 스스로
자유를 포기했나

독일의 사회심리학자 에리히 프롬은 20세기의 고전으로 평가받는 《자유로부터의 도피》를 1941년에 발표했다. 인류가 그토록 추구해온 자유를 얻게 되자 거꾸로 자유로부터 도피하려는 현상이 나타나게 된 이유를 탐구한 책이다.[10] 당시 세계에서 가장 민주적이고 선진적인 바이마르 헌법을 통해 자유와 기본권을 누리던 독일 국민들이 자발적으로 민주 시민의 자유와 권리를 포기하고 히틀러와 나치 독재 체제를 선택하자, 프롬은 이 역설적인 사회현실에 의문을 품고 연구를 시작했다.

프롬은 자유를 두 가지로 구분했다. 예속으로부터 벗어나는 자유 freedom from와 원하는 것을 선택하고 달성할 수 있는 자유 freedom to다. 전지를 소극적 자유, 후자를 적극적 자유라고 부른다. 소극적 자유는 신체적 구속을 포함해 정치적·경제적·정신적 속박으로부터의 해방, 다른 사람의 압력이나 방해 없이 원하는 바를 추구할 수 있는 상태를 뜻한다. 적극적인 자유는 개인이 원하는 목표를 선택하고 실현할 수 있는 자유를 의미한다. 추위와 굶주림, 야생의 위협, 이동 제한 등으로부터 해방되는 소극적 자유는 행복의 필수조건이지만 충분조건은 아니다. 꿈꾸던 곳으로 여행을 떠나거나, 원하던 집과 자동차를 소유하는 등 개인의 욕망과 목표를 실현할 수 있는 적극적 자유가 함께 주어질 때 인간은 비로소 자유롭다고 느낀다. 소극적 자유와 적극적 자유가 항상 병행하진 않지만 두 차원에서 모두 자유로울 때 사람은 온전한 자유와 선택의 혜택을 누릴 수 있다.

프롬에 따르면, 근대 계몽주의와 종교개혁 이후 이성의 힘을 통해 개인들은 각종 속박으로부터 벗어나게 되었지만 중요한 결정을 스스로 내려야 하는 상황에 처했다. 이는 개인을 고립시킴으로써 고독과 불안에 휩싸인 무력한 존재로 만들었다. 이러한 고립과 불안을 견디기 어려운 개인은 양자택일의 상황에 놓이게 된다. 하나는 '자유'라는 무거운 짐으로부터 도피해 새로운 의존과 복종의 대상을 선택하는 길이다. 다른 하나는 자신이 진정 원하는 것을 추구하고 실현하는 적극적인 자유 구현의 길이다.

적극적 자유의 길

프롬에 따르면 개인이 소극적 자유에서 적극적 자유로 나아가지 못하면, 아예 자유로부터 도피하려고 한다. '…로부터의 자유'가 초래한 고립과 불안을 대부분의 사람들은 오래 견디지 못하기 때문이다. 자유로운 국가의 시민들이 나치와 같은 파시즘과 독재자에게 자발적으로 굴복하는 현상은 사회적 차원에서 진행된 '자유로부터의 도피'라고 그는 분석했다. 프롬은 나치즘의 득세가 제1차 세계대전 패배와 과도한 전쟁 배상금에 시달린 독일 사회의 정치경제적 문제이면서 동시에 사회심리학적인 문제라고 봤다.

프롬이 지적하는 자유로부터의 도피 현상은 비단 20세기 나치즘만의 문제가 아니다. 적극적 자유를 스스로 구현하지 못하는 개인은 익명의 권위에 협조하며 스스로 추구하는 가치가 아니라 외부에서 주어진 가치를 무비판적으로 받아들이며 점점 더 깊은 무력감과 순응에 빠지게 된다. 프롬은 개인이 자유로부터 도피해 의존하려는 주된 대상을 프로테스탄티즘과 파시즘, 물신자본주의로 예시했다.

디지털 세상에서 문제는 더욱 심각해졌다. 개인은 선택의 대상과 권한이 전례 없이 늘어난 자유로운 존재로 여겨지지만, 그 어느 때보다 거대한 힘과 플랫폼에 예속되어 자유를 잃어버리고 있는 존재이기 때문이다. 디지털 기술의 강력하고 지능적인 자동추천 알고리즘과 개인 맞춤화는 우리가 스스로 선택하지 않은 대상에 몰입하도록 만든다. 또한 알고리즘으로 추천된 콘텐츠에 대한 몰입은 플랫폼에 머무는 시간을 늘릴 뿐 아니라, 이용자들이 적극적 자유의 부재로 인한 고립과 불안감을 느끼기 어렵게 만들고 있다. 개인 맞춤형 콘텐츠는 이용자가 자신의 이용 습관과 시간, 그것이 미치는 영향에 대해 성찰적·반성적 사고를 할 틈을 주지 않는다. 지능적인 플랫폼은 이용자의 쾌락을 자극하는 도파민 공급체계로, 성찰할 틈을 없애기 위해 끝없이 즐거움과 자극적 콘텐츠를 쏟아붓고 있다.

프롬은 적극적인 자유를 위해서는 무엇보다 자신을 아는 것이 중요하다고 강조했다. 그는 외적 속박에서 벗어난 인간이 스스로 원하고 생각하고 느끼는 것을 알기만 하면 자기 의사에 따라 자유롭게 행동하는 존재가 될 수 있다고 생각했다. 하지만 인간은 그것을 알지 못하는 게 문제다. 프롬은 "근대인은 자기가 무엇을 원하는지 알고 있다는 환상 속에서 살고 있지만, 사실 그는 '의당' 원할 것을 원할 뿐이다"라며 "자기가 진정으로 원하는 게 무엇인지를 아는 것은 많은 사람들이 생각하는 것처럼 쉬운 일이 아니지만, 누구나 반드시 해결해야 할 가장 어려운 문제의 하나라는 것을 이해해야 한다"라고 말했다.[11]

인간이 본능적 필요를 넘어서서 자신이 진정 원하는 것이 무엇인지를 발견하는 게 그렇게 어려운 까닭은 외부에 의존하지 않은 채 스스로 답을 찾아야 하기 때문이다. 예를 들면, 대부분의 사람들은 더 많은 부와 더 높은 지위를 추구한다. 돈을 벌고자 하는 욕구는 왜 생겼을까? 그중 하나는 좋은 차와 집을 장만하기 위해서일 것이다. 그렇다면 좋은 차와 집을 원하는 이유는 무엇인가? 좋은 차와 집을 소유하면 행복할 것이라고 기대하기 때문이다.

그런데 좋은 차와 집은 만족과 행복 그 자체가 아니고, 그것을 위한 수단에 불과하다. 대개 다른 사람들이 선호하기 때문에 자신도 의당 그것을 목적과 가치로 수용하게 된 게 자동차와 집의 사례다. 이에 대해 진지한 생각을 이어가면 결국 "내가 추구하는 진정한 행복은 무엇일까?"라는 본질적 물음에 부닥치게 된다. 이러한 물음에 대해 외부에 의존하지 않고 스스로 답을 하자면, 프롬이 말하는 것처럼 이것이 가장 어려운 문제라는 것을 깨닫게 된다. 프롬이 해결책으로 제시하는 '자신이 진정으로 원하는 게 무엇인지를 아는 것'을 우리는 메타인지라고 부른다.

더 많은 자유를 추구한 결과 직면하게 된 역설적 현상인 '자유로부터의 도피'는 자유가 지닌 양면성을 보여준다. 각종 속박과 제한으로부터의 해방을 의미하는 소극적 자유는 본능적이고 직관적이어서 감각적으로 알기 쉽고 가시적이다. 누구나 추구하는 바이고, 현대사회에서는 인권과 행복 추구권 차원에서 법률이나 교육 같은 제도를 통해 소극적 자유를 구체적으로 명시해 보장하고 있다. 하지만 자신이 원하는 바를 선택하고 실현하는 적극적 자유는 다르다. 사회체제나 법률을 통해 보장받을 수 없다. 우리 헌법은 일할 권리를 의미하는 경제적 자유와 직업 선택의 자유를 보장하고 교육받을 권리를 명시하고 있지만, 이러한 법률 조항이 적극적 자유를 구현해주지는 못한다. 원하는 학교에서 교육받을 자유, 바라는 직업을 갖고 일할 자유 등은 사람들이 가장 선망하고 기대하는 자아실현인 동시에 적극적 자유다. 이는 법률과 선언으로 보장되는 게 아니라 개인의 선택과 노력을 통해 스스로 이뤄내야 하는 것이다.

자유가 지닌 또 하나의 역설은 자유는 권한인 동시에 책임이라는 점이다. 자유는 속박과 강압이 없는 상태에서 개인이 독자적으로 선택하고 결정하는 권한을 의미하는데, 개인은 그 결과에 대한 책임을 지게 된다. 자유를 선택한다는 것은 책임을 지겠다는 결정이다. 선택에는 다양한 차원의 책임이 따른다. 선택 행위로 인해 개인의 현재와 미래에 영향을 끼치는 것은 물론이고 경우에 따라서는 경제적·법률적·도의적 차원에서 책임을 져야 할 수 있다.

카뮈가 모든 것이 선택의 문제라고 말한 것을 다르게 표현하면, 각자의 인생은 그가 선택한 행위들이 만들어낸 결과물이다. 20세기 프랑스의 실존주의 철학자 장폴 사르트르는 "한 인간은 자기 행위의 총합일 뿐"이라고 말했다.[12] 인생이 선택 행위의 결과라는 것은 그 책임 또한 기본적으로 각자에게 있다는 것을 의미한다. 자유는 제한과 제약으로부터 벗어나는 선택의 확대를 의미하고, 선택은 책임을 수반한다. 책임은 자유를 제약하는 부담이다. 자유의 역설에는 이러한 자유 → 선택 → 책임 → 제약 → 자유의 순환적 고리가 밑바탕에 깔려 있다. 우리가 본능적으로 원하는 자유와 선택 확대에 따른 혜택은 눈에 잘 보인다. 하지만 자유로 인해 부담해야 할 책임은 좀처럼 인식되지 않고 눈에 보이지 않는다.

3 역설은 보이는 것 너머의 진리를 발견하는 힘

자유로운 삶을 살다 간 역사 속 인물들이 전하는 이야기는 자유가 기본적으로 역설을 기반으로 한다는 것을 확인시켜준다. 기원전 5세기 길거리 나무통 속에서 개처럼 자유롭고 분방하게 살던 그리스의 키니코스학파(견유학파) 철학자 디오게네스와 알렉산드로스 대왕의 만남은 유명하다. "그대가 가장 지혜롭다는 말을 듣고 찾아왔소. 그대가 원하는 게 무엇이오? 그게 무엇이든지 내가 들어주겠소"라는 대왕의 제안에 디오게네스는 "그렇다면 옆으로 비켜나주시오. 그대 때문에 햇볕이 들지 않으니"라고 부탁했다는 일화다. 거대한 제국의 통치자 알렉산드로스는 디오게네스를 조롱하고 비하하는 신하들에게 "만약 내가 알렉산드로스가 아니었다면 나는 디오게네스가 되었을 것이다"라며 부러워했다고 한다.

19세기 미국의 초월주의 사상가이자 작가인 헨리 데이비드 소로는 산업화와 근대화의 광풍을 피해 매사추세츠 월든 호숫가에 통나무집을 짓고 검소하고 자립적인 삶을 실천했다. 소로가 도시와 문명을 떠나 소박한 삶을 선택한 것은 "인생의 참된 모습을 직면하겠다"는 생각에서였다. 그가 호숫가 통나무집에서 길어올린 수상록 《월든》에는 자유의 본질에 대한 역설적 통찰이 담겨 있다. 소로는 "우리 읍내에 사는 젊은이들이 농장과 집, 헛간과 가축, 농기구를 물려받는 것은 불행한 일이다. 이런 것들은 얻기는 수월해도 버리기가 훨씬 어렵기 때문이다"라고 적었다.[13]

1~2세기 고대 로마의 스토아 철학자 에픽테토스는 "그것이 무엇이든 간에 그것을 얻거나 버릴 수 있는 권한을 가진 자가 바로 그것의 주인이다"라고 말했다.[14] 에픽테토스의 관점으로 보면 현대인은 많은 것을 갖고 있지만 대부분 버릴 권한을 갖고 있지 못하다는 점에서 그 소유물의 주인이 아니다.

청빈한 구도자로 살며 진정한 자유로움을 설파하고 실천한 법정 스님은 에세이집 《무소유》에서 진정한 자유와 소유 여부를 판별하는 새로운 기준을 제시했다. 그는 "무소유란 아무것도 갖지 않는다는 말이 아니다. 궁색한 빈털터리가 되는 것이 무소유가 아니다"라고 말했다. 그가 제시한 소유와 무소유의 기준은 물리적인 점유 여부가 아니다. 그 자신에게 "진정으로 필요한 것이냐"가 기준이다. 법정스님은 "무소유란 불필요한 것을 갖지 않는다는 뜻이다. 우리는 무소유의 진정한 의미를 이해할 때 좀 더 홀가분한 삶을 이룰 수 있다"라고 설명했다. 그는 "아무것도 갖지 않을 때 비로소 온 세상을 갖게 된다는 것은 무소유의 역리逆理"라는 역설을 다시금 일깨웠다.[15]

메타인지를 설명하는 데
왜 역설이 동원되나

위의 일화와 글이 전하는 메시지는, 더 많은 권력과 물건을 소유할 때 우리의 자유가 더 커지는 게 아니라 오히려 위축된다는 역설이다. 이러한 역설적 통찰의 배경에는 진정한 자유는 더 많은 소유를 통해서가 아니라 각 개인을 움직이는 거대한 힘의 존재를 파악하는 데서 비롯한다는 깨달음이 있다. 더 적게 소유하거나 불필요한 것을 소유하지 않는 삶은 그만큼 자신이 아닌 대상이나 외부에 의존할 필요가 없는 삶이다. 외부에 의존하는 게 많을수록 자유는 위축되고 제약받는다.

많은 경우 사람들을 지배하는 가장 거대한 힘은 소유와 권력, 명예 등에 관한 개인의 욕망 또는 집단적 욕망이다. 더 큰 자유의 추구, 즉 더 많은 소유가 선택과 행동의 자유를 가져올 것이라고 생각했는데 정반대 결과로 이어지는 경우가 많다. 권력에 대한 집착으로 더 큰 권력을 장악하고, 경제적 욕망으로 더 많은 돈을 소유했으나 권력과 돈으로부터 자유로워지기보다 오히려 거기에 예속되고 지배당하며 불행한 결말을 맞게 된 유명인들의 사례를 얼마든지 찾아볼 수 있다.

왜 자유의 추구가 자유의 상실로 이어진 것일까. 사람은 보이지 않는 것, 경험하지 못한 것보다 눈에 명확히 보이는 것과 스스로 경험한 것에 현혹되고 영향을 받기 때문이다. 눈으로 본 것도 시각적인 직접 경험의 일부다. 사람은 직접 경험한 것을 통한 만족과 확실성에 길들여지고 그 만족의 경험을 계속 추구하는 성향이 있기에 의존도 또한 깊어지게 된다. 사람은 알지 못하는 것, 경험하지 않은 것을 간절하게 욕망하기 어렵다.

예를 들어 우리가 생각만 해도 군침이 도는 음식은 먹어본 적이 없는 고급 식당의 산해진미가 아니다. 내가 익히 그 맛을 알고 있는 음식이다. 탄광이 무너져 오랫동안 매몰되었다가 극적으로 구조된 광부들의 인터뷰에서도 우리는 이런 사실을 확인할 수 있다. 구조된 광부들에게 "지금 가장 먹고 싶은 게 무엇인가요?"라고 물으면 "쌀밥과 미역국입니다"라는 답변처럼 평소 즐기던 음식이 등장한다.[16] 생각만 해도 마음이 설레는 여행지 또한 내가 전혀 모르는 낯선 곳이 아니라, 사진이나 글을 통해 그곳의 풍광이 어떠한지를 이미 알고 있는 장소다. 사람은 욕망이 이끄는 존재인데, 우리는 알지 못하는 것을 욕망할 수 없다.

더 많이 소유하고 추구함으로써 자유로워질 수 없고, 오히려 더 의존적이 되고 예속되어 결과적으로 자유를 잃어버리게 된다는 것을 사상가들은 역설의 가르침을 통해 우리에게 전달한다. "심령이 가난한 사는 복이 있나니 천국이 저희 것임이요"(〈마태복음〉), "색즉시공 공즉시색色卽是空 空卽是色"(〈반야심경〉)처럼 기독교와 불교 등의 경전에는 다양한 역설적 문구가 많이 나온다. 지상과 천상, 고통과 즐거움, 부와 가난, 삶과 죽음, 실상과 허상, 귀함과 비천함 등에 관해 논리적으로 설명하기 어려운 역설적 메시지가 가득하다. 종교가 기본적으로 현실을 초월하는 정신적 체계로 기능한다는 점에서 각 종교에서는 다양한 역설이 무리 없이 받아들여지는 수준을 넘어 핵심적 가르침으로 전승된다.

메타인지를 설명하는데 왜 역설적 개념과 현상이 잇따라 동원되는 것일까? 메타인지도 역설과 마찬가지로 상반된 것처럼 보이는 성질이 동시에 존재하기 때문이다. 모순적으로 여겨지는 대립적 현상이지만 그 둘은 분리하는 게 불가능할 정도로 유기적인 관계이거나 상호 의존적이다. 사실 동전의 앞면과 뒷면, 태양의 빛과 그림자는 서로 모순되거나 상반되는 모습이라기보다 하나의 존재가 지닌 두 측면이다. 얼핏 보기엔 상반된 것 같지만 두 측면은 밀접한 상호 연관성을 지닌 수준을 넘어 짝을 이룸으로써 비로소 존재할 수 있는 하나의 실체 또는 현상이다. 역설이 알려주는 중요한 지혜는 둘 중 하나를 골라야 하는 양자택일의 문제가 아니라 둘을 동시에 수용하고 이해해야 하는 문제인 것이다.

진화생물학과 행동경제학적 연구는 인간의 사고와 감정이 작동하는 방식이 객관적이지도 과학적이지도 않다는 것을 알려준다.

6장에서 살펴본 것처럼 사람의 인식은 시각적 정보에 지나치게 의존하고 자신이 선호하고 가치를 두는 것에 관심을 기울이고 그렇지 않은 것은 무시한다. 인간의 인지는 눈에 보이지 않으면 그 존재와 가치를 제대로 이해하기 어렵다. 또한 사람은 선호하지 않는 것을 의식적, 무의식적으로 배척하는 편향을 지니고 있다. 본디 모순되는 것도 아니고 대립하는 것도 아니지만 우리는 사물과 현상의 한 측면만 보고 그것이 본질이자 가치라며 나머지 영역에 대한 관심과 인식에 눈을 감아버리는 인지적 성향을 지닌 탓이다. 인지심리학에서는 이를 선택적 인지, 확신 편향, 낙관 편향의 개념으로 설명한다.

역설이 알려주는 지혜

역설과 모순을 혼동하는 경우가 많지만, 둘은 서로 구분되는 개념이다. 《옥스퍼드 영어사전》에서는 '모순contradiction'을 "서로 반대되는 진술, 생각 또는 특징의 조합"이라고 정의한다. '역설paradox'은 "불합리하거나 모순적으로 보이지만 조사해보면 근거가 있거나 사실인 것으로 판명될 수 있는 진술"이라고 풀이한다. 창과 방패(모순矛盾)의 고사처럼 모순은 논리적으로 명백하게 상반되는 진술이라는 점에서 본질적으로 동시에 존재할 수 없다는 게 기본 속성이다. 반면 역설은 그 안에 담긴 내용이 상반되는 것처럼 보이지만 현실에서 동시에 존재하는 사실과 현상을 통찰력 있게 기술한 것이라는 게 특징이다.

보순과 역설의 의미를 탐구한 미국의 사회운동가 파머 파커는 "세상은 서로 힘차게 밀쳐내는 진짜 상반된 것들로 가득하다"라며 "역설은 자기모순적으로 보이지만 자세히 들여다보면 본질적으로 진리임이 증명될 수 있는 진술"이라고 말한다.[17] 그는 역설이란 질서와 무질서처럼 상반되는 듯 보이지만 우리 삶에서 조화를 이룰 수 있는 것인데, 우리가 양자택일의 문제를 양자 모두를 이해하고 받아들이는 태도로 바꾸는 게 중요하다고 강조한다. 이를 통해서 삶은 더욱 확장되고 밝아질 것이라는 게 역설이 알려주는 지혜라고 말한다.

역설을 포용하는 능력은 모순된 것처럼 보이는 복잡한 사상을 이해하고 품을 수 있는 지적 능력 이상을 뜻한다. 복잡한 경험을 보유할 수 있는 삶의 기술이라는 게 파머의 견해다. 역설과 모순의 수용은 논리와 지적 능력의 계발을 통해서 이뤄지는 게 아니라, 인생의 많은 부분이 역설적 현상들의 얽힘으로 이뤄져 있다는 것을 경험을 통해서 깨닫게 된다는 의미다.

그래서 동서양 고전이 공통적으로 전하는 삶의 지혜도 모순과 역설적 상황을 끌어안는 능력이다. 유대교 경전 주석서《미드라시》는 다윗왕의 반지에 새겨진 글귀를 전한다. 다윗왕은 세공사에게 "내가 전쟁에서 큰 승리를 거두어 환호할 때 교만하지 않게 하고, 큰 절망에 빠졌을 때도 좌절하지 않게 해줄 글귀를 새긴 반지를 만들라"고 주문했다. 세공사는 아무리 고민해도 적당한 글귀가 떠오르지 않아 지혜롭기로 소문난 솔로몬 왕자를 찾아가 도움을 청했다. 그래서 반지에는 솔로몬이 알려준 글귀가 새겨졌다. "이 또한 지나가리라."

기쁨의 정점에서 그 반대편을 생각하고 절망의 늪에서 희망을 떠올리라는 말이다. 기쁨과 슬픔은 반대되는 감정처럼 보이지만 사실 기쁨은 슬픔을, 슬픔은 기쁨을 비추는 거울이기도 하다. 이는 기쁨에서 슬픔을 보고, 절망에서 희망을 보는 능력이다. 자신 안에 대립하는 속성이 있다는 것을 알 때, 또 서로 대립하는 것처럼 보이지만 실제로는 하나로 연결된 두 가지 모습이라는 것을 알 때 발휘하게 되는 능력이다.

중국의 고사 '새옹지마塞翁之馬'에 담긴 의미도 "이 또한 지나가리라"와 통한다. 겉으로 보이는 것 너머에 대립하는 속성이 함께 있다는 것을 깨달은 사람의 지혜를 보여준다. 뛰어난 통찰은 형식논리적으로는 모순 관계로 파악되는 대립적인 가치가 실제로는 서로 연결된 현상이자 유사한 원리로 작동한다는 이치를 역설적으로 표현한 경우가 많다.

고대 그리스에는 인생의 목적과 최고의 선을 쾌락의 증대와 고통의 회피로 보고 이를 추구한 쾌락주의 철학자들이 있었다. 하지만 식욕과 성욕 등 더 많은 쾌락을 추구한 결과는 만족과 행복이 아니라 오히려 고통과 불행이었다. 감각적이고 순간적인 쾌락을 추구한 결과 점점 더 쾌락을 탐닉하게 되어 결국 고통의 나락에 떨어지고 만다는 게 쾌락주의의 역설이다. 그래서 에피쿠로스학파는 쾌락을 추구해 '쾌락주의'로 불리지만, 실제로는 절제하는 삶을 살았던 '금욕주의자'들이다. 금욕적 삶을 산 쾌락주의자 에피쿠로스학파는 정신적이고 지속적인 쾌락을 진정한 쾌락으로 보고, 마음의 평정(아타락시아)을 가장 높은 쾌락의 상태로 추구하며 실천했다.

솔로몬의 글귀, 새옹지마, 에피쿠로스학파 모두 삶의 양면성, 역설의 지혜를 깨닫고 보이는 것에 현혹되지 않는 진정한 진리를 추구한 자취인바, 이는 메타인지 능력이다.

8장

최고의 지혜를 향한 출발점

메타인지 기르기

THE POWER OF
METACOGNITION

자신의 한계를 인정한다는 것이 능력과 목표에 미리 선을 그어놓고 노력을 포기하는 것을 의미하지는 않는다. 오히려 숨 길이를 아는 해녀처럼 자신에게 주어진 능력, 자신이 가진 재능을 잘 다룰 줄 아는 것을 의미한다. 자신이 지닌 능력을 자유자재로 다루는 것은 아름다움과 행복감의 경험이다.

1 신호를 발견하고 읽어내기

 한 분야에서 경력을 쌓아온 전문가가 전혀 다른 분야의 업무를 맡아 단기간에 뛰어난 성과를 내는 경우가 드물지 않다. 평생 운동만 해온 스포츠 선수가 기업 경영이나 방송 진행에 뛰어들어 이름을 날리는 경우, 언론인이나 교수가 행정·정치 분야로 옮겨 성공적인 경력을 이어가는 사례를 흔히 볼 수 있다. 새로운 분야에 뛰어든 이들이 모두 성공하는 것은 아니지만 그들에게는 한 가지 공통점이 있다. 남다른 성실성과 열정적인 태도, 리더십 등 여러 요인이 있지만 가장 중요한 공통점은 새로운 영역에서 핵심 업무를 파악하고 빠르게 배우는 능력이다. 어떻게 이들은 새로운 분야에 뛰어들어 효율성 높은 학습 능력을 발휘할 수 있었을까?

 비결은 바로 메타인지다. 낯선 영역에서 기존의 역량과 자산, 네트워크에만 의존하고 활용하기보다 자신이 무엇을 모르고 있는지를 알려고 할 때 가장 효과적인 배움이 시작된다.

자신이 모른다는 것을 깨닫는 것이 중요한 이유는 메타인지가 우리의 앎과 행동에서 담당하는 역할 때문이다. 메타인지는 지식과 배움의 지형도인 동시에 인지와 감정 상태를 알려주는 계기판이자 배움의 제어판이다. 자동차 운전과 비교하자면, 차량의 각종 상태를 알려주는 계기판인 동시에 차량의 방향을 제어하는 운전대 역할을 하는 도구다. 컴퓨터 운영체제에는 제어판이, 스마트폰 운영체제에는 설정 메뉴가 있다. 이 메뉴를 손대지 않고 출고 당시 설정(디폴트 세팅)된 대로 쓰는 사람들도 있지만, 기기를 다양한 용도로 사용하려면 제어판과 설정 기능을 이해하고 다룰 줄 알아야 한다. 대다수 이용자들이 두루 쓸 만한 환경으로 설정했거나 혹은 판매자의 이익을 위한 설정 환경이 아니라 자신만의 용도나 목적에 맞게 도구를 사용하려면 스스로 메뉴와 기능 설정 방법을 알아야 한다.

인간 인지의 계기판이자
제어 수단인 메타인지

계기판과 제어판은 기계장치의 상태를 한눈에 보여주고 조작 가능한 형태로 만드는 도구다. 19세기 말에 자동차가 발명돼 도로를 주행하게 됐지만 속도계, 연료계, 수온계 등은 그로부터 수십 년이 지난 뒤에야 만들어졌다. 계기판이 자동차의 움직임을 제어하는 것은 아니기 때문에 계기판이 없어도 주행은 가능하다. 하지만 계기판을 통해 차의 상태를 모니터링하게 된 이후 운전자는 자신이 원하는 대로 차량을 조종할 수 있게 되었고 차량은 더 안전해졌다. 계기판처럼 피드백을 통한 현재 상태 파악은 기계 조작에만 유용한 게 아니다. 유기체의 생명활동은 본질적으로 피드백을 통한 항상성 유지다. 통증도 인체의 건강 상태를 유지하기 위해 탑재된 반응 체계다. 이 피드백 시스템에 문제가 생겨 통증을 느끼지 못하는 선천성 무통각증 환자의 경우 대부분 스무 살 이전에 사망한다.

배고픔, 통증, 혈압, 심장 박동 등 생명 유지를 위한 신체의 감각과 피드백은 본능이지만 인지적 피드백 시스템인 메타인지는 선천적인 것이 아니다. 후천적으로 만들어야 하고 내면에서 일어나는 현상이라는 점에서 내 몸 밖에 존재하는 타인에게 의존하거나 대리 수행을 맡길 수 없는 일이다. 메타인지는 스스로가 주체가 되어 지각하고 탐구해야 하는, 철저하게 주체적이고 독립적인 과정이다.

피드백을 통한 모니터링 시스템을 구축하기 위해서는 자동차 계기판처럼 어떤 신호를 수집하고 분석할지를 판단해야 한다. 메타인지와 비교하자면 자신의 인지 상태를 알려주는 각종 신호를 발견하고 읽어내는 방법이다. 신호는 그것을 감지하거나 식별하지 못하는 사람에게는 아무 소용이 없다. 메타인지로 안내하는 신호를 우리는 어떻게 발견할 수 있을까?

19세기 말 제임스 클러크 맥스웰이 전자기파 방정식을 발견하

데이터, 정보, 지식을 통해 지혜를 얻는 과정을 계층구조로 나타낸 정보 피라미드.

기 전까지 인류는 전파의 존재를 알지 못했다. 신호를 알아챈다 해도 과학적으로 이해하지 못하면 오해와 착각의 근거가 될 뿐이다. 1752년 벤저민 프랭클린이 번개가 구름 속 전기입자의 충돌(방전) 현상이라는 것을 과학적 실험을 통해 증명하기 전까지 번개는 신의 분노로 여겨졌다. 질문과 탐구를 통해 신호를 발견하고 연구와 이해의 과정을 거쳐 활용 방법까지 찾아낸 것이 과학 발달의 역사다. 저절로 의미가 드러나는 신호는 드물다. 무의미한 신호와 데이터를 찾아내 분류하고 그 의미를 탐구할 때 비로소 지식과 지혜로 바뀐다. 데이터data - 정보information - 지식knowledge - 지혜wisdom로 구성되는 정보 피라미드(DIKW)는 지식이 이러한 계단식 위계 구조를 거쳐서 만들어진다는 것을 알려준다.

지혜를 향한 출발점은 방대한 미분류 정보에서 유의미한 신호를 찾아내는 것이다. 메타인지로 안내하는 신호는 각자의 기존 지식과 사고에 자극을 주는 정보다. 그중에서도 특히 유용한 신호는 내가 알고 있는 지식에 균열을 일으켜 오류와 한계, 부정확성을 자각하게 만드는 정보다. 그렇다면 새로운 뉴스와 정보가 쉴 새 없이 쏟아지는 디지털 세상에서 어떤 정보와 신호가 우리를 모른다는 깨달음, 더 나아가 알고 싶다는 동기로 이끄는 것일까?

우리가 주의력을 기울이는, 가치와 관심을 두는 영역이다. 사람의 주의력은 서치라이트처럼 초점을 맞추는 것만 비춘다. 인간은 생존과 관련된 영역에 우선적으로 주의력을 할당하도록 진화했다. 그런 뒤에 생존과 별개로 저마다 관심과 욕망을 갖는 영역에도 주의력을 할당한다. 기존에 알던 지식과 사고 틀에 균열을 일으키는 신호는 모든 영역에서 작동할 수 없다. 주의력과 시간, 관심은 유한한 자원이기 때문이다. 따라서 우리는 주의력을 선택적으로 할당할 수밖에 없고, 그 초점을 어디에 맞추느냐에 따라 자신만의 고유한 생각과 세계관을 형성하게 된다. 주의력이라는 서치라이트는 소리 나는 곳, 움직이는 곳을 자동적으로 비추지만 노력하기에 따라 원하는 곳을 비추게 할 수 있는 능력이다.

우리가 가장 민감하게 신호와 차이를 발견할 수 있는 영역은 자신이 관심과 주의력을 쏟는 영역이다. 그리고 그 영역에 대한 지식과 노하우, 전문성이 있어야 신호들 간의 차이를 식별해낼 수 있다. 예를 들면 국제 피아노 콩쿠르 심사위원들은 타고난 주의력과 청력이 남보다 뛰어난 사람이 아니다. 훈련과 경험을 통해 일반인은 듣지 못하는 미세한 음과 표현까지 식별해낼 수 있는 전문성을 갖춘 이들이다. 호기심과 질문은 기존 지식과 관심이 있을 때 가능하다는 점에서 누적적 자산을 요구한다. 뭔가를 질문하기 위해서는 구체적으로 무엇이 어떻게 다른지에 대해 기초 지식을 갖고 있거나 흥미를 느껴야 한다. 매사에 호기심을 갖고 질문하라고 해서 저절로 호기심이 생겨나는 게 아니다.

인지 능력을 계발하는 방법에 비약은 없다. 누적적이고 계단식으로 이뤄진다. 그 위계적 지식체계의 정점에 있는 것이 메타인지다. 높은 곳에서는 더 넓은 시야를 확보할 수 있다. 관광지마다 경치가 빼어난 곳에 전망대를 설치하고, 육상 전투에서는 고지를 먼저 점령하고 방어하기 위한 사투를 벌인다. 인지의 정점에 있는 메타인지는 특정 영역에 국한되지 않고 우리가 능력을 발휘하거나 배우는 과정에서 두루 쓰이는 '범용 능력'으로 기능한다. 배움에 필요한 역량과 특성에서 메타인지는 핵심적 역할을 한다. 하버드대학의 교육 심리학자 하워드 가드너가 주창한 다중지능 이론의 하나를 구성하는 자기성찰 지능은 메타인지를 의미한다.[1] 가드너의 연구에 따르면, 메타인지 능력은 다양한 지능 가운데서 특히 학업 성적과 깊은 관련이 있다.

그렇다면 메타인지를 키우기 위한 현실적이고 구체적인 방법은 무엇일까?

2   메타인지의 첫걸음: 질문에 답이 있다

 인지 상태의 계기판 역할을 하는 메타인지 능력을 키우려면 어디에서 출발해야 할까? 첫 단계는 무엇이 나의 인지 상태에 영향을 끼치는가를 아는 것이다. 자유를 예로 들어보자. 자유는 개인 존엄과 행복의 기반이고, 인류 역사는 개인의 자유를 지속적으로 확대하는 쪽으로 발전해왔다. 흔히 자유는 선택지가 늘어나는 것과 동일시된다. 하지만 7장 '자유와 선택의 역설'에서 살펴본 것처럼, 선택지가 더 많다고 해서 항상 자유와 행복이 커지는 것은 아니다.

 더 많은 재산과 더 큰 권력을 갖는 것이 저절로 자유의 확대로 이어지지는 않는다. 많은 사람이 부러워하는 값비싼 아파트 장만도 높은 빌딩을 소유하는 게 목표인 사람에게는 경제적 자유와 만족의 조건이 되지 못한다. 자유로워지기 위한 첫걸음은 자신이 어떤 거대한 힘에 얽혀 있으며 그 영향을 받고 있는지를 깨닫는 것이다. 그 이후에야 비로소 자신이 무엇을 선택하거나 거부할 수 있는지를 알 수 있다. 어떤 경우에는 아예 선택 자체가 불가능해 수용할 수밖에 없는 것도 있다. 예를 들면, 사람은 외부로부터 영양분을 공급받아야 하는 유기체이므로 뭔가 먹지 않고는 살 수 없다. 정기적 식사를 통한 생명 유지는 선택 사항이 아니다. 따라서 우리는 언제 무엇을 얼마나 먹을지 시간과 종류, 양을 선택할 수 있을 따름이다.

사람은 새처럼 하늘을 날 수 없다. 그러나 인간의 신체 구조가 새와 다르다고 해서 아예 비행을 경험할 수 없는 것은 아니다. 17세기 뉴턴이 중력을 발견한 이후, 인류는 지구 어디에서나 다른 물체들처럼 중력의 영향을 받는다는 사실을 알게 됐다. 사람이 날 수 없는 근본적인 이유 중 하나다. 하지만 모든 물체가 중력을 피할 수 없다는 사실을 알게 된 이후 그 원리를 활용해 하늘을 날려는 시도도 생겨났다. 사람이 비행기를 이용해 하늘을 날고 로켓을 발사해 우주여행을 하게 된 출발점은 중력의 발견이다.

바이러스와 병원균의 존재를 알게 된 것도 마찬가지다. 예전에는 전염병에 걸리면 신에게 운명을 맡기거나 피를 뽑아내고 굿을 하는 등 비과학적인 방법에 의존할 수밖에 없었다. 감염병학과 미생물학 분야의 연구를 통해 세균과 바이러스를 발견하고 분리해낸 덕분에 인류는 백신을 개발하고 바이러스 감염 치료법을 찾아냈다. 알레르기 질환을 앓고 있는 사람은 자신에게 알레르기 반응을 일으키는 물질이 무엇인지 정확하게 알 때 불편을 최소화할 수 있다. 앎이 곧 바로 해결책으로 연결되지도 않고, 무엇을 알고 있다고 그대로 행동할 수 있는 것도 아니다. 하지만 알지 못하면서 올바른 행동의 단계로 나아갈 수는 없다. 앎이 실천을 가져다주지는 못하지만 실천과 행동의 출발점은 언제나 앎이다.

메타인지가
'나는 누구인가'를 묻는 까닭

메타인지도 중력과 비슷하다. 자신의 생각과 판단이 무엇으로부터 영향을 받는지를 아는 것이 메타인지의 출발점이다. 우리의 생각에 영향을 미치는 요소는 매우 다양하고 계속 변화한다. '나는 무엇을 알고 있고, 무엇을 모르고 있는가'라는 메타인지의 핵심 물음은 '나의 생각에 크고 작은 영향을 끼치는 존재와 힘은 무엇인가'라는 구체적인 질문으로 연결된다. 그 힘과 존재에 대해 계속 묻다 보면 자연히 '나는 누구인가'라는 인생의 본질적인 물음을 만나게 된다. 대부분의 사람은 일상에서 자신이 누구인지를 물어보는 절차 없이 자신에 대해 부지불식간에 명확한 인식을 갖고 행동한다. '나는 누구인가'라는 물음은 어떤 이에게는 자명하거나 쓸데없는 것이어서 두 번 생각해볼 필요도 없는 것이다. 하지만 어떤 이에게는 존재와 인생의 의미를 캐묻는 근본적이고 철학적인 질문으로 연결된다.

'나는 누구인가'에 대한 답변은 질문하는 사람에 따라, 시대와 상황에 따라 계속 변해왔다. 하지만 기본적으로 준거집단이 되는 사회와 종교의 영향을 크게 받는다. 신분과 계급이 명확하게 나뉘어 있던 고대 사회에서 자신에 대한 인식은 자신이 어떤 계층에 속하는 누구의 자손인가를 통해 형성됐다. 종교가 지배했던 지난 시기에 인간은 신이 창조한 존재이므로 신의 가르침과 그 대리자인 종교 지도자에게 복종해야 한다는 인식에서 벗어나기 어려웠다. 오늘날 우리가 스스로의 운명을 결정하는 자유롭고 독립적인 개인이라는 주체적 자의식을 갖게 된 것은 현대인이 이전 시대 사람들과 다른 유전자와 정체성을 갖고 태어났기 때문이 아니다. 고대와 중세를 거치고 근대 시민혁명과 산업사회를 지나 현대에 태어난 덕분에 현대사회가 공유하는 집단의식의 영향을 받았기 때문이다.

이는 근본적이고 핵심적인 자아 개념인 '나는 누구인가'라는 생각이 태어나면서 저절로 형성된 것도, 당연한 것도 아니라는 것을 알려준다. 자아 개념은 내가 속한 시대와 사회, 성별과 성장 환경 등의 영향을 받아 우연히 '형성'된 것이다. 메타인지와 관련해 '나는 누구인가'라는 물음이 중요한 까닭은 우리 인식과 정체성의 핵심을 이루는 자아 개념도 외부와 환경의 다양한 요소들의 영향을 받아 만들어졌다는 것을 인정하는 개방적 인식의 출발점이기 때문이다.

당연한 것으로 여겨온 자아 개념이 외부의 영향을 받아 형성된다는 사실을 겸허히 인정하고 나면, 우리의 생각과 태도는 환경과 각종 편향의 영향을 받는다는 것을 자연스럽게 받아들이게 된다. 이는 자신의 인지와 생각에 외부의 힘이 작용한다는 것을 인정하는 일이다. "내 사전에 불가능이란 없다"라며 의지력과 신념을 절대화하는 것은 대부분 목표 실행에 도움이 되지 않는다. 사실에 뿌리내린 게 아니기 때문이다.

개인의 의지력은 성격적 특성이라기보다 일종의 근육처럼 작동한다는 게 인지과학의 연구 결과다.[2] 근육을 장시간 사용하면 피로가 쌓여 어느 순간 한계에 부닥치는 것처럼 의지력은 금세 고갈되는 유한한 자원이다. 의지력은 굳센 각오와 결심에 의해 생기고 유지되는 게 아니라 유한한 자원이라는 것을 알게 되면 의지력을 대하는 관점도 달라진다. '하면 된다'라는 태도로 무작정 '정신 승리'에 호소하기보다 좀 더 신중하고 절제하며 의지력을 발휘하게 된다. 불필요하게 의지력을 고갈시키는 수고를 하기보다 처음부터 굳이 의지력을 쓸 필요가 없는 상황을 조성하는 게 현명한 방법이다.

자기 통제력이 강한 사람은 의지력이 대단한 사람으로 여겨지지만, 실은 굳이 엄청난 의지력을 발동시킬 필요가 없도록 주변 환경을 잘 설정해놓은 경우가 많다.[3] 5장에서 소개한 마시멜로 실험에서도 마시멜로를 먹고 싶은 욕망에 의지력으로 맞서는 것보다 마시멜로에 뚜껑을 덮어놓거나 눈에 띄지 않게 치우는 게 효과적이라는 게 확인됐다. 자신이 무엇에 영향을 받는지를 자각하고 자신의 생각과 의지력이 어떻게 작동하는지를 파악하는 메타인지를 갖추면, 그렇지 않을 때보다 훨씬 효율적인 접근과 통제가 가능해진다.

자기 통제력을 갖추려면

뇌과학, 심리학, 행동경제학 등 인지과학 분야의 연구는 인간 사고의 작동 방식에 대해 다양한 과학적 설명을 제공한다. 존엄하고 신비롭게 여겨지던 인간의 사고 작용이 다양한 편향과 환경의 영향을 받는다는 게 인지과학의 연구 결과다. 분석적 사고와 논리적 추론, 타협과 협력 등 개인과 사회가 배우고 학습시키고자 하는 능력과 태도는 대부분 이성과 숙고의 역량을 키워 본능을 통제하는 방법이다.

인류는 계몽주의와 합리주의 시대를 거치며 과학적 사고와 방법을 받아들여 비약적 발전을 이루고 이성의 힘을 신봉하게 됐다. 특히 계몽주의 사상가들은 사람들의 생활과 생각에 배어 있는 미신과 편견에 과학과 합리주의의 빛을 비추면 자연스럽게 이성이 자리 잡고 과거로 후퇴하거나 미끄러지는 일은 없을 것이라고 여겼다.

하지만 이성을 과신하는 것은 현명하지 못할 뿐만 아니라, 현실과 부합하지 않는다. 우리는 인간을 '이성적 동물'이라고 정의하지만, 항상 이성과 합리적 사고가 사람의 인지와 행동을 좌우하는 것은 아니다. 오히려 사람의 감정과 사고는 기본적으로 본능과 직관의 영향을 받는다는 게 현대 인지과학과 심리학의 공통된 결론이다. 우리는 '이성적 존재'라고 스스로를 일컫지만 실제로는 상황에 따라 선택적으로 이성을 동원할 따름이다. 인간 고유의 생각하는 능력을 현명하게 사용하기 위해서는 본능이나 직관을 따라야 할 때와 이성적 사고를 동원해야 할 때를 구분할 줄 알아야 한다.

본능과 직관은 의식하지 않아도 저절로 작동하는 '자동 모드'이지만, 이성과 추론은 우리가 호출할 때만 선택적으로 사용할 수 있는 '명령실행 모드'다. 또한 본능과 직관이 선천적으로 탑재된 것과 달리, 이성과 성찰은 교육과 경험을 통해 배우고 훈련하는 과정을 거쳐 후천적으로 획득되는 능력이다. 필요한 상황에서 이성과 논리적 추론을 가동하기 위해 시동을 거는 방법은 현재 자신이 감정과 본능에 큰 영향을 받는 상태임을 깨닫는 것이다. 감정과 본능을 잘 통제하고 이성적으로 판단하고 행동하는 사람은 강한 의지력을 타고난 것이 아니다. 오히려 자신이 감정과 본능에 취약한 존재라는 것을 깨닫고 이를 통제하기 위해 이성적 수단과 이를 효과적으로 동원하는 방법을 스스로 찾은 사람이다.

인간은 취약한 존재임을
인정하는 일

사람은 감정과 직관 위주의 타고난 인지 구조에 교육과 사회화 과정을 통해 이성과 합리적 사고를 보탠다. 하지만 느리게 작동하는 이성과 논리적 추론에 의해 만들어지는 우리의 인식 또한 완벽하지 않고 결함이 많은 도구다. 현대의 진화심리학과 인지과학 분야의 연구는 인간 인식과 본능이 장구한 진화 과정에서 생존하기 위해 적응한 결과라는 것을 알려준다. 인류는 약 1만 년 전 신석기시대가 열리기 전까지 수백만 년 동안 지속된 구석기시대 내내 수렵과 채집에 의존해 살아왔다. 이후 이성적 능력과 도구를 개발해 '만물의 영장' 지위에 올랐음에도 인간의 기본적인 사고방식은 여전히 구석기 환경에 적응한 뇌를 통해서 작동한다. 이 때문에 진화심리학자들은 현대인이 인지적 본능 차원에서 '양복 입은 원시인'이라고 말한다.[4]

감정보다 논리적 추론과 이성적 접근을 통해 사고하려고 노력해도 인간의 사고는 진화 과정에서 적응한 다양한 편향의 영향을 받는다. 인지적 구두쇠, 확증 편향, 사후 확신 편향, 가용성 휴리스틱, 현상유지 편향, 일반화의 오류, 매몰 비용 집착 등 인지심리학과 행동경제학 연구는 우리의 인지와 사고를 왜곡하는 요인들을 계속 밝혀내고 있다.

최신 과학 연구는 우리가 의식하지 못하지만 얼마나 다양하고 심각한 편향과 인지적 오류에 빠지곤 하는지를 일깨워준다. 그렇다고 해서 모든 사람이 행동경제학과 인지심리학을 공부하기 위해 뛰어들 수도 없다. 중요한 것은 나 스스로 다양한 선천적 편향과 인지적 오류 성향을 지니고 있으며 사고와 판단에서 그 영향을 받는 존재임을 인정하는 것이다. 인간은 '하면 된다'는 불굴의 의지력을 구현할 수 있는 존엄하고 강력한 존재가 아니라, 기본적으로 취약한 존재라는 것을 인정해야 한다. 나와 나의 인지에 지대한 영향을 행사하는 힘의 존재와 위력을 인정하지 않고서는 제대로 된 대응책을 찾을 수 없다. 그래서 메타인지의 첫걸음은 나에게 영향을 끼치는 존재를 발견하고 그 힘을 인정하는 것이다.

3 메타인지는
자신의 한계를 받아들이는 일

    나를 지배하는 힘과 그 영향력을 발견하는 것은 자신의 한계가 어디인지, 자신의 치명적 약점이 무엇인지를 파악하는 것이다. 자신의 한계를 알지 못하면 우리는 자유로울 수 없고 끝없는 두려움에서 벗어날 길이 없다. 20세기의 프랑스 철학자 장폴 사르트르는 "자유로움이란 자신의 한계를 온전하게 받아들이는 것을 의미한다"라고 말했다.[5] 한계를 받아들인다는 것은 제약이 아니라, 자신이 자유로울 수 있는 활동 공간과 생존 방법을 익힌다는 것이다.

    산소통 없이 바다에 잠수해 해산물을 채취하는 해녀의 작업은 한계와 자유의 관계를 잘 알려준다. 해녀는 잠수하는 깊이와 작업 시간에 따라 상군, 중군, 하군으로 분류된다. 상군은 깊은 바다에서, 하군은 얕은 바다에 들어가 물질을 한다. 전복 같은 값나가는 해산물을 채취하려면 깊이 들어가야 한다. 제주 해녀학교에서 제일 먼저 가르치는 것은 수영, 잠수, 채취 기술이 아니다. 자신의 숨 길이를 아는 법이다. 해녀에게 가장 위험한 상황은 바위에 붙어 있는 값나가는 해산물과 씨름하느라 물 밖으로 나갈 때를 놓치는 것이다. 해녀학교에서 숨 길이를 아는 법을 가장 중요한 생존 기술로 가르치는 까닭이다. 숨 길이는 타고나기 때문에 경력이 쌓이고 노력한다고 해서 하군 해녀가 상군 해녀가 되지는 않는다.

자신을 원하는 방향으로 이끌고 통제하기 위해서는 무엇보다 자신에 대해 알아야 한다. 자신에 대해 안다는 것은 해녀 수업처럼 자신의 숨 길이, 즉 자신의 한계를 아는 데서 출발한다. 사람마다 숨 길이가 다른데, '인내의 열매는 달다'라며 무조건 견디기를 강요하면 그 결과는 불행 또는 비극이다.

배움도 만족 지연 능력도, 나아가 꿈과 삶의 목표를 세우는 일도 모두 자신을 아는 것에서 출발한다. "너의 무지함을 알라"는 소크라테스의 말은 자신의 부족함과 한계를 알라는 것이다. 마음은 극복하고 넘어서야 하는 장애물이 아니다. 자신의 마음을 보듬고 살펴서 잘 이해하게 될 때 비로소 그 마음을 뜻하는 방향으로 이끌 수 있다. 자기 몸과 마음의 한계를 아는 것이 출발점이다. 사회학자 엄기호는 "한계는 극복의 대상이 아니라 다룸의 대상이고 자신의 한계를 아는 것은 슬픔이 아닌 기쁨"이라고 말했다.[6] 자신을 아는 것의 출발점은 자신의 한계를 자각하는 것이다.

해녀의 숨 길이처럼 사람은 저마다 다른 능력을 가지고 태어난다. 자신의 한계를 인정한다는 것이 능력과 목표에 미리 선을 그어 놓고 노력을 포기하는 것을 의미하지는 않는다. 오히려 숨 길이를 아는 해녀처럼 자신에게 주어진 능력, 자신이 가진 재능을 잘 다룰 줄 아는 것을 의미한다. 자신이 지닌 능력을 자유자재로 다루는 것은 아름다움과 행복감의 경험이다. 자신의 한계를 인정한 이후라야 자신을 능수능란하게 다루는 탁월함과 행복감에 도달할 수 있다. 그 지경을 경험한 사람은 스스로 학습과 도전의 주체가 되어, 기존의 한계를 넘어 다음 단계로 나아갈 수 있다. 《보랏빛 소가 온다》의 저자이자 마케팅 전문가인 세스 고딘은 "자신의 한계를 알아내는 것이야말로 최고의 기술이다"라고 말했다.[7] 그는 "자율성만을 고집하다가는 실패하고 말 것"이라며 "내가 가장 소중히 여기는 자율성은 바로 나의 한계를 알아내는 자유다"라고 강조했다.

한계를 자각하는 능력이
중요한 이유

자신의 한계를 자각하는 능력이 중요한 이유는 크게 두 가지다. 하나는 자신이 안전하고 자유로울 수 있는 영역을 알고 그 안에서 마음껏 도전하고 실행할 수 있게 된다는 점이다. 수영을 못하는 사람도 수영장에서 발이 닿는 구역을 알고 있으면 그 안에서 안전하게 물놀이를 할 수 있다. 다른 하나는 한계를 자각하는 것이 학습과 타인과의 협업으로 이끄는 기본 조건이 된다는 점이다. 사회가 점점 복잡해지면서 혼자서 처리할 수 있는 일보다 협업을 해야 하는 복합 업무가 늘어나고 있다. 예를 들어 의료기술이 복잡해지기 전에는 중대질환 진단과 치료에 지금처럼 많은 의료진이 동원되지 않았다. 하지만 오늘날 권위 있는 의료기관은 해당 분야 최고 전문의 한두 명만으로 운영되지 않는다. 진단방사선, 수술, 마취, 응급, 간호 등 다양한 분야의 전문가들로 협진체계를 잘 갖추고 있을 때 최고의 의료기관으로 인정받을 수 있다. 요즘처럼 업무가 복잡하고 전문화된 상황에서는 각 분야의 전문가들이 원활하게 협업해야만 효율적으로 문제를 해결할 수 있다. 자기 능력의 한계를 인정하지 않는 사람은 협업의 필요성을 느끼지 못할 뿐 아니라, 누구에게 어떤 도움을 받아야 하는지도 알지 못한다.

자신의 한계를 파악하는 방법에 지름길은 없다. 논리와 상상이 아니라 도전과 실패의 경험을 통해 한발 한발 자신의 한계에 접근하면서 확인할 수밖에 없다. 옷을 잘 입는 사람들은 완벽한 몸매와 남다른 패션 감각을 타고난 게 아니다. 그들은 하나같이 수많은 실패 끝에 멋쟁이가 될 수 있었다고 말한다. "멋쟁이로 불리기까지 수없이 많은 옷을 사고 버렸다. 그러면서 내게 맞는 스타일을 찾아갔다"는 것이다. 그들은 이런 과정을 거치며 자기 외모의 특징을 파악하고 나서 장점을 부각하고 단점을 감추는 노하우를 익혔다. 남다른 패션 감각을 자랑하는 지인이 알려준 비결도 비슷했다. "난 다리만 길지 목도 굵고 허리도 짧아서 아무 옷이나 어울리진 않아. 신체

조건이 안 좋으니 단점을 감추고 장점을 드러낼 수 있는 스타일을 연출하는 거야."

옷차림 같은 일상 영역에서도 자신의 단점과 한계를 자각하는 것은 쓸모가 많다. 한계를 알지 못하면 제대로 된 도전과 시도를 할 수 없다. 자신의 한계를 알 때 그 최고치까지 역량을 끌어올릴 수 있다. 그런데 한계를 자각하는 일은 자신의 무지를 깨닫는 과정과 비슷하다. 자신의 무지를 자각하기 위해서는 상상과 결심이 필요한 게 아니다. 무지를 깨닫게 할 실제적인 접촉과 자극이 필요하고, 그 과정에서 구체적인 지식과 기술이 요구된다.

4　장기적 목표와
동기의 발견

SBS의 인기 프로그램 〈생활의 달인〉에는 다양한 분야의 숨은 고수들이 등장한다. 각기 다른 분야에서 전문성과 열정을 갖춘 달인들이지만 공통점이 적지 않다. 무엇보다 생활의 달인들은 '1만 시간의 법칙'을 생업에서 구현해낸 사람들이다. 그들은 십수 년 넘게 연습하고 연구한 끝에 경쟁자들이 넘보지 못할 탁월한 경지와 숙련도에 이르렀다. 어느 분야의 달인이건 자신이 다루는 제품과 일을 예술가처럼 소중하고 신중하게 처리하며 일에 몰두하는 것도 공통점이다. 더 많은 수익을 내기 위해서가 아니라 그 일을 정말로 사랑해서 집중하는 것이 그들의 특징이었다.

달인들은 정규 교육에서 전문 지식을 습득하거나 자격증을 소유한 사람이 아니더라도, 누구보다 열심히 스스로 학습하는 모습을 보여주었다. 그들은 기량과 전문성을 높이기 위해 끊임없이 노력했고, 그것을 무엇보다 즐거워하고 보람 있어 한다. 그런데 처음부터 달인들이 자신의 일을 천직으로 여기거나 그 일을 꼭 하고 싶어 했던 것은 아니다. 우연한 기회에 시작했거나 생업으로 종사하게 된 경우가 많았다. 하지만 어떤 경로로 그 일에 뛰어들었든 노력과 연구를 통한 기술 개선을 경험하면서 즐거움을 맛보게 됐고 그 결과 더욱 깊은 배움에 빠졌다. 달인들은 처음부터 남다른 재능과 전문성을 가진 것도 아니었다. 다른 사람들은 반복적인 과정이 지루해서 대충 하고 마는 일을, 열정과 노력으로 끊임없이 갈고닦아 마침내 예술의 경지로 끌어올린 사람들이다.

달인은 더 나은 배움을 향한 열정으로 가득 찬 사람이자, 자신만의 동기와 목표가 확고한 사람이다. 평범한 기술자나 상인에서 달인이 된 또 다른 비결은 외적 보상과 동기에 의존하지 않고 내면적 동기로 움직였다는 점이다. 달인들은 이윤을 더 많이 남기기 위해 재료비를 아끼거나 작업 시간을 줄이지 않는다. 오히려 돈이나 승진, 출세와 같은 외적 보상에 관심이 적고 스스로 설정한 더 높은 경지를 추구한다. 배움과 훈련 과정에서 얻는 기쁨이라는 내적 동기야말로 평범한 사람을 행복한 달인으로 만든 비결이었다. 생활의 달인은 단순히 생업을 영위하는 데 그치지 않고 자아실현이라는 가장 높은 단계의 욕망을 추구하는 생생한 사례다.

미국의 심리학자 에이브러햄 매슬로는 사람의 욕구가 피라미드처럼 위계를 이루고 있다며 '인간 욕구 단계설'을 주창했다.[8] 인간

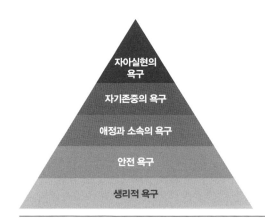

에이브러햄 매슬로의 욕구
단계별 다이어그램.

욕구는 다섯 단계의 층위를 이루며 상위 욕구는 그 아래 욕구가 충족된 다음에 나타난다는 것이 매슬로 이론의 핵심이다. 1단계의 생리적 욕구는 굶주림, 갈증, 추위 등의 상황에서 볼 수 있는 생존 욕구다. 2단계는 안전에 대한 욕구로, 사람은 생리적 욕구가 충족된 이후에는 위험이나 폭력으로부터 벗어난 안전을 추구한다. 3단계는 애정과 소속에 대한 욕구다. 가족이나 친구, 집단을 통해 관계를 맺고 친밀감과 애정, 정체성을 찾는 까닭이다. 4단계는 자기존중에 대한 욕구로, 자신의 존재와 능력, 활동에 대해서 다른 사람들로부터 인정과 존경을 받고자 하는 것이다.

마지막 5단계는 타인의 인정과 존경을 받는 것을 뛰어넘어, 자신이 진정으로 가치를 두는 꿈을 추구하는 '자아실현의 욕구'다. 유배지에서 또는 세상이 알아주지 않는데도 고독하게 위대한 작품들을 완성해낸 숱한 작가와 예술가가 대표적 사례이고, 생활의 달인들도

이 5단계 욕구를 충족하기 위해 노력하는 사람들이다. 그들의 목표는 외적 성취가 아니라 내적 성장을 위한 욕구 또는 삶의 궁극적 의미를 좇는 욕구다.

외적 보상이
할 수 없는 것

목적을 추구하는 존재인 인간에게 동기를 부여하기 위해 가장 흔하게 사용하는 방법은 보상과 처벌이다. 기업에서는 급여와 보너스를 지급하고, 학교에서는 내신등급으로 평가하고 각종 상을 수여한다. '조건부 보상'은 결과를 중시하는 실적 중심주의 사회 문화와 행동주의 심리학에 기반한다. 행동주의는 특정한 행동과 결과에 대해 보상을 약속하고 제공하는 것이 동기와 목적의식을 이끌어내는 가장 효율적인 방법이라고 믿는다. 특정한 자극과 보상에 대한 학습을 통해 의도한 반응을 이끌어낼 수 있다는 것을 다양한 동물실험으로 입증한 파블로프와 스키너가 행동주의 심리학의 대표적 이론가다.

보상은 기업과 같은 목적 지향적 조직은 물론, 가정에서도 흔히 활용되는 동기부여 방식이다. '당근과 채찍' 또는 '조건부 보상'의 전략이라고 부른다. 그런데 연구 결과에 따르면, 조건부 보상은 애초 기대한 결과와 동기부여를 가져오지 못한다. 더욱이 조건부 보상이 부적절하게 사용되면 오히려 역효과를 부른다는 게 다양한 연구를 통해 입증되었다.

카네기멜런대학의 심리학자 에드워드 데시는 1969년 대학생들을 대상으로 여러 차례 실험을 실시한 결과 조건부 보상은 오히려 기존의 자발적 동기를 없앨 수 있다고 주장했다.[9] 조건부 보상은 단기적으로는 효과가 있었지만 보상을 중단하자 오히려 보상이 제시되기 전보다 부정적인 결과를 가져왔다는 것이다. 실험을 진행한 데시는 "돈은 동기를 부여하지만 동시에 내면의 동기를 파괴한다"라고 결론 내렸다.

2000년에는 경제학자들이 20주에 걸쳐 이스라엘 하이파의 탁아시설 이용자를 대상으로 실험을 진행했다. 탁아소에는 부모들이 제시간에 아이를 데리러 오지 않는 바람에 교사들이 퇴근을 못하는 문제가 있었다. 탁아소는 약속시간보다 늦게 아이를 데리러 오는 부모에게 벌금을 물리기 시작했다. 특정 행동에 벌금이라는 채찍을 도입하면 그런 행동이 감소할 것이라는 통념이 맞는지 확인하기 위해서였다. 벌금 시스템을 도입한 결과, 아이를 늦게 데리러 오는 부모가 꾸준히 늘어나더니 이전의 두 배 수준까지 증가했다. 벌금 도입은 '도덕적 의무'를 '금전적 계약'으로 바꿔버렸다. 처벌은 바람직한 행동을 끌어내기보다 오히려 밀어내는 결과를 가져왔다.

미래학자 다니엘 핑크는 "사람들은 외적 보상이 두드러지는 환경에서는 보상을 유발하는 지점까지만 노력하고 그 이상은 애쓰지 않는다"라고 지적했다.[10] 외적 보상이 동기를 주기는커녕 오히려 저해하는 '보상의 역설' 현상이 나타난 것이다. 왜 그럴까?

인간은 본능적으로 자율성을 추구하는 자기 주도적 존재이기 때문이다. 오스트리아의 정신분석학자로 아우슈비츠 강제수용소 생존자이기도 한 빅터 프랭클은 유대인 수용소와 같은 극한 상황을 극복한 사람들을 연구한 결과 "인간은 어떤 절망적인 상황에서도 의미를 추구하는 존재"라고 말했다. 프랭클은 이를 발전시켜 인간에게는 외적 환경보다 개인의 의미 추구와 태도가 가장 중요하다는 '로고테라피'(의미치료) 심리치료 요법을 고안했다. 매슬로가 가장 높은 차원의 욕구로 제시한 자아실현 욕구는 외적 보상으로 형성되는 게 아니다. 조건부 보상은 시야를 흐리게 만드는 터널 효과를 일으켜, 장기적이고 본질적인 목표를 추구하지 못하게 하는 결과를 가져올 수 있다.

물론 외적 보상도 적절한 상황에서는 효과가 있다. 단순하고 힘든 작업이나 흥미롭지 않은 일에는 보상이 효과를 거둔다는 사실이 다양한 연구를 통해 확인됐다. 따분한 일은 잠식당할 만한 내재적 동기가 없기 때문이다. 하지만 본질적으로 창의적이고 흥미로운 일에는 외적 보상이 적절하지 않다.

애플의 혁신을 주도한 스티브 잡스는 "열정에 불을 붙이는 것이 위대한 일을 이루기 위한 유일한 길"이라며 "여정 그 자체가 최대의 보상"이라고 말했다. 누구나 자신만의 꿈을 찾아내고 이를 내적 동기로 연결해 자아실현을 추구하는 삶을 소망하지만 마음만으로 되는 일이 아니다. 꿈과 동기는 태어날 때부터 주어지는 게 아니라, 교육과 훈련을 통해 만들어지는 것이다. 펜실베이니아대학의 심리학 교수인 앤절라 더크워스는 열정과 끈기의 힘을 조명한 책《그릿》에서 자신의 일에 대한 열정을 발견하는 것은 평생에 걸쳐 발전시키고 심화시켜야 하는 과정이라고 말했다.[11]

생텍쥐페리는 "부하들에게 배를 만들게 하고 싶다면 배 만드는 법을 가르치는 대신 무한한 바다를 동경하게 만들라"고 말했다. 기술과 트렌드가 빠르게 변화하는 세상에서 가변적인 외부의 기준과 평가를 따르는 것은 신뢰할 수 없고 비효율적인 방법이다. 다양한 변화를 버텨낼 수 있는 방법을 찾아야 한다. 외부의 변화에 흔들리지 않는 목표는 내면으로부터 길어올린 자발적 동기를 통해 만들어진다. 메타인지는 단어 그대로 인지 상태에 대한 앎을 의미하는 '상위 인지'이기 때문에 매슬로의 인간 욕구 위계에서 최고 지점에 있는 자아실현 욕구와 짝을 이룬다. 큰 폭의 변화가 휘몰아치는 디지털 세상에서 메타인지를 키우는 방법은 변화에 쉬이 흔들리지 않고 장기적 관점을 제시하는 자아실현이라는 내면의 동기를 발견하고 추구하는 일인 이유이기도 하다.

5   다른 사람의
      눈을 빌리는 법

메타인지는 자신의 인지 상태를 파악하는 능력으로, 일종의 자기 객관화 능력을 의미한다. 메타인지가 어려운 까닭은 자기객관화가 유난히 힘든 일이기 때문이다. 1970년 툴레인대학의 심리학과 교수 고든 갤럽은 실험을 통해 침팬지가 거울 속 자기 모습을 인식한다는 것을 보여준 획기적인 논문을 발표했다.[12] 동물들은 대개 거울 속 자기 모습을 보고 다른 동물로 인식하고 반응한다. 갤럽의 논문이 나온 이후 수많은 동물을 대상으로 '거울 테스트'가 진행됐지만 거울에 비친 모습이 자신이라는 것을 알아차리는 동물은 침팬지, 오랑우탄, 돌고래, 코끼리 등 극소수에 불과했다.

거울 실험을 통과하지 못한 동물이 대부분이지만 그것 때문에 생존에 어려움을 겪지는 않는다. 동물을 대상으로 한 거울 실험은 자신의 존재를 제3자의 눈으로 볼 줄 아는 능력이 자기인식을 갖춘 고

대부분의 동물은 거울에 비친 모습이 자신이
라는 것을 몰라도 생존에 어려움이 없다. 메
타인지 역시 인간의 생존에 필수불가결한 수
단은 아니다. 우리가 메타인지를 갖추기 위해
더 노력해야 하는 역설적 이유다.
(출처: 위키피디아)

등 동물을 판정하는 주요한 기준이라는 것을 알려주지만, 동시에
생존과는 무관한 능력이라는 것도 의미한다. 이는 동물의 자기인식
능력이 종과 개체로서의 생존과 무관한 것처럼 메타인지는 인간의
생존에 필수불가결한 수단이 아닐뿐더러 그 능력을 적절하게 활용
하는 사람 또한 다수가 아니라는 현실을 적나라하게 보여준다.

　메타인지가 인지의 계기판이나 제어판으로 기능하는 지극히 유
용한 도구임에도 제대로 활용하는 이가 적은 까닭은 사람에게 자기
객관화가 그토록 어려운 이유와 동일하다. 자신을 객관적으로 바라
본다는 것은 자신이라는 제약을 넘어서 타인의 관점을 갖는다는 것
을 의미한다. 사람은 자신의 눈과 귀로 보고 들은 내용을 뇌에서 종
합해 자신만의 정서와 인지를 구성한다. 뇌 안에서 일어나는 과정

은 다른 사람은 말할 것도 없고 자기 자신도 제대로 알 수 없다. 자기객관화는 타인의 눈과 귀를 통해 '객관적으로' 자신을 본다는 의미다. 아무리 시력이 뛰어나도 사람은 맨눈으로 자신의 뒤통수를 볼 수 없다. 자기 얼굴도 도구를 통하지 않고서는 볼 수 없다. 거울과 사진 같은 신체 외부의 관점과 도구를 도입한 덕분에 우리는 자신의 모습을 객관적으로 파악할 수 있게 됐다. 우리는 다른 사람의 눈과 귀를 소유할 수 없고, 빌릴 수도 없다. 다른 사람은 우리 각각을 제3자의 위치에서 볼 수 있지만 우리에게 자신이 관찰한 사실을 완벽히 객관적으로 알려주지 않는다. 적당히 윤색하고 왜곡해서 전달하는 게 일반적이다. 〈백설공주〉에 나오는 왕비의 거울처럼 객관적 사실을 솔직하게 말해주는 도구는 없다.

사람은 누구나 자신을 특별하게 느끼고 생각하도록 만들어졌다. 다른 사람의 굶주림과 달리 나의 허기는 온몸이 느끼며 나의 통증과 쾌감은 신경과 혈관, 피부를 통해 직접 전달된다. 자신의 생각과 감각을 절대시하는 인간의 기본적 상황은 자신을 객관화하는 것을 지극히 어려운 과제로 만든다. 하지만 자기객관화가 어렵다고 해서 불가능한 과제는 아니다. 마치 거울처럼 그 작동 구조를 알고 활용하는 법을 익히면 외부의 관점을 받아들여 자신을 객관적으로 바라보는 시각을 지니게 되는 것과 비슷하다. 거울과 사진이라는 외부 관점을 수용하듯, 우리는 타인의 관점을 받아들여 자신을 바라볼 수 있다.

동서양의 성현이
동일하게 전하는 황금률

자신의 감정과 인지를 유일한 원천으로 삼거나 절대화하지 않으려면 다양한 경로를 만들어 외부로부터 인지적·감정적 자극을 받아들이기 위해 노력해야 한다. 인간은 자신의 감각과 인지에 갇히기 쉬운 존재이지만, 그러한 상황이 주는 한계를 깨달으면 다른 사람의 관점과 판단을 적극적으로 받아들이려고 노력하게 된다.

다른 사람의 관점을 수용하는 것은 결코 쉬운 일이 아니다. 동양과 서양에서 동일하게 황금률로 여겨지는 경구를 통해서도 알 수 있다. 위나라 자공이 공자에게 물었다. "평생에 걸쳐 실천해야 할 한마디 말이 있다면 무엇일까요?" 그러자 공자는 이렇게 답했다. "자신이 원치 않는 것은 다른 사람에게도 베풀지 말아야 한다己所不欲 勿施於人"(《논어》 위령공편). 예수는 "무엇이든지 남에게 대접받고자 하는 대로 너희도 남을 대접하라. 이것이 율법이요 선지자니라"라고 말했다(〈마태복음〉 제7장). 서로 다른 시대와 장소에 살았던 성현이 남긴 어록이지만, 후대 사람들이 뽑아서 '황금률'이라고 전하는 가르침은 사실상 동일한 내용이다. 바로 "다른 사람의 처지에서 생각하라"는 것이다. '황금률'은 다른 사람의 관점에서 바라보고 생각하는 것이 인간관계에서 가장 중요하면서도 어려운 일이라는 것을 알려준다.

공자와 예수의 가르침은 타인의 관점과 처지를 이해하고 수용하는 것이 다른 사람들을 대하고 살아가는 데 가장 중요한 원칙이라는 삶의 태도와 세계관이지만, 이는 인지적 차원에서도 매우 중요한 원칙이다. 다른 사람의 처지를 이해하고 수용하는 태도를 갖추면 공감과 소통 능력이 뛰어난 관계 전문가가 될 수 있다. 다른 사람의 관점을 개방적으로 받아들이면 남들이 지닌 풍부한 지식과 다양한 시각을 흡수할 수 있어, 그 자신이 뛰어난 지적 능력의 소유자가 된다.

6 메타인지의 도구들

　외부의 지식과 관점을 효과적으로 받아들이는 비밀스럽고 참신한 방법이 따로 있는 게 아니다. 오랜 세월에 걸쳐 검증된 전통적인 공부법이다. 프랜시스 베이컨은 일찍이 "독서는 충만한 사람을 만들고, 토론은 준비된 사람을 만들고, 글쓰기는 정확한 사람을 만든다"라고 말했다. 책을 읽는 것은 다른 사람의 지식과 관점을 나의 것으로 받아들이는 과정이다. 토론은 다른 사람의 생각과 논리를 내 것과 비교하고 융합하는 과정이다. 글쓰기는 희미한 것을 명료하게 만들고 정확성을 찾아가는 작업이다. 잘 안다고 생각한 것도 글로 써보면 빠진 대목이 잘 드러난다. 독서와 토론, 글쓰기는 누구나 알고 있는 오래된 공부법이지만, 메타인지는 왜 우리가 다른 사람의 지식과 관점을 수용하는 것이 중요한지를 또 다른 차원에서 알려준다.

교토대학의 생물학자 나가타 가즈히로는 "독서나 학문의 의미는 자신이 그때까지 무엇 하나 알지 못하는 존재였다는 사실을 처음으로 깨닫는 자체에 있다"라고 말했다.[13] 내가 아는 게 세상의 극히 일부에 지나지 않음을 깨닫는 것은 자신이라는 존재를 상대화하는 것이고 이는 지적인 겸허함이다. 나가타는 "무엇을 안다는 것은 '그것을 모르던 자신'을 알게 되는 것"이라며 "한 권의 책을 읽으면 그만큼 자신을 보는 새로운 시선이 자신 안에 생겨나는 '자기의 상대화'가 일어난다"라고 일깨운다.

물론 이런 깨달음을 주는 것은 책에 담긴 지식뿐만이 아니다. 우리가 지닌 지식과 익숙한 관점을 자극하는 모든 정보는 메타인지로 안내하는 도구다. 근대 과학혁명을 일으킨 뉴턴도 "내가 남들보다 좀 더 멀리 보았다면, 그것은 거인들의 어깨 위에 올라선 덕분"이라고 말했다. 과학자 아닌 누구라도 계단을 한발 올라가면 눈에 보이는 풍경이 미세하게 달라졌다는 것을 안다. 거인의 관점을 지니는 데 가장 좋은 방법은 한발 한발 계단을 딛고 올라가는 것이다.

메타인지는 익숙한 환경을 벗어나 새로운 관점을 갖고 새로운 정보를 만나는 것에서 시작한다. 낯선 곳으로의 여행이나 새로운 경험 또한 우리를 메타인지로 이끄는 도구다. 내가 몰랐던 것을 아는 방법은 독서만이 아니라 낯선 곳에서 전혀 다른 방식의 삶이나 생각을 만나는 것으로도 가능하다. 메타인지의 중요성을 알게 되면 공부의 주요한 목적이 내가 모른다는 것, 내 지식의 한계를 깨닫기 위한 것이 된다. 그 한계를 깨닫고 나면 스스로 더 나은 배움을 향해 발을 내딛게 되기 때문이다.

　메타인지와 연결되는 자기성찰을 위해서는 일상에서의 의례도 필요하다. 걷기나 달리기, 멍하게 휴식하기 등 고독하게 홀로 있는 시간과 공간이 필수적이다. 스스로에 대해서 또는 특정한 생각에 대해서 자유롭게 생각할 수 있는 자기만의 공간 또한 중요하다. '프라이버시' 개념을 확립한 미국의 대법관 루이스 브랜다이스는 사람에게는 누구나 자유롭게 생각하고 존엄을 지킬 수 있는 사적인 공간이 필요하다고 역설했다. 도시와 사람들을 떠나 바닷가에 자기만의 작업실을 꾸리고 미술 창작에 나선 문화심리학자 김정운은 자신의 공간을 '슈필라움Spielraum'(놀이를 위한 공간)이라고 이름 붙였다. 작곡가 구스타프 말러의 아터제 호숫가 오두막, 정신분석학자 카를 구스타프 융의 볼링겐 돌집, 《에세》의 산실이 된 몽테뉴의 몽테뉴 성 등 빛나는 작품의 무대가 된 장소는 효율적인 작업실이었을 뿐 아니라 창작자를 자신만의 세계로 침잠하게 만드는 메타인지의 공간이기도 했다.

　외딴 곳에 있어도 초고속 통신망과 스마트폰으로 세상 모든 정보가 쏟아지는 오늘날에는 메타인지와 자기성찰을 위해서 특정한 공간보다 일상 속의 의례가 더욱 중요해졌다. 걸어가면서 동영상을 보고 식사와 대화 중에도 스마트폰에서 눈을 떼지 못하는 사람들이 많은 요즘에는 더욱 메타인지와 성찰을 위한 자신만의 의례를 마련할 필요가 있다. 가장 쉽고 누구나 이용할 수 있는 길은 디지딜 기기 없이 마음 가는 대로 생각하며 걷는 것이다.

동서고금의 수많은 사람들이 걷기야말로 가장 좋은 생각과 성찰의 도구라고 칭송했다. 미국의 초월주의 사상가인 랠프 왈도 에머슨은 "걷기는 정신을 위한 체조"라고 했고, 헨리 데이비드 소로는 "하루에 4시간이나 그 이상 숲과 언덕, 들판을 산책하지 않으면 몸과 정신을 건강한 상태로 유지할 수 없다"라며 다리가 움직이는 순간 생각이 흐른다고 말했다. 장 자크 루소는 더욱 단호하게 걷기와 성찰의 관계를 정의했다. "나는 걷지 않으면 성찰할 수 없다. 걸음을 멈추는 순간, 나는 더 이상 생각하지 않는다."

9장

맺음말

나 자신에게 주의를 기울여라

THE POWER OF
METACOGNITION

세상에는 재난과 죽음, 노화, 타인의 감정처럼 우리가 어떻게 할 수 없는 일들이 있다. 우리가 바꿀 수 있는 것은 자신의 생각과 마음, 행동 등 각자의 결정 범위 안에 있는 일들뿐이다. 무엇이 나의 영향력 범위 안에 있고 무엇이 나의 영향력 밖에 있는지를 파악하면 우리는 좀 더 지혜롭게 생각하고 행동할 수 있다.

미래는 누구도 확실하게 알 수 없는 영역이다. 불확실한 미래에 대한 불안을 잠재우기 위해 다양한 전망과 대비책이 제시되지만 시간이 지나면 미래 예측 대부분은 틀린 것으로 드러난다. 미래학자들의 공통점은 거짓말쟁이라는 우스개가 있을 정도다. 미래 예측은 항상 어긋날 수밖에 없지만 두 가지는 분명하다. 첫째, 미래는 알 수 없다. 둘째, 미래는 지금과 다를 것이다. 즉 변화한다는 것만이 확실한데, 그 변화의 속도와 범위는 갈수록 증폭된다.

점점 더 빠르게 변화하고 복잡도와 예측 불가능성이 커지는 세상에서 메타인지 능력이 무엇보다 중요하다는 게 드러나고 있다. 메타인지는 이미 2500년 전에 소크라테스와 공자가 가장 중요한 지적 능력이라고 강조했을 뿐 아니라, 어느 시대 어느 사회에서도 핵심적인 인지 능력이었지만 오늘날 더욱 그 가치와 중요성에 주목해야 한다. 점점 빠르게 변화하는 환경, 개인의 선택과 자유의 영역이 확대되는 DIY 환경, 기술 발달과 기술에 대한 의존성 심화라는 세 가지 차원은 메타인지 능력을 정보 사회에서 살아가기 위한 필수적인 생존 역량으로 요구하고 있다.

변화 가속, 선택의 증가,
기술 발달과 메타인지

첫째, 예측하지 못한 거대한 변화가 계속 몰아치는 환경에서는 변화 적응 능력이 최선의 생존법인데, 여기엔 메타인지가 핵심이다. 대부분의 생명체는 각각의 환경에 적합한 생존 능력을 유전자에 지닌 채 태어나지만 사람은 다르다. 사람은 생존 능력을 유전자에 모두 갖춘 채 태어나지 않았다. 쌍둥이도 생존 능력에는 차이가 있다. 인간의 생존 능력은 백지상태tabula rasa로 태어난 뇌에 어떠한 지식과 경험을 새겨 넣느냐에 따라 달라지게 된다. 사람이 변화에 적응하며 생존하는 법은 새로운 지식과 역량을 학습하는 것이다.

이러한 배움에 나서려면 자신이 무엇을 모르고 있는지를 자각하는 능력이 필요하다. 끊임없이 변화하는 만물유전 '판타 레이'의 세상은 지금까지 효율적이고 모범답안이던 지식체계와 기술을 쓸모없는 것으로 만들어버린다. 더욱이 인공지능과 컴퓨터 기술은 많은 영역에서 사람보다 뛰어난 업무 수행 능력을 보이면서 일자리를 자동화하고 있다. 정해진 문제에 대해 정답을 제시하는 능력은 인공지능이 이미 인간을 능가했다. 답이 정해져 있는 직무와 해결 방식은 하나둘 기계에 의해서 대체되고 있다.

하지만 새로운 기술과 문화가 등장해 안정적인 것을 변화시킨다는 것은 지금까지 없던 새로운 문제와 과제가 계속 만들어진다는 것을 의미한다. 답이 존재하지 않는 새로운 문제가 계속 생겨나면 지식세계의 지형도가 달라진다. 새로운 목표를 향한 길 찾기가 필요해지는 것이다. 2장에서 살펴본 것처럼 길 찾기에서 가장 중요한 정보는 자신의 현재 위치다. 표적이 계속 움직이는 상황에서는 전체적인 변화의 모습을 조망할 수 있는 지형도와 자신의 현재 위치를 파악하는 능력이 필요하다.

끊임없이 변화하는 세상에서는 두 가지 능력이 요구된다. 하나는 강물이 이미 흘러갔고 환경이 변화했다는 사실을 깨닫는 것이다. 또 하나는 변화한 환경에 요구되는 새로운 태도와 능력을 갖추는 것이다. 이는 오늘날 세상이 가장 뛰어난 학습자의 시대가 된다는 것을 의미하고, 뛰어난 학습자가 되기 위해서 자신의 무지를 깨닫는 메타인지가 필요하다는 것을 의미한다. 저명한 사회학자인 벤저민 바버는 "나는 세상을 강자와 약자, 성공과 실패, 성공하는 사람과 성공하지 못하는 사람으로 구분하지 않는다. 세상은 다만 배우려는 자와 배우려 하지 않는 사람으로 나뉠 뿐이다"라고 말했다.[1] 배움은 자신의 무지를 발견하고 수용하는 것에서 출발한다.

둘째, 개인의 선택지가 늘어난 세상에서 현명하게 결정하기 위해서는 자신을 잘 아는 능력이 중요하다. 편리함과 혁신을 추구하는 소비산업 사회에서 선택지와 개인의 자유는 갈수록 늘어난다. 검색과 자동화 기술, DIY(Do It Yourself) 상품의 증가로 인해 개인들은 과거와 비교할 수 없이 다양한 역할을 직접 수행해야 하는 환경에 놓였다. 또한 선택지와 자유가 늘어남에 따라, 현대인은 훨씬 다양한 역할과 임무를 요구받고 있다. 누구나 검색만 하면 정보에 접근할 수 있기 때문이다.

그런데 이러한 환경은 메타인지의 출발점인 무지를 자각하기 어렵게 만든다. 슬로베니아의 철학자 레나타 살레츨은 "무제한 정보를 온라인으로 이용하는 시대에서 지식의 부족을 인정하기란 어려운 일이다. 모두가 검색엔진의 도움을 받을 수 있으니 어떤 것을 알지 못한다고 핑계 댈 수 없기 때문"이라고 말한다.[2] 살레츨은 디지털 환경이 모든 것을 스스로 처리하도록(DIY) 요구하는 '사회의 이케아화'를 가져왔는데, 이는 자신의 지식 부족을 인정하기 어렵게 만든다고 경고한다.

정보 사회에서는 모든 사람이 이메일이나 스마트폰 같은 시간 절약 도구를 사용하고 있지만, 실제로는 시간 압박에 시달리는 '시간 기근' 현상도 나타나고 있다.[3] 편리한 정보기술 때문에 개인들이 가정과 직장에서 과거와 비교할 수 없이 다양한 일들을 직접 처리하도록 요구받는 게 그 배경이다.

개인화한 모바일 기기와 서비스는 생활의 거의 모든 영역을 디지털화하고 있으며 생체정보 등과 연계된 개인별 서비스 또한 늘고 있다. 예를 들어 스마트폰의 애플리케이션은 대부분 개인별 맞춤화 서비스이기 때문에 자동화 기술과 다른 사람의 도움을 받는다고 하더라도 한계가 있다. 결국 이용자 본인이 선택하고 설정해야 하는 부분이 상당히 많다. 이런 DIY 환경에 적응하기 위해 웬만한 일은 이용자가 직접 배워서 처리할 수 있도록, 인터넷과 유튜브에는 친절하고 상세한 안내가 제공된다. 복잡해지는 세상에서 우리는 점점 더 많은 것을 선택해야 하고, 각자 직접 배워서 처리해야 하는 일이 늘어난다.

효과적인 학습뿐 아니라 현명한 선택을 위해서도 메타인지가 필요하다. 무한한 선택지가 있고 자유와 자율이 기본이 된 세상에서는 일일이 그 대상을 비교하고 따져보는 게 불가능하다. 자신의 마음과 역량 상태를 객관적으로 파악하는 메타인지 능력이 대상에 대한 지식보다 우선시되는 까닭이다. 언론인 데이비드 엡스타인은 과거와 현재를 통틀어 천재로 불린 사람들의 다양한 사례를 연구해 다음과 같은 결론을 내렸다. "무언가를 배우는 것보다 자기 자신에 관해 배우는 것이 교육의 진정한 목표가 되어야 한다."[4]

셋째, 기술의 영향력이 커질수록 메타인지 능력은 더욱 소중해진다. 디지털 기술은 점점 강력해지고 편리해지고 있으며, 이용자들은 더 오랜 시간 동안 더 다양한 서비스를 이용하고 있다. 현대인은 깨어 있는 시간의 3분의 1가량을 스마트폰 이용에 할애하고 있다. 디지털 기업들의 욕망은 한도가 없어, 넷플릭스 창업자의 말처럼 맞춤형 서비스는 이용자들의 수면 시간을 빼앗기 위한 기술 경쟁을 펼치고 있다. 개인별 맞춤형 서비스를 이용할 때마다 우리는 자신의 개인정보를 서비스 기업에 제공하고 있는 셈이다. 우리가 스마트 기기를 장시간 붙들고 맞춤형 서비스를 이용하면서 많은 데이터를 제공함에 따라 두 가지 현상이 강화된다. 하나는 기술이 사람을 더 잘 이해하게 된다는 것이고, 다른 하나는 이용자들이 그러한 맞춤형 디지털 기술에 더 깊이 의존하게 된다는 것이다.

인공지능과 기계학습을 도구로 방대한 데이터를 제공받는 디지털 기술은 지금까지 존재한 적 없는 강력한 능력을 지니게 되었다. 디지털 기술은 이용자 데이터를 기반으로 특정한 상황에서 인간의 행동 패턴과 심리, 반응체계를 분석하고 예측하는 능력을 갖고 있다. 인공지능 맞춤화 기술은 이용자의 성향을 속속들이 파악하고, 추천과 알고리즘으로 이용자에게 영향력과 지배력을 행사한다. 페이스북은 이용자에게 동의 없이 콘텐츠를 선별적으로 노출시켜 심리 상태에 영향을 주는 '감정 조작 실험'을 수행한 사실이 들통 나 거센 비판을 받은 바 있다.[5] 유튜브, 페이스북, 넷플릭스 등 인기 높은 서비스에서 우리가 만나는 정보들은 대부분 이용자별 성향과 특징에 맞춰 추천된 것들이다. 이용자들이 정보를 얻는 방식이 스스로 검색하고 선택한 결과가 아니라 알고리즘 추천의 결과라는 것은 위험한 현상이다. 맞춤형 서비스의 궁극적인 목적은 이용자들의 체류 시간을 최대로 늘려 수익을 극대화하는 것이다. 맞춤형 서비스에 의존하는 사람들이 필터 버블과 울림통echo chamber 현상에 갇힐 우려가 커지는 이유다.

앞서 살펴본 것처럼 자유로워지기 위해서는 우리가 무엇에 영향을 받는지 파악해야 한다. 유발 하라리는 인공지능과 생명공학 발달로 기술이 사람에 대해 더 잘 알게 될수록 우리는 "내가 누구인지, 내가 인생에서 바라는 게 무엇인지 알아야 한다"라고 강조했다.[6] 인공지능 시대에는 삶에 대한 통제권을 기계에 빼앗기지 않기 위해서 자신의 운영체제를 파악하는 메타인지 능력이 무엇보다 중요해진다.

메타인지, 학습 도구에서
자아성찰로

메타인지는 학습 효율성을 높여주는 강력한 지적 도구일 뿐 아니라 인지 능력을 종합적으로 활용하게 해준다는 점에서 일종의 '인간 사용설명서'다. 큰 틀에서 보면, 우리가 마음대로 사용할 수 있는 것은 결국 자기 자신뿐이다. 아무리 뛰어난 능력을 지녔다고 해도 나를 둘러싼 환경을 내가 원하는 대로 만드는 것은 불가능하다. 권력과 부를 이용해 다른 사람들을 조종하려는 것도 이내 한계에 부닥치는 어리석은 시도다. 개인의 권리의식과 자유 추구가 확대되는 세상에서 누군가를 내 마음대로 부리는 일은 갈수록 어려워진다. 결국 우리가 생각하는 대로 움직일 수 있는 대상은 자신의 몸과 마음뿐이다.

작동 구조와 조작법을 모르면 그 도구를 원하는 대로 다룰 수 없다. 인간이 지닌 탁월한 사고능력과 판단능력을 제대로 사용하기 위해서 우리는 생각과 감정이 어떻게 작동하며 어떠한 힘의 영향을 받는지 알아야 한다. 행동경제학, 인지심리학 등 현대 인지과학 연구는 이성적 존재인 인간의 사고능력이 본능과 다양한 편향에 얼마나 취약한지 알려준다. 지난 시절 철학자와 구도자, 종교인이 오랜 기간 깊은 성찰과 수련을 통해 도달했던 인생의 지혜를 오늘날에는 인지과학적 연구를 통해 평범한 사람들도 어렵지 않게 접근할 수 있게 됐다. 바로 메타인지라는 도구다. 메타인지의 중요성과 역할을 알게 되면 우리는 자신의 인지 상태에 대한 계기판을 손에 넣는 셈이고, 나아가 이를 생각과 행동을 제어하는 도구로 활용할 수 있게 된다.

메타인지는 자신의 지각 상태를 알려주는 인지의 계기판이라는 점에서 학습과 업무의 효율성을 높여주는 도구다. 하지만 개인이 메타인지를 효과적인 학습 도구로 사용하고자 해도, 메타인지는 학습과 같은 특정한 업무에 머무르지 않는다. 메타인지는 실용적 목적으로 가동되더라도 필연적으로 자신에 대한 성찰로 이어지게 된다. 자신의 인지 상태를 반추하는 메타인지는 본질적으로 자신의 내면을 들여다보는 행위이기 때문이다. 특정한 지식과 인지에 대한 관심에서 메타인지가 시작되지만 그 대상에 대해 '내가 알고 있는 것은 무엇인가'라고 묻는 행위는 결국 '나는 누구인가'라는 자기성찰로 이어지게 마련이다. 이는 현대 인지과학이 '메타인지'라는 용어를 사용하기 오래전부터 동서고금의 숱한 사상가들이 다뤄온 '자기성찰' 또는 '내성內省,Introspection'이라는 주제다.

앎이 삶에 대한 성찰과 실천으로 이어지는 지점이다. 조선시대 과거시험 합격과 출세 등 현실적인 목적에서 시작한 학업이 의미 있는 삶의 방식을 성찰하고 행동하게 만드는, 지행합일知行合一의 차원으로 이어지던 것과 일맥상통한다. 퇴계 이황은 "군자의 학문은 자아 완성을 위할 따름이다君子之學 爲己而已"라고 말했다.[7] 공자는 공부를 '남들에게 인정받기 위한 공부'와 '자신만을 위한 공부'로 구분했다. 전자는 목적 달성을 위한 수단인 '위인지학爲人之學'이고, 후자는 자아성찰과 인격 수련을 목적으로 하는 '위기지학爲己之學'이다. 공자는 위기지학이 진정한 공부라고 말했다.[8]

서양에서도 마찬가지다. 소크라테스는 "가장 지혜로운 사람은 소크라테스다"라는 델포이 신탁의 진실성을 의심하고 "내가 가장 지혜로운 사람일 리가 없다"라며 앎에 대한 관심과 호기심에서 탐구를 시작했지만, 소크라테스의 추구는 의미와 가치가 있는 삶과 죽음에 대한 실천으로 이어졌다.

인생에서 진정 중요한 것에
전념하는 일

메타인지가 삶에 대한 성찰로 이어진다는 점에서 메타인지의 추구는 특정한 지식과 인지에 대한 관심을 넘어 인생에서 가장 큰 영향을 미치는 것이 무엇인지를 탐구하도록 안내한다. 모든 사람의 인생에 가장 큰 영향을 미치는 사건은 아마도 죽음일 것이다. 인생에서 가장 확실하고, 그래서 모든 사람의 삶에 지대한 영향을 미치는 사건이 바로 죽음이다. 스티브 잡스는 2005년에 스탠퍼드대학 졸업식 연설에서 "인생의 가장 위대한 발명은 죽음"이라고 말했다.[9] 죽음은 누구도 바라지 않지만 결코 피해갈 수 없는 사건이다. 죽음에 직면해서는 외부의 기대, 자부심, 수치와 실패에 대한 두려움 등이 모두 별것 아닌 게 되고 진실로 중요한 것만이 남게 된다. 그래서 죽음은 삶을 변화시키는 동력이 될 수 있다고 잡스는 말했다. 삶을 관조하며 정념과 욕망으로부터 해방된 상태인 아파테이아apatheia를 추구한 고대 로마의 스토아 철학자들도 "우리가 죽는다는 사실은 행운이다"라고 주장했다. 모든 종교와 인생관의 출발점도 죽음에 대한 사색이다.

'너도 죽는다는 것을 기억하라'는 라틴어 문구인 '메멘토 모리Memento mori'는 서양 문화 곳곳에 깊이 배어 있다. 고대 로마에는 전쟁에서 이기고 돌아온 장군이 네 마리 말이 끄는 전차를 타고 시내 거리를 돌며 요란한 축하를 받는 개선행진이 있었다. 그런데 이 영

폴 세잔의 바니타스 정물화. 죽음을 기억해 삶의 유한성을 깨닫고, 인생에서 가장 중요한 일에 집중하는 것, 삶의 순간순간에 주의를 기울이라는 것이 바니타스 정물화가 진정 전하고자 하는 메시지가 아닐까.

광스러운 행진 행렬에는 한 가지 독특한 의식이 있었다. 한 노예가 개선장군의 뒤를 따르며 "메멘토 모리"라고 큰 소리로 계속 외쳤다. 만인의 축하를 받는 가장 영광스러운 순간에 "개선장군이라고 우쭐대지 마라. 너도 반드시 죽는다. 언제나 겸손함을 잃지 마라"는 메시지를 전하는, 고대 로마의 의례였다. 서양 중세에는 인생의 허무함과 덧없음을 주제로 한 바니타스vanitas(허무, 무상, 허영을 뜻하는 라틴어) 정물화에 메멘토 모리를 상징하는 표현이 들어가곤 했다. 시체나 해골, 늙은이처럼 죽음과 인생무상을 상징하는 이미지가 많이 쓰였다. 영국 청교도들도 묘비에 '메멘토 모리' 문구를 새기거나 책상 위에 사람 해골을 올려놓고 수시로 죽음을 생각하는 의례를 따르곤 했다.[10]

언젠가 죽는다는 사실을 잊지 말라고 '메멘토 모리'를 말하는 사람들이 유별난 허무주의자이거나 염세주의자는 아니다. 메멘토 모리는 아직 죽음이 찾아오지 않았지만 누구나 피할 수 없는 명확한 사실이라는 인식에서 출발한다. 이는 죽음이 알려주는 삶의 유한성과 덧없음을 통해 인생에서 진짜 중요한 문제에 전념하려는 의도다. 스토아 철학자였던 로마제국의 16대 황제 마르쿠스 아우렐리우스는 자신만을 위한 명상록에 "천년만년 살 것처럼 행동하지 마라. 죽음이 지척에 있다"라고 쓰고 "죽음을 멸시하지 말고 죽음을 기뻐하라"고 스스로 다짐했다.[11]

메멘토 모리와 금욕주의를 강조하는 스토아 철학은 어떠한 상황에서도 마음의 평정을 잃지 않는 초연한 상태를 추구하기에 현실외면주의로 알려져 있지만, 실상은 그 반대다. 가장 현실적이면서 실용성을 추구하는 철학이다. 스토아주의자인 뉴욕시립대학의 철학교수 마시오 피글리우치는 "스토아 철학의 두드러진 특징은 무엇보다 그 실용성에 있다"라며 스토아 철학은 행복하고 의미 있는 삶을 구현하기 위해 철두철미 실용적인 방법을 목표로 내건 것이라고 주장한다.[12] 내면의 평정과 행복을 추구하는 스토아 철학은 최대한 외부 상황과 환경 변화에 좌우되지 않는 구체적인 방법을 제시한다. 자신이 통제할 수 있는 일과 그렇지 못한 일의 차이를 구분하고 각각의 일에 대해 서로 다른 방법으로 접근해야 한다는 것이다. 세상에서 일어나는 일 대부분은 내가 개입하거나 통제할 수 없는 것이기에 어떤 일이 일어나건 기뻐할 것도, 슬퍼할 것도 아니다. 그저 받아들일 뿐이고, 내가 유일하게 통제할 수 있는 나의 내면에 집중해 평정심을 유지하도록 노력하라는 게 스토아 철학의 핵심이다.

메타인지는
주의를 기울이는 일

> 신이시여, 내가 바꿀 수 없는 것들을 받아들이는 평온과
>
> 바꿀 수 있는 일들을 바꿀 용기와
>
> 그 둘의 차이를 알 수 있는 지혜를 허락해주소서.[13]

'평온을 비는 기도문'으로 알려진 이 기도문은 미국의 신학자 라인홀트 니부어가 1934년에 한 예배에서 사용한 이후 미국금주협회 등 여러 단체가 채택하면서 널리 알려졌다. 이 문장의 원형을 처음 전한 사람은 2000년 전 노예 출신의 스토아 철학자 에픽테토스다. 그는 "당신의 능력 안에 있는 것을 최대한 이용하라. 그리고 나머지는 그 일이 벌어지는 대로 받아들이라. 어떤 일들은 우리에게 달려 있고, 어떤 일들은 우리에게 달려 있지 않다"라고 어록《엥케이리디온Enchiridion》을 통해 전한다.[14] 에픽테토스가 강조하는 것은 내 힘으로 할 수 있는 일과 내 힘으로 어떻게 할 수 없는 일을 구분하라는 것이다.

오랜 세월이 지난 뒤 니부어가 그의 가르침을 아름다운 기도문으로 재탄생시킨 것인데, 니부어가 말하는 지혜는 오늘날 메타인지로

바꿔 말할 수 있다. 세상에는 재난과 죽음, 노화, 타인의 감정처럼 우리가 어떻게 할 수 없는 일들이 있다. 우리가 바꿀 수 있는 것은 자신의 생각과 마음, 행동 등 각자의 결정 범위 안에 있는 일들뿐이다. 무엇이 나의 영향력 범위 안에 있고 무엇이 나의 영향력 밖에 있는지를 파악하면 우리는 좀 더 지혜롭게 생각하고 행동할 수 있다. 생존 자체가 위태로운 극한의 상황에서도 살아남는 길을 찾아낼 수 있다.

제2차 세계대전 때 아우슈비츠 강제수용소에 3년 넘게 수감돼 죽음을 넘나드는 극한의 고통 속에서 살아남은 정신분석학자 빅터 프랭클이 전하는 생존 비결도 스토아 철학과 닿아 있다. 그는 인간은 아무런 선택과 자유가 없는 극한의 상황에서도 여전히 태도와 생각만은 스스로 결정할 수 있다고 말했다. 그는 "생존 조건에서 나는 전혀 자유롭지 못하다. 하지만 내가 그 조건에 대해 태도를 취할 수 있다는 점에서 나는 자유롭다"라고 고백했다.[15] 프랭클은 수용소에서 살아남을 확률이 희박한 상황에서도 절망에 빠지지 않았다. 하루 한 컵 배급되는 물을 반만 마시고 나머지로 세수와 면도를 했다. 날마다 유리 조각으로 면도를 하고 뺨을 문질러 혈색이 좋아 보이게 했다. 건강 상태가 나빠져 노동력을 잃은 수감자들부터 가스실로 보내졌기 때문이다. 프랭클이 기적적으로 생환한 뒤 수용소에서의 삶과 생존 비결을 쓴 책《죽음의 수용소에서》는 세계적인 베스트셀러가 됐고, 그가 수용소 경험을 기반으로 창시한 '의미치료'(로고테라피)는 정신분석학에서 주요한 분과를 이루게 됐다.

미국 해군 조종사 제임스 스톡데일 중령은 1965년 베트남 전쟁 당시 북베트남에서 전투기를 몰다가 격추당해 포로가 되었다. 그는 7년 반이나 지속된 전쟁포로 생활 중 독방 감금, 고문 등의 극한적 상황을 견디고 생환해 미국의 전쟁영웅이 되었다. 스톡데일은 언론 인터뷰에서 "부활절 전에 또는 성탄절 전에 석방될 것이라고 기대했던 낙관주의자들은 기약 없는 수감생활이 계속되자 절망에 빠져 죽었다"라며 가혹한 현실을 직시하고 대응한 것이 자신이 살아남은 비결이라고 말했다. 이 이야기는 석방을 낙관한 포로들은 죽었고 비관적 현실을 직시한 사람은 살아남았다고 해서 '스톡데일 패러독스'라는 말로 인용되곤 한다.[16] 스톡데일은 자서전(《In Love and War》)에서 자신이 베트남에서 목숨을 건진 것은 에픽테토스를 읽은 덕분이라고 고백했다. 그는 해군사관학교 재학 시절 철학수업에서 에픽테토스를 여러 차례 읽었다고 한다. 에픽테토스에 매료된 그는 시련 속에서 자신이 무엇을 할 수 있고 할 수 없는지를 알아보는 스토아 철학자의 지혜를 지니게 된 것이다.[17]

우리가 무엇을 알고 있고 무엇을 모르고 있는지 파악하는 능력. 어떤 일은 받아들여야 하고 어떤 일을 바꿀 수 있는지 식별하는 능력. 스토아 철학자들이 추구한 지혜와 삶의 태도는 바로 메타인지와 일맥상통한다. 메타인지의 출발점은 우리 자신의 생각이 어떤 힘으로부터 영향을 받는지 파악하는 것이다. 우리는 어떻게 각자에게 끼치는 영향력의 존재를 감지할 수 있을까?

바로 주의를 기울이는 일에서 시작한다. 주의를 기울인다는 것은 인생에서 유한하고 소중한 자원이자, 각자 원하는 데 사용할 수 있다는 점에서 정신의 화폐를 지불하는 것과 같다. 자극적인 콘텐츠가 넘쳐나고 맞춤형 추천과 자동재생 알고리즘이 이용자들의 시간과 관심을 사로잡고 있는 디지털 환경에서 우리가 자신의 인지 상태와 습관에 대해 주의를 기울이기는 점점 더 어려워지고 있다. 주의를 기울이는 능력은 더 희소해지고 있고 그래서 더 소중해지고 있다.

퓰리처상을 받은 미국 시인 메리 올리버는 "주의를 기울이는 것, 이는 우리가 해야 할 한없이 마땅한 일"이라며 〈인생 사용설명서〉라는 시에서 "관심을 기울이라, 경탄하라, 그리고 인생에 대해 이야기하라"라고 말한다.[18] 밖으로 향하던 주의력을 내면으로 돌려, 내가 무엇을 생각하고 느끼고 있는지에 주의를 기울이는 것이 메타인지의 출발점이다.

"나는 내가 아무것도 모른다는 것을 안다는 점에서는
그 누구보다 현명하다."

| 주 |

저자의 말

1 김연아,《김연아의 7분 드라마》, 중앙출판사, 2010.

2 James Fallows, "How Actual Smart People Talk About Themselves", *The Atlantic*, 2018. 1. 7.

1장

1 "알파고, 사만다처럼 진화… 이세돌 5번 모두 다른 상대와 싸운다", 〈한겨레〉, 2016. 2. 28.

2 백승만,《전쟁과 약, 기나긴 악연의 역사》, 동아시아, 2022.

3 손무 지음, 김원중 옮김,《손자병법》, 휴머니스트, 2020.

4 앞의 책.

5 클레이턴 크리스텐슨 지음, 이진원 옮김,《혁신기업의 딜레마》, 세종서적, 2020.

6 "The illiterate of the 21st century will not be those who cannot read and write, but those who cannot learn, unlearn, and relearn."
앨빈 토플러 지음, 이계행 옮김,《미래 쇼크》, 한국경제신문사, 1970.

7 애덤 그랜트 지음, 이경식 옮김,《싱크 어게인》, 한국경제신문, 2021.

8 크리스티아네 취른트 지음, 오승우 옮김,《실패의 향연》, 들녘, 2007.

9 샤를 페팽 지음, 허린 옮김,《실패의 미덕》, 마리서사, 2017.

10 J. K. Rowling, "Text of J.K. Rowling's speech", *The Harvard Gazette*, 2008. 6. 5.

11 "'I Wish You Bad Luck.' Supreme Court Justice John Roberts' Unconventional Speech to His Son's Graduating Class", *Time*, 2017. 7. 5.

2장

1 데이바 소벨·윌리엄 앤드루스 지음, 김진준 옮김,《해상시계》, 생각의나무, 2005.

2 앞의 책.

3 정확도는 영국에서 대서양 건너편 서인도제도까지 여러 달 걸리는 항해에서 0.5도 이내의 정확도로, 시간 기준 2분 이내의 오차다.

4 데이바 소벨·윌리엄 앤드루스 지음, 김진준 옮김,《해상시계》, 생각의나무, 2005.

5 A Correction, *The New York Times*, 1988. 8. 23. https://www.nytimes.com/1988/08/23/opinion/c-a-correction-310788.html

6 "Ralph Plaisted, 80, Adventurer and Polar Pioneer, Dies", *The New York Times*, 2008. 9. 12. https://www.nytimes.com/2008/09/13/us/13plaisted.html

7 "First people to reach the North Pole", *Guinness World Records*, https://www.guinnessworldrecords.com/world-records/first-people-to-reach-the-north-pole

8 "Sir Wally Herbert, Polar explorer, writer and artist, he was the first man to walk to the north pole", *The Guardian*, 2007. 6. 15. https://www.theguardian.com/news/2007/jun/15/guardianobituaries.antarctica

9 마이클 본드 지음, 홍경탁 옮김,《길 잃은 사피엔스를 위한 뇌과학》, 어크로스, 2020.

10 Johnna Rizzo, "Would You Be for the End of Life as We Know It?", *Newsweek*, 2015. 7. 3.

11 리베카 솔닛 지음, 김명남 옮김,《길 잃기 안내서》, 반비, 2018.

12 마이클 본드 지음, 홍경탁 옮김,《길 잃은 사피엔스를 위한 뇌과학》, 어크로스, 2020.

13 리베카 솔닛 지음, 김명남 옮김,《길 잃기 안내서》, 반비, 2018.

14 헨리 데이비드 소로 지음, 강승영 옮김,《월든》, 은행나무, 2011.

3장

1 데이비드 포스터 월리스 지음, 김재희 옮김,《이것은 물이다》, 나무생각, 2012.

2 크리스토퍼 차브리스·대니얼 사이먼스 지음, 김명철 옮김,《보이지 않는 고릴라》, 김영사, 2006.

3 실험 영상은 대니얼 사이먼스의 유튜브(https://www.youtube.com/watch?v=vJG698U2Mvo)에서 확인할 수 있다.

4 크리스토퍼 차브리스·대니얼 사이먼스 지음, 김명철 옮김,《보이지 않는 고릴라》, 김영사, 2006.

5 조지프 히스 지음, 김승진 옮김,《계몽주의 2.0》, 이마, 2017.

6 레베카 하이스 지음, 장혜인 옮김,《본능의 과학》, 윌북, 2022.

7 에드워드 윌슨 지음, 이한음 옮김,《지구의 정복자》, 사이언스북스, 2013.

8 대니얼 카너먼 지음, 이창신 옮김,《생각에 관한 생각》, 김영사, 2018. 메타인지를 의미하는 '생각에 관한 생각'이라는 제목으로 국내 발간된 이 책의 원제는 *Thinking, fast and slow*(빠르게 생각하기, 느리게 생각하기)다.

9 게르트 기거렌처 지음, 안의정 옮김,《생각이 직관에 묻다》, 추수밭, 2008.

10 게르트 기거렌처 지음, 강수희 옮김,《지금 생각이 답이다》, 추수밭, 2014.

11 Fyodor Dostoevsky, *Winter Notes on Summer Impressions*, 1863.

12 Daniel M. Wegner, *White Bears and Other Unwanted Thoughts: Suppression, Obsession, and the Psychology of Mental Control*, 1989.

13 '인지적 구두쇠'라는 용어는 1984년 심리학자인 프린스턴대학의 수전 피스크와 UCLA 셸리 테일러 교수가 처음 사용했다.

14 알베르 무케베르 지음, 정수민 옮김,《오늘도 뇌는 거짓말을 한다》, 한빛비즈.

15 레온 페스팅거·헨리 W. 리켄·스탠리 샥터 지음, 김승진 옮김,《예언이 끝났을 때》, 이후, 2020.

16 페스팅거의 연구에서는 지명과 인명 모두 가명을 사용했다. 시카고는 레이크시티로, 도러시 마틴은 매리언 키치로 기술됐다.

17 대니얼 길버트 지음, 서은국·최인철·김미정 옮김,《행복에 걸려 비틀거리다》, 김영사, 2006.

18 조지프 히스 지음, 김승진 옮김,《계몽주의 2.0》, 이마, 2017.

19 개리 마커스 지음, 최호영 옮김,《클루지》, 갤리온, 2008.

20 조지프 히스 지음, 김승진 옮김,《계몽주의 2.0》, 이마, 2017.

4장

1 EBS 지음,《학교란 무엇인가》, 중앙북스, 2011.

2 애덤 그랜트 지음, 이경식 옮김,《싱크 어게인》, 한국경제신문, 2021.

3 캐럴 드웩 지음, 김준수 옮김,《마인드셋》, 스몰빅라이프, 2017.

4 Leonard Lyons, "Personal Glimpses", *Reader's Digest*, Vol. 74, 1959. 5.

5 찰스 다윈 지음, 이한중 옮김,《나의 삶은 서서히 진화해왔다》, 갈라파고스, 2003.

6 이언 레슬리 지음, 김승진 옮김,《큐리어스》, 을유문화사, 2014.

7 알프레드 아들러 지음, 홍혜경 옮김,《아들러의 인간이해》, 을유문화사, 2016.

8 Michael Shermer, "How Anecdotal Evidence Can Undermine Scientific Results", *Scientific America*, 2008. 8. 1.

9 제이미 홈스 지음, 구계원 옮김,《난센스》, 문학동네, 2017.

10 에리히 프롬 지음, 강주헌 옮김,《자기를 위한 인간》, 나무생각, 2018.

11 하하키기 호세이 지음,《답이 보이지 않는 상황을 견디는 힘》, 끌레마, 2018.

12 J. Keats, *Letter to George and Tom Keats*, 1818. 12. 22.

13 스콧 배리 카우프만 · 캐롤린 그레고어 지음, 정미현 옮김,《창의성을 타고나다》, 클레마지크, 2017.

14 원문은 다음과 같다. "There are known knowns: there are things we know we know. We also know there are known unknowns: that is to say we know there are some things we do not know. But there are also unknown unknowns – there are things we do not know we don't know."

15 유발 하라리 지음, 조현욱 옮김,《사피엔스》, 김영사, 2015.

16 스튜어트 파이어스타인 지음, 김아림 옮김,《구멍투성이 과학》, 리얼부커스, 2018.

17 대니얼 부어스틴 지음, 정영목 옮김,《부정적 발견의 시대》, 문예출판사, 2000.

18 샤를 페팽 지음, 허린 옮김,《실패의 미덕》, 마리서사, 2017.

19 David J. Gross Banquet speech, The Nobel Prize in Physics 2004, https://www.nobelprize.org/prizes/physics/2004/gross/speech/

20 스튜어트 파이어스타인 지음, 장호연 옮김,《이그노런스》, 뮤진트리, 2017.

5장

1 나이절 섀드볼트 · 로저 햄프슨 지음, 김명주 옮김,《디지털 유인원》, 을유, 2019.

2 대니얼 레비틴, 김성훈 옮김,《정리하는 뇌》, 와이즈베리, 2015.

3 데이비드 와인버거 지음, 이진원 옮김,《지식의 미래》, 리더스북, 2014.

4 "How information is like snacks, money, and drugs – to your brain", *Science Daily*, 2019. 6. 19.

5 새뮤얼 아브스만 지음, 이창희 옮김,《지식의 반감기》, 책읽는수요일, 2014.

6 유발 하라리 내한 기자간담회, "《사피엔스》 저자 '학교 교육 80~90%, 쓸모없다'", 〈프레시안〉, 2016. 4. 26.

7 더글러스 러시코프 지음, 장석훈 · 박종성 옮김,《현재의 충격》, 청림출판, 2014.

8 앞의 책.

9 리처드 탈러 · 캐스 R. 선스타인 지음, 안진환 옮김,《넛지》, 리더스북, 2018.

10 더글러스 러시코프 지음, 장서훈·박종성 옮김,《현재의 충격》, 청림출판, 2014.

11 대니얼 길버트 지음, 서은국·최인철·김미정 옮김,《행복에 걸려 비틀거리다》, 김영사, 2006.

12 제프 호킨스·산드라 블레이크슬리 지음, 이한음 옮김,《생각하는 뇌, 생각하는 기계》, 멘토르, 2010.

13 존 실리 브라운·폴 두기드 지음, 이진우 옮김,《비트에서 인간으로》, 거름, 2001.

14 다사카 히로시 지음, 최연희 옮김,《슈퍼제너럴리스트》, 싱긋, 2016.

15 버니 트릴링·찰스 파델·마야 비알릭 지음, 이미소 옮김,《4차원 교육, 4차원 미래역량》, 새로온봄, 2016.

16 연합뉴스, "한국인, 유튜브 하루 1시간씩 본다… 10대가 가장 길어", 2021. 2. 23.

17 스콧 갤러웨이 지음, 박선령 옮김,《거대한 가속》, 리더스북, 2021.

18 P. M. Greenfield, "Technology and Informal Education: Who is taught What is learned", *Science* 323, No. 5910, 2009.

19 니콜라스 카 지음, 최지향 옮김,《생각하지 않는 사람들》, 청림출판, 2011.

20 프랭클린 포어 지음, 박상현·이승연 옮김,《생각을 빼앗긴 세계》, 반비, 2019.

21 "NETFLIX'S Biggest competition is sleep, says CEO Reed Hastings", *The Independent*, 2017. 4. 19.

22 더글러스 러시코프 지음, 이지연 옮김,《대전환이 온다》, 랜덤하우스, 2021.

23 Tristan Harris, "Big Tech's attention economy can be reformed. Here's how". *MIT Technology Review*, 2021. 1. 10.

24 스콧 갤러웨이 지음, 박선령 옮김,《거대한 가속》, 리더스북, 2021.

25 Hank Green, *A Beautifully Foolish Endeavor*, Dutton Books, 2020.

26 요한 하리 지음, 김하현 옮김,《도둑맞은 집중력》, 어크로스, 2003.

27 천호성·이재연, "고객 눈속임도 '와우' 쿠팡 멤버십 연장 말썽", 〈한겨레〉, 2021. 5. 2.

28 팀 우 지음, 안진환 옮김,《주목하지 않을 권리》, 알키, 2019.

29 Kevin Stankiewicz, "Nvidia CEO says the metaverse could save companies billions of dollars in the real world", *CNBC*, 2021. 11. 19.

30 장 보드리야르 지음, 하태환 옮김,《시뮬라시옹》, 민음사, 2001.

31 주영민 지음,《가상은 현실이다》, 어크로스, 2019.

32 톰 니콜스 지음, 정혜윤 옮김,《전문가와 강적들》, 오르마, 2017.

33 리 매킨타이어 지음, 김재경 옮김,《포스트트루스》, 두리반, 2019.

6장

1 Cates Holderness, "What Colors Are This Dress?", *Buzzfeed*, 2015. 2. 27.

2 Cates Holderness, "The Dress Is Blue And Black, Says The Girl Who Saw It In Person", *Buzzfeed*, 2015. 2. 27.

3 프랜시스 베이컨 지음, 진석용 옮김, 《신기관》, 한길사, 2016.

4 기 도이처 지음, 윤영삼 옮김, 《그곳은 소, 와인, 바다가 모두 빨갛다》, 21세기북스, 2011.

5 카시아 세인트 클레어 지음, 이응재 옮김, 《컬러의 말》, 월북, 2018.

6 앙투안 드 생텍쥐페리 지음, 김화영 옮김, 《어린 왕자》, 문학동네, 2007.

7 지야 퉁 지음, 장호연 옮김, 《리얼리티 버블》, 코쿤북스, 2021.

8 Mark Weiser, "The Computer for the 21st Century", *Scientific American* 265, 1991. 9.

9 데이비드 호우 지음, 이진경 옮김, 《공감의 힘》, 지식의숲, 2013.

10 Sarah B. Hrdy, *Mothers and Others*, Belknap Press, 2011.

11 유발 하라리 지음, 전병근 옮김, 《21세기를 위한 21가지 제언》, 김영사, 2018.

12 대니얼 레비틴 지음, 김성훈 옮김, 《정리하는 뇌》, 와이즈베리, 2015.

13 톰 니콜스 지음, 정혜윤 옮김, 《전문가와 강적들》, 오르마, 2017.

14 찰스 두히그 지음, 강주헌 옮김, 《습관의 힘》, 갤리온, 2012.

15 리처드 탈러·캐스 R. 선스타인 지음, 안진환 옮김, 《넛지》, 리더스북, 2009.

16 Society for Personality and Social Psychology, "How we form habits, change existing ones", *Science Daily*, 2014. 8. 8.

17 Jewish Nobel Prize Winners, http://www.jinfo.org/Nobel_Prizes.html

18 그레고리 코크란·헨리 하펜딩 지음, 김명주 옮김, 《1만 년의 폭발》, 글항아리, 2010.

19 매리언 울프 지음, 이희수 옮김, 《책 읽는 뇌》, 살림, 2009.

7장

1 알베르 카뮈 지음, 김화영 옮김, 《행복한 죽음》, 책세상, 1995.

2 R. Clubb, M. Rowcliffe, P. Lee, K. U. Mar, C. Moss, G. J. Mason (2008), "Compromised survivorship in zoo elephants", *Science* 322 (5908).

3 마틴 셀리그만 지음, 김인자·우문식 옮김, 《긍정심리학》, 물푸레, 2014.

4 S. S. Iyengar & M. R. Lepper (2000), "When choice is demotivating: Can one desire too much of a good thing?" *Journal of Personality and Social Psychology*, 79(6).

5 쉬나 아이엔가 지음, 오혜경 옮김,《선택의 심리학》, 21세기북스, 2012.

6 G. A. Miller, (1956). "The magical number seven, plus or minus two: Some limits on our capacity for processing information", *Psychological Review*, 63(2), 81~97.

7 배리 슈워츠 지음, 김고명 옮김,《점심메뉴 고르기도 어려운 사람들》, 예담, 2015.

8 쉬나 아이엔가 지음, 오혜경 옮김,《선택의 심리학》, 21세기북스, 2012.

9 탈리 샤롯 지음, 김미선 옮김,《설계된 망각》, 리더스북, 2013.

10 에리히 프롬 지음, 김석희 옮김,《자유로부터의 도피》, 휴머니스트, 2020.

11 앞의 책.

12 장 폴 사르트르 지음, 방곤 옮김,《실존주의는 휴머니즘이다》, 문예출판사, 2013.

13 헨리 데이비드 소로 지음, 정회성 옮김,《월든》, 민음사, 2021.

14 에픽테토스 지음, 키와 블란츠 옮김, 강현규 엮음,《에픽테토스의 인생을 바라보는 지혜》, 메이트북스, 2019.

15 법정,《무소유》, 범우사, 2010.

16 "'쌀밥에 소주 한 잔'·'콜라와 미역국'… 돌아온 두 광부가 먹고 싶어 한 음식들은", 〈조선일보〉, 2022. 11. 15.

17 파머 파커 지음, 김명희 옮김,《역설에서 배우는 삶의 지혜》, 아바서원, 2016.

8장

1 하워드 가드너 지음, 문용린 옮김,《다중지능》, 웅진지식하우스, 2007.

2 숀케 아렌스 지음, 김수진 옮김,《제텔카스텐》, 인간희극, 2021.

3 조지프 히스 지음, 김승진 옮김,《계몽주의 2.0》, 이마, 2017.

4 행크 데이비스 지음, 김소희 옮김,《양복 입은 원시인》, 지와사랑, 2010.

5 에드워드 데시·리처드 플래스트 지음, 이상원 옮김,《마음의 작동법》, 에코의서재, 2011.

6 엄기호,《공부 공부》, 따비, 2017.

7 다니엘 핑크 지음, 김주환 옮김,《드라이브》, 청림출판, 2011.

8 에이브러햄 매슬로 지음, 소슬기 옮김,《매슬로의 동기이론》, 유엑스리뷰, 2018.

9 에드워드 데시·리처드 플래스트 지음, 이상원 옮김,《마음의 작동법》, 에코의서재, 2011.

10 다니엘 핑크 지음, 김주환 옮김,《드라이브》, 청림출판, 2011.

11 앤절라 더크워스 지음, 김미정 옮김,《그릿》, 비즈니스북스, 2016.

12 G. G. Gallop Jr. (1970), "Chimpanzees: Self-Recognition", *Science* 167, 86~87.

13 나가타 가즈히로 지음, 구수영 옮김,《단단한 지식》, 유유, 2021.

9장

1 Benjamin Barber, *The Reader's Digest*, Vol. 140, 1992, p.159.

2 레나타 살레츨 지음, 정영목 옮김,《알고 싶지 않은 마음》, 후마니타스, 2021.

3 브리짓 슐트 지음, 안진이 옮김,《타임 푸어》, 더퀘스트, 2015.

4 데이비드 엡스타인 지음, 이한음 옮김,《늦깎이 천재들의 비밀》, 열린책들, 2020.

5 Elise Hu, "Facebook Manipulates Our Moods For Science And Commerce", *NPR*, 2014. 6. 30.

6 유발 하라리 지음, 전병근 옮김,《21세기를 위한 21가지 제언》, 김영사, 2018.

7 이황 지음, 이광호 옮김,《퇴계집》, 한국고전번역원, 2017.

8 공자 지음, 김원중 옮김,《논어論語》헌문憲問편, 휴머니스트, 2019.

9 "'You've got to find what you love,' Jobs says", *Stanford News*, 2005. 6. 12.

10 'memento mori', Merriam Webster English Dictionary.

11 마르쿠스 아우렐리우스 지음, 천병희 옮김,《명상록》, 숲, 2005.

12 마시모 피글리우치 지음, 석기용 옮김,《그리고 나는 스토아주의자가 되었다》, 든, 2019.

13 영어 원문은 다음과 같다. "God, grant me the serenity to accept the things I cannot change, the courage to change the things I can, and the wisdom to know the difference."

14 에픽테토스 지음, 신혜연 옮김,《엥케이리디온, 내 맘대로 되지 않는 세상에서 살아남고 싶을 때》, 이소노미아, 2022.

15 빅터 프랭클 지음, 이시형 옮김,《죽음의 수용소에서》, 청아출판사, 2005.

16 짐 콜린스 지음, 이무열 옮김,《좋은 기업을 넘어 위대한 기업으로》, 김영사, 2001.

17 마시모 피글리우치 지음, 석기용 옮김,《그리고 나는 스토아주의자가 되었다》, 든, 2019.

18 인용된 메리 올리버의 시 원문은 다음과 같다. "To pay attention, this is our endless and proper work."('Yes! No!'), "Instructions for living a life: Pay attention. Be astonished. Tell about it"('Sometimes')

메타인지의 힘

초판 1쇄 발행 2023년 6월 26일
초판 5쇄 발행 2024년 4월 12일

지은이 구본권
발행인 김형보
편집 최윤경, 강태영, 임재희, 홍민기, 강민영
마케팅 이연실, 이다영, 송신아   **디자인** 송은비   **경영지원** 최윤영

발행처 어크로스출판그룹(주)
출판신고 2018년 12월 20일 제 2018-000339호
주소 서울시 마포구 양화로10길 50 마이빌딩 3층
전화 070-5080-4037(편집) 070-8724-5877(영업) **팩스** 02-6085-7676
이메일 across@acrossbook.com   **홈페이지** www.acrossbook.com

ⓒ 구본권 2023

ISBN 979-11-6774-106-6 03190

만든 사람들
편집 최윤경   **교정** 오효순   **표지디자인** thiscover   **본문디자인** 송은비   **조판** 순순아빠